한울사회학강좌

커뮤니케이션, 사회학의 매듭

윤병철 지음

한울
아카데미

머리말

신은 우리 인간에게 언어를 사용하여 사물을 분별할 수 있도록 허락하였으나 여전히 우리의 환경은 어둠으로 가득하다. 끊임없이 변화하는 역사와 복잡하고 다양한 사회현상을 우리는 도대체 어떻게 이해하고 설명할 것인가? 탁월한 선각자들에 의해 인간 의식의 지평을 넘어 존재하는 무의식의 세계를 끌어들이거나, 인간의 필연적인 생산활동 가운데 발생되는 사회적 관계를 물질적 토대라는 새로운 관점에서 이해하려고도 하였으며, 인간의 모든 활동이 결국 사회적 행위라는 데 주목하여 사회적 행위에 의해 발생되는 사회현상을 종합적으로 이해하고 설명하려는 노력 등 많은 노력에도 불구하고 우리는 그 성과에 만족하지 못하는 것이다. 여전히 우리의 사회는 갈등과 불확실성으로 가득하다.

인간의 의식과 생산활동, 사회적 행위가 결국 인간의 커뮤니케이션 행위이며 모든 사회적 현상이 인간의 커뮤니케이션 행위에 의해 엮어진다는 점을 사회과학에서 여태껏 간과해 왔다는 사실은 놀라운 일이다. 물론 언어에 대한 철학적 이해, 미디어에 대한 관심, 대화에 의한 심리적 치료, 매스미디어와 자본주의 사이의 관계 등에 대한 논의들 그리고 최근에는 커뮤니케이션 행위(분석적인 의미에서)에 대한 관심과 담론에 의한 지식의 형성과정에 대한 탐색의 시도들이 있었다. 그러나 이러한 노력들이 단지 단편적인 현상 자체에 초점이 맞춰지거나 또는 '커뮤니케이션'을 언급하더라도 다른 핵심적인 분석의 틀에 종속적인 것으로 다뤄짐으로써 결국 인간의 사회적 행위와 사회현상에 대한 총체적이며 체계적인 설명을 해내지 못하였다. 즉 인간의 사회적 행위의 본질을 형성하는 '커뮤니케이션'을 핵심으로 하는 이론적 틀을 구성하지 못하였던 것이다.

지난 80년대 중반 '매스커뮤니케이션론'이라는 이름으로 처음 강의할 때만 하더라도 사회학계의 경우 '커뮤니케이션'이 갖는 중요한 의미를 포착하지 못하여 '매스커뮤니케이션론' 강좌는 사실 중요한 과목에서 제외되어 있었다. 단지 '매스커뮤니케이션' 현상에 대한 약간의 사회학적 이해를 얻고자 하는 매우 소박한 발상에 의해 개설되었던 것이다. 더구나 당시 커뮤니케이션 현상에 대해 깊이 있는 사회과학적인 사고를 안내할 만한 마땅한 교재도 없었다. 그나마 출판된 서적들 대부분이 매스미디어에 대한 단편적이며 기술적인 서술들이었고, 드물게 비판적 커뮤니케이션 연구가 단편적으로 소개되는 정도였다. 처음 교재 없이 강의를 시작한다는 것이 나에게는 모험이었으나 오히려 그것이 나로 하여금 커뮤니케이션에 대해 자유분방하고 폭넓은 사고를 할 수 있게 해주었다. 강의를 반복할수록 사회적 행위와 사회현상에서 커뮤니케이션은 매우 본질적 요소이며, 그러므로 '커뮤니케이션'이 사회과학의 중요한 화두가 될 수밖에 없다는 생각을 떨쳐 버릴 수가 없었다.

이러한 나의 생각과 상황들이 이 책을 출판하게 된 배경이다. 이 책의 핵심적인 아이디어는 '커뮤니케이션 체계'이다. 어느 사회, 어느 집단에서나 인간들의 커뮤니케이션에 의한 상호작용은 커뮤니케이션 체계를 형성하게 된다. 물론 시대와 사회적인 조건에 따라 다양한 커뮤니케이션 체계가 나타나게 될 것이다. 그러므로 어떤 사회나 집단이라 하더라도 그 사회와 집단의 커뮤니케이션 체계의 성격이나 그것의 형성과정을 살펴봄으로써 그 사회를 더욱 효과적으로 이해할 수 있을 것이다. 커뮤니케이션 체계는 매우 복잡한 이론적 틀이라는 점에서 다양한 개념

을 포섭하고 있다. 앞으로 좀더 세련되고 정교하게 다듬어 나아가야 하
겠지만 기본적으로 이 책에서 밝히고자 하는 기본구조는 사회적 관계를
발생하게 하는 기초적인 축으로서 지배관계를 중심으로(물론 교환관계
도 포함된다) 나타나는 커뮤니케이션과 커뮤니케이션을 매개하는 미디
어, 그리고 커뮤니케이션이 발생되는 물리적 장소인 커뮤니케이션 장
(場)에 초점이 맞춰진 '커뮤니케이션 체계'이다. 매우 평범한 논의처럼
여겨지지만 세심하게 살펴보면 우리의 삶이 바로 이와 같은 '커뮤니케
이션 체계' 가운데서 결정된다는 것을 확인하게 될 것이다.

　그 동안 '커뮤니케이션'이라는 화두에 대한 생각의 편린들을 제대로
숙성시키지도 못한 채 이렇게 내놓게 되었다. 나는 늘 숙련된 마술사를
꿈꾸어 왔다. 빈손을 펼치면 지팡이가 쥐어져 있고, 다시 한번 더 펼치
면 그 지팡이는 화려한 꽃이 되고, 그것을 던지면 비둘기가 되어 날아가
는 신나는 마술을 볼 때마다 마술사는 나의 꿈이었다. 나의 삶의 여정에
서 만난 감동, 분노, 열정, 비애, 감상, 깨달음을 마음대로 쥐었다 펴면
서 남들에게 보여 줄 수 있는 마술사, 아마도 이것은 나뿐만 아니라 모
든 예술가들의 꿈이 아니었을까. 늘 꿈에서 깨어 보면 나의 언어놀이는
나뒹굴어지고, 깨어지고, 금이 가 어설픈 채 남겨졌다. 지금 이 순간에
도 서툰 솜씨에 대한 좌절감을 떨쳐 버릴 수가 없다. 그러나 롤랑 바르
트가 글을 쓴다는 것은 그 나름대로 하나의 깨달음이라고 한 것처럼, 글
을 쓰는 동안 지적 호기심의 지평을 확대하고, 때로는 깨달음의 부피를
조금씩 크고 깊게 할 수 있었음에 부끄러워하면서도 혼자 만족한다.

　어설픈 생각의 흔적이지만 글을 쓰는 데 많은 사람의 도움을 받았
다. 강의실의 학생들은 늘 나의 거울이었다. 정철수 선생님은 대학시절
나를 매스커뮤니케이션에 입문하게 하셨다. 오명근 선생님과 한남제 선
생님은 나로 하여금 학문의 길에 들어서게 하셨으며, 늘 조용히 지켜보
고 계심을 나는 안다. 같은 학부의 동료 최용주 교수는 바쁜 가운데서도
원고를 세심하게 읽고 출판을 강력히 권하였다. 나의 가장 오랜 친구 박
병래 박사와는 대학시절부터 많은 생각들을 주고받았다. 영국에서 박사

학위를 받고 돌아온 패기만만한 후배 박창호는 자기 일을 제쳐두고 원고를 읽고 세심한 교정까지 해주었다. 많은 출판사들이 문을 닫고 있는 요즈음 보잘것없는 나의 생각들을 책으로 엮어 내기로 선뜻 허락한 김종수 사장님과 도서출판 한울 여러분의 용기에 감사를 드린다. 그 밖에 사랑하는 가족들과 주위의 다른 모든 사람들의 도움 또한 결코 외면할 수 없을 것이다.

1999년 2월
지산에서 윤병철

차례

제1장
■ ■ ■ ■
커뮤니케이션의 새로운 이해

　인간이 동물과 달리 자신의 유적 존재에 대한 본능적인 몰입에서 벗어나 자신을 대상화하듯, 인간들이 가족이나, 친족, 자연적인 마을 공동체의 삶에 매몰되지 않고 자신이 소속한 '사회'를 대상화하고 나아가 전체 사회의 움직임에 대한 관심을 확장하기 시작한 것은 그렇게 오래 전의 일이 아닐 것이다. 물론 오래 전부터 뛰어난 사상가들에 의해 사회에 대한 단편적인 통찰이 없었던 것은 아니지만 사회에 대한 체계적인 통찰이 시민(백성) 대다수에 의해 인식되기 시작한 것은 서구에 있어서는 시민사회가 형성되는 시기에 와서야 가능하였다. 더구나 동양사회는 근대국가의 형성기였던 19세기 말경 서구세계와 접촉하면서부터 비로소 사회에 대한 체계적인 인식을 하기 시작했다고 볼 수 있을 것이다.

　그 이전까지만 하더라도 인간의 삶이 영위되는 공동체라는 것이 한 집단의 수장 또는 군주에 의해 운영되어지거나, 아니면 어떤 신의 존재에 의해 질서지어지는 것으로 이해되어 왔다. 그러므로 인간의 삶에 대한 연구는 탁월한 군주나 영웅 개인에 대한 연구이거나 신의 섭리에 대한 해석, 좀더 나아간다면 소수 지배 집단의 정책결정에 대한 연구였다. 그러나 시민사회나 근대국가의 성립 과정이 그러하였듯이 사회라는 것이 한 사람의 군주나 소수 지배층의 의지에 의해 움직여지는 것이 아니라는 것을 깨닫게 되면서, 또한 신성한 세계라고 여겨지던 것이 세속화 되면서 '사회'에 대한 사회과학적인 인식을 하게 되었던 것이다. 인간의 삶이라는 것이 자신의 삶, 또는 가족과 친족의 삶, 마을 공동체에서의 삶을 벗어나 타인과의 관계, 다른 친족 또는 공동체와의 관계 속에서 형 성되는 사회적 과정에 대해 인식하는 것이 곧 '사회'에 대해 인식하는 것이었다.

또한 이러한 사회에 대한 새로운 인식의 배경에는 상당한 정도의 '분업화'의 진전이라는 사회적 요인이 있었다. 자본주의가 진전되기 이 전, 농업생산을 주로 하던 사회에서는 거의 가족 단위로 자급자족적 생 산에 몰두함으로써 자신의 생존 자체를 결정적으로 타인에 의존해야 하 는 상황은 아니었다. 그러므로 대다수의 사람들이 자신이 소속한 사회 에서 맡고 있는 사회적 역할이라는 것이 오늘날과 같이 그렇게 중요한 의미를 가지는 것도 아니었다. 다만 가족, 친족, 지역 공동체라는 집단 자체의 결속을 위한 강제적인 규범만이 중시되는 사회에서는 사회를 객 관적으로 돌아볼 수 있는 여유를 가지지 못하였다. 그러나 상품생산을 지향하는 자본주의 사회가 진전되면서, 그리고 화폐와 교통, 통신의 발 전에 따라 대다수의 노동자(또는 피지배층)들이 농업생산에 전념하지 않고 다른 일에 종사하면서도 먹을 양식을 공급받을 수 있다는 것은 전 혀 새로운 경험이었다. 이와 같이 생산에 있어서 전혀 자급자족적인 생 산이 아닌 분업적 생산으로 진전되면서 상호 의존적인 상황으로 진전하 게 되었다. 그러므로 사회는 자신들의 의지와는 관계없이 움직여지게 되었으며, 특히 지배층들에게는 과거와 같은 일원적인 지배가 용이하지 않을 뿐만 아니라 각 영역들 사이의 상호 조정과 통제라는 복잡한 문제 들이 제기됨으로 인하여, 사회 속의 개인은 자신의 의지와는 관계없이 움직여지는 힘에 대한 인식을 하기 시작했던 것이다.

자본주의의 진전과 함께 이러한 분업화는 국가라는 공동체를 단위 로 진전되었다. 자본주의 사회의 발전이라는 것도 일차적으로는 국가 단위의 생산활동에 기초하여, 그 가운데서 다양한 사회적인 결합을 확대시켜 왔다고 볼 수 있을 것이다. 그러나 자본주의 흐름 자체의 원리(특히 상품생산의 지향)에 의하여 세계를 하나의 시장으로 만들어 가고, 20세기 말에 와서는 그것을 뒷받침할 수 있는 교통과 통신의 발전으로 본격적으로 세계가 하나의 공동체로 되어 가는 추세에 있다. 그러므로 현시점에서는 적어도 세계가 몇 개의 블록으로 나누어져(블록의 경계가 매우 유동적이지만), 당분간은 몇 개의 블록 단위로 구성된 세계적인 분업화가 진전되리라는 전망을 할 수 있다. 이것은 과거 국가 단위의 자급자족적 생산체계가 허물어지고 있다는 의미이다. 최소한 식량 문제조차도 한 국가 단위 내에서 자급자족할 수 있게끔 허용되지 않는다. 이제는 국가 단위의 분업이 전 세계적으로 확산되고 있다. 오늘날 사회과학은 이러한 사회적 추세에 대한 다시 새로운 '사회'에 대한 인식을 요구하고 있다.

우리들이 만들어 가는 '사회'를 자세히 들여다보면 이러한 일의 분업뿐만 아니라 매우 복잡한 의미 내용들로 구성되어 있다. 사회는 인간의 정치 활동, 경제 생활, 종교 생활, 교육 활동, 예술 활동, 가정 생활, 직장 생활, 군사 행위 등등 수많은 내용들로 구성되어져 있으며, 사회과학은 이러한 사회생활의 복잡한 내용들을 분석적으로 이해하고 설명하려 함으로써 정치의 영역, 경제의 영역, 종교의 영역, 가정의 영역, 교육의 영역, 기술의 영역, 예술의 영역, 행정의 영역, 직장의 영역 등 여러 영역을 구분하여 연구해 왔다. 그러나 가만히 따져 보면 인간의 어떤 구체적인 사회 행위도 명쾌히 어떤 한 영역에만 귀속되는 것이 아니다. 정치적 행위와 경제적 행위가 밀접히 관련되어 있을 수도 있고, 경제적 행위와 종교적 행위가 밀접히 관련될 수도 있으며, 경제적 활동은 교육과도 밀접히 관련되어 있다. 그러므로 사실 어떤 사회과학의 분과 학문이더라도 다른 분과 영역에 대해 고려해야 하는 것은 거의 필연적이라고 할 수 있다. 이러한 측면에서 볼 때 과거 자연과학의 분석적 방법이 자연현상의 연구에 상당한 성과를 거두었다고 하더라도, 사회생활의 복잡한 내용들의 연구에서는 사실 각 영역들을 엄밀히 구분하여 접근하려는 시도는 그렇게 효과적인 방법은 아닌 것 같다. 그렇다고 하여 '사회'에 대한 접근을 위하여 사회 가운데 살아가는 인간들의 구체적인 행위 전부를 망라하여 취급할 수도 없을 것이다. 이와 같이 인간의 사회적 행위와 인간이 만들어 가는 사회현상의 특징을 고려해 볼 때 사회과학은 인간의 다양한 행위들을 관통하고 있는 매우 기초적인 행위양식이 무엇인가라는 차원에서 접근하지 않을 수 없다—물론 인간의 본질적인 행위에 대한 관점은 이념형의 형태를 띠게 될 것이지만.

　이와 같이 사회는 자연과학의 대상들처럼 한 단위의 고정된 객체로서 파악될 수 있는 것이 아니다. 사회는 '나'를 포함한 여러 개인들에 의해 구성되고, 그 가운데서 다양한 인간(또는 인간 복합체)들이 상호 의존적으로 결합되며, 그 결합의 의미내용은 매우 복잡하게 얽혀 있을 뿐만 아니라, 또한 유동적인 세력 균형의 상태에 놓여 있다는 데 그 특징이 있다. 사회과학은 이와 같은 인간(또는 인간 복합체)들의 상호 의존적인 결합의 재생산 과정과 그 의미를 설명하고 이해하려는 학문일 것이다. 상호 의존적인 결합은 커뮤니케이션 행위에 의해 성취되며 그러한 인간 행위에 의해 성취된 상호 의존적인 결합의 재생산 또한 커뮤니케이션에 의해 달성되고 그것은 사회의 기본적인 구조(체계)가 된다는 점에서, 사회과학에 있어서 커뮤니케이션에 대한 이해는 매우 본질적이며 핵심적인 부분이 된다고 하겠다.[1]

1. 커뮤니케이션에 대한 기존의 접근방식

커뮤니케이션에 대한 기존의 접근방식은 크게 두 가지 영역에서 주

---

1) 거브너(G. Gerbner)는 커뮤니케이션을 '메시지를 통한 사회적 작용'이라고 정의한다. 좀더 일반적으로 사용되는 정의로서 버렐슨(B. Berelson)과 슈타이너(G. A. Steiner)에 의하면 커뮤니케이션은 "상징(말, 그림, 형태, 도표 등)을 사용하여 정보나 생각, 감정, 기술 등을 전달하는데 이러한 전달의 행위 또는 과정이다"라고 하였다(Black & Haroldson, 1975: 3에서 재인용).

로 논의되어 왔다고 할 수 있다. 그 하나는 언어에 대한 철학적 접근이
며, 또 다른 하나는 매스커뮤니케이션에 대한 접근이다. 인간의 가장 보
편적인 커뮤니케이션이 언어를 통하여 이루어진다라는 점에서 언어에
대한 철학적 접근은 꽤 오랜 전통을 가지고 있으며, 그 동안 매우 다양
하고 복잡한 논의를 해왔다. 이러한 철학적 접근의 다양한 논의들을 또
다시 분류해 보면 전통적으로 언어 자체에 대한 철학적 해명의 차원에
서 다루고자 하는 입장과 구조주의 언어학(structural linguistics)에서 영
향을 받은 언어학적 모델을 사회문화 현상의 설명에 적용시키고자 하는
구조주의의 흐름으로 나누어 볼 수 있다.

우선 언어에 대한 철학적 접근에 있어서, 전자는 언어가 어떻게 지
식(인식)의 변천과정에서 문제되는가를 중점적으로 다루게 된다. 17세
기 이후 이러한 언어에 대한 철학적 논의의 과정을 살펴보면, 언어는 관
념의 문제에서 의미의 문제로, 의미의 문제에서 문장의 문제로 관련되
어 논의되어 왔다고 해킹(Ian Hacking)은 주장한다(Hacking, 1975 참
조). 홉스(T. Hobbes)를 비롯한 로크(J. Locke)와 버클리(G. Berkeley)
그리고 트라시(D. de Tracy)에 이르는 동안에 관념은 철학의 중요한 대
상이 되었고, 이들의 관념은 자아(인식주체)와 자아 밖의 세계를 연결하
는 고리로 여겨졌던 것이다. 간단히 말하자면 사물의 실재-단어(언어)-
관념의 도식으로 이해하려 하였던 것이다. 일련의 사유들이 언어로 옮
겨질 때 복잡하고 난해한 사유의 내용들이 다른 사람들에게 옮겨진다고
보았다. 그렇다고 하여 이들 전통적인 철학자들은 누구도 관념의 상호
주관성(interpersonal identity)을 증명하려 하지는 않았다. 그러므로 관
념들간의 관계는 심적 대화로 표현되어 이것은 자아의 경험과 반성의
변화에 대응하는 실재의 표상을 형성하였다.

관념의 전성기였던 17세기를 지나 19세기 말에 이르러 '의미'가 철
학의 중심과제로 등장하게 된다.2) 이때의 철학자들은 공적인 의사소통

---

2) 이 당시 거의 모든 학문의 각 분야에서 '의미'에 초점을 맞추어 연구가 진행되었
다. 막스 베버의 사회학도, 프로이트의 정신분석학도, 에른스트 마하의 물리학

이 사적으로 연상된 관념에 의해서는 잘 설명될 수 없다고 보았다. 심적 대화가 아니라 공적 대화는 곧 어떤 기호(또는 언어)가 '공통된 의미'를 가짐을 의미한다. 물론 공적 대화는 문장으로 구성되지만, 그러나 문장 그 자체는 아니다. 이해와 지식의 실제적인 운반체인 문장들의 이면에 있는 의미(meaning)에 의해 공적 대화가 가능하게 된다는 것이다. 그러므로 프레게(G. Frege)는 사상과 명제의 공통된 내용이 이 세대에서 다음 세대에 전달되기 때문에 의미가 있어야 한다고 확신하였던 것이다.[3] 프레게에 의해 '의미'에 대한 규정이 이루어진 이후, 이것에 대한 관심은 잘 알려진 바와 같이 딜타이(W. Dilthey)에 의해 전적으로 의미개념에 근거한 역사철학이 만들어졌고, 베버(M. Weber)에 의해 사회학의 일반적인 이론이 구성되어졌다.

그러나 유의미한 것이 순수 언어로 번역되지 않는다는 사실을 철학자들은 인정하기에 이른다.[4] 경험주의자들이 '존재론은 인식론을 요약한다'라는 견해, 즉 우리가 알 수 없는 것은 존재하지 않는다는 견해를 기꺼이 받아들이기 시작하였다. 그러면 지식이 어떻게 변화하였는가? 콰인(W. O. Quine)은 "우리 조상들의 학문은 문장의 구성물"이라고 한다. 이러한 콰인의 주장을 좀더 쉽게 이야기하자면 우리의 지식은 이론

분야에서조차 의미이론에 근거하여 논의가 진행되었다.
3) "어떤 기호의 지시대상과 의미는 연상된 관념과 구분되어야 한다. 어떤 기호의 지시대상이 감각에 의해 지각 가능한 대상이라면, 그것에 대한 나의 관념은 내가 과거에 가졌던 감각 인상의 기억과 내가 수행하였던 내적 그리고 외적인 행동으로부터 야기된 내적 인상이다. 이와 같은 관념에는 자주 감정이 침투되어 있다. 그 관념의 개별적인 부분의 명료성은 다양하고 변동이 심하다. … 한 사람의 관념은 다른 사람의 관념과 다르다. … 이것은 관념과 기호의 의미 사이의 본질적인 차이를 구성하는 것으로써 많은 사람의 공통적인 속성일 것이며, 개개인의 마음이 지니는 양태의 한 부분은 아니다. 왜냐하면 우리는 인류가 한 세대에서 다음 세대로 물려 주는 공통적인 사유의 축적을 가지고 있다는 사실을 거의 부인할 수 없기 때문이다." Hacking(1975: 58-59)에서 재인용.
4) 헴펠은 이러한 맥락에서 요구되는 번역 가능성의 개념은 충분히 명료하지 않으며 그것을 설명하려는 시도는 상당한 난점에 직면하게 된다고 하였다(Hempel, 1959: 108-129).

적인 것이 되었다는 것이다. 오늘날의 과학철학자들은 이론이란 진술이나 문장의 체계라고 가르친다.

이러한 구조주의 언어학의 영향은 스위스의 언어학자 소쉬르(F. Saussure)의 연구성과에 영향을 받은 바 크다. 그는 언어의 본질에 대한 명쾌한 정의라든가, 기표(signifier), 기의(signified)의 차이와 그것들의 결합 원리에 대한 분석, 기호(sign)의 특질과 그 가치의 변화에 대한 분석 등 많은 언어학적 연구업적을 남기고 있다.[5] 그러나 그의 언어학적 연구성과 가운데서도 언어의 이중성(dual existence)에 대한 논의가 이후 사회과학의 구조주의 이론에 미친 영향은 다른 어떤 것들보다 크다고 하겠다. 소쉬르는 언어학적 사실의 대상을 규정하는 데 유용한 것으로 말(parole, utterance)과 언어체계(langue, language)로 구분하고 있다. 파롤은 개인적인 특성을 지닌 언어로서 생생한 말의 흐름이며, 랑그는 개인으로부터는 멀리 떨어져 존재하는 추상적인 언어체계이다. 이것은 초개인적이며, 지속적이며, 일반화된 것이며, 개인적인 파롤로부터 짜맞춰진 언어적 현상의 복합체이다. 이러한 의미에서 랑그는 사회관습으로서의 실체를 지닌 사회현상이 되는 것이다.

이러한 소쉬르의 언어에 대한 통찰력은 사회과학에서 구조와 행위의 문제를 랑그와 파롤의 구별과 양자의 관계로 해석할 수 있는 아이디어를 제공하게 된다. 구조나 랑그는 개인의 특정한 말을 통해서만 그 효과가 발생하며, 개인의 말도 언어체계에 대한 언급 없이는 분석이 불가능한 것이다. 좀더 확대하면, 인간의 삶에 있어서도 언어체계와 같이 삶의 구조가 존재하고, 개개인의 구체적인 삶에서 그러한 구조가 발현되어 나타나는 것이다. 소쉬르의 영향을 받은 훔볼트(W. Humbolt)도 언어장면 이론(linguistic field theory)을 제기하면서 어떤 문화를 이해하기 위해서는 언어의 생명력이 어떻게 민족의 세계관을 형성해 내는가에 관심을 두었다.

---

5) 기표(記表, signifier, signifiant)는 소리 또는 문자 등으로 표시된 부호를 말하며, 기의(記意, signified, signifie)는 그러한 부호들이 가지는 의미를 말한다.

두번째로는 매스커뮤니케이션에 대한 연구에 있어서도 또한 두 가지의 접근방식을 볼 수 있는데, 그것은 매스커뮤니케이션에 대한 '전통적인 접근'과 '비판적인 접근'으로 구분된다. 사실 이러한 구분은 연구의 광범위한 영역에 걸쳐 적용되어 연구를 위해 선택된 문제들의 종류는 물론, 연구를 위한 연구방법과 연구자들의 이데올로기적인 차원에 있어서조차 근원적으로 차이를 갖는다.

그 첫번째 매스커뮤니케이션에 대한 전통적 연구에 있어서는 '사회'보다는 '매스미디어'에 중점적인 관심을 두고, 매스미디어의 효율성을 높이는 방향으로 연구를 수행하게 된다. 효율성의 제고(提高)가 연구의 목적이며, 그 효율성은 정치적인 통제와 상업적 목적을 위하여 더욱 활발히 연구되어 온 것이 사실이다. 최근에는 사회문제(폭력, 성범죄 등)에 대한 관심으로 수용자 및 효과이론을 개발하여 미디어 영향력을 태도의 변화에 국한시키면서 연구의 단위를 '개인'에 맞춰 감에 따라 전반적인 사회변동과 관련된 권력, 조직, 구조 등의 문제는 거의 고려되지 않게 되었다. 최근 미국을 중심으로 집단 내의 커뮤니케이션 효율성의 제고와 개인적 커뮤니케이션 장애의 극복이라는 주제와 관련하여 커뮤니케이션의 기법에 대한 연구활동이 또한 확대되고 있다. 이러한 연구태도들 가운데서는 자연히 기존의 질서에 대한 비판적 입장을 거의 찾아볼 수 없다.

한편, 이와 같은 전통적 연구의 대립적인 흐름으로 '비판적인 연구'가 있다. 물론 전통적 연구성과에 있어서도 유용한 측면이 없지 않으나 할로란(J. D. Halloran)과 같은 비판적인 커뮤니케이션 학자는 전통적 연구의 단점을 다음과 같이 지적하였다.

> … 따라서 전반적인 문화변동뿐 아니라 사회적 현실을 정의하고 사회·정치적 논점을 제공하며 특정의 행동유형과 제도적 구조를 정당화시킬 수도 있는 미디어의 사회제도에 대한 영향력을 고려하지 않는 경향은 커뮤니케이션 과정과 미디어 영향력의 개념을 완전히 오해하도록 유도하였다 (이상희 편, 1984: 22).

사실 이러한 비판적 연구경향 내에서도 다양한 연구 입장들을 포괄하고 있기 때문에 비판적 연구에 대한 성급한 일반화도 사실 위험한 것이지만, 할로란은 이러한 비판적 연구의 특징들을 다음과 같이 잘 정리하고 있다(이상희 편, 1984: 27). 첫째, 비판적 연구의 가장 뚜렷한 특징은 커뮤니케이션을 사회적 과정으로 취급한다는 점이다. 그러므로 비판적 연구는 미디어 제도를 고립적인 것으로 보지 않고 다른 제도들과 함께, 다른 제도들의 입장에서, 그리고 보다 넓은 사회적 맥락(국내적으로든, 국제적으로든) 속에서 연구한다는 점이다. 둘째, 비판적 연구는 구조, 조직, 전문화, 사회화, 참여 등의 관점에서 관련된 개념들을 정의한다는 점이다. 그러므로 비판적 연구는 기존의 질서를 당연시하여 기존의 시장 원리 내에서 권력이나 통제의 문제를 이해하려 하거나 시청자(또는 대중)들과 그렇게 밀접하게 관련되지는 않기 때문에 봉사적, 행정적, 상업적 성격이 줄어든다. 셋째, 비판적 연구의 입장은 자연히 문제 지향적이며, 정책 지향적(policyoriented)이다.[6]

2. 커뮤니케이션 체계: 새로운 이론적 틀

언어는 인간 삶의 기초가 된다는 점에서 언어에 대한 철학자들과 사회과학자들의 관심은 자연스러운 것이다. 그러나 인간 커뮤니케이션에 있어서는 언어뿐만 아니라 커뮤니케이션 과정에 개입되는 물리적인 형태인 미디어나 커뮤니케이션 장의 종류, 그리고 그것들의 상호 관계에 의해 현실에 있어서는 매우 다른 양상의 커뮤니케이션이 전개될 수 있

---

6) 할로란은 정책적 연구와 정책 지향적 연구를 구분하는데, 정책적 연구는 정책의 효율성에 관심을 가지고 그럼으로써 기존 체제를 더욱 효율적인 것으로 만들기 위한 연구를 말하는 것이고, 정책 지향적 연구는 이념적으로 현 시대의 주요 쟁점들에 대해 본격적으로 논의하여 기존 체제의 가치와 주장에 대한 의문을 제기하며 새로운 형식과 구조의 가능성을 탐색하려는 것이라고 한다(이상희 편, 1984: 25 참조).

다. 이러한 측면에서 고려할 때 언어에 대한 철학적 접근은 인간이 갖는 언어의 의미와 그것의 사회적 의의에 대한 통찰을 우리에게 주고 있지만, 커뮤니케이션 과정에 개입되는 다른 중요한 요소들이 동시에 고려되지 않고서는 실제 사회에서 커뮤니케이션이 어떻게 작동되고 있으며, 그것이 어떻게 재생산되고 있는가라는 물음에 설득력 있는 답을 줄 수 없다.

한편, 위에서 언급된 매스커뮤니케이션에 대한 기존의 연구들 가운데서 비판적 연구는 연구의 태도나 방법에 있어서 전통적 연구를 훨씬 앞선다. 그러나 비판적 연구 또한 연구의 범위를 매스커뮤니케이션과 관련된 현상으로 제한함으로써 단순히 매스미디어에 의해 성취되는 매스커뮤니케이션의 과정이 전체 사회 가운데서 어떻게 운용되고 있으며, 그것이 다른 사회적 행위 또는 제도들과 어떠한 관계를 가지며, 또한 그것은 어떠한 사회적 모순 가운데서 발생되게 되었는가를 밝혀 주고 있을 뿐이다. 그러므로 비판적 연구는 매스미디어를 중심으로 나타나는 커뮤니케이션 과정에만 초점을 맞춤으로써 결국 사회 전체적으로 형성되는 커뮤니케이션의 전 과정에 대한 통찰력을 상실하게 된다. 비판적 연구가 가지고 있는 또 다른 한계는 전통적 연구가 의도하지 않고서도 기존 질서에 대해 의심 없이 당연시하듯, 비판적 연구 역시 기존 질서의 모순을 전제하여 매스커뮤니케이션 현상의 모순을 밝힌다는 목표를 미리 정함으로써 전통적 연구와 마찬가지로 편견에 사로잡혀 있다고 할 수 있다.

물론 기존의 연구 성과들 또한 무시할 수 없는 것이지만, 여태까지의 연구들이 사회 내에서 작동되고 있는 커뮤니케이션의 흐름을 총체적으로 포착하지 못하였다는 것은 사실이다. 그러므로 우리는 인간의 모든 행위가 커뮤니케이션 행위로 수렴되고 모든 사회적 관계들이 커뮤니케이션에 의해 형성된다는 측면에서 모든 사회현상을 커뮤니케이션 체계라는 새로운 관점에 초점을 맞추어 총체적으로 이해하고 설명하고자 한다.

1) 인간행위

인간은 '의식을 가진다'(성찰한다)는 점에서 확실히 다른 동물과 구분된다. 맑스(K. Marx)가 꿀벌들이 정교하게 자신들의 집을 짓는 활동과 건축가가 아닌 보통 사람이 비록 엉성하게나마 자신들의 집을 짓는 행위 사이에는 뚜렷한 차이가 있다고 주장하는 것은, 동물들은 자신의 폐쇄된 본능에 의해 그러한 집 짓는 활동이 발생되지만, 인간의 집 짓는 행위는 성찰에 의한 무한한 가능성을 선택한 결과로 나타나기 때문이다. 인간의 이러한 가능성의 선택은 선험적으로나, 기계적으로 결정되는 것이 아니라 자신의 생활 체험 가운데서 축적된 '세계상'을 준거로 하여 이루어진다.[7] 헤겔(G. W. F. Hegel)은 이와 같이 축적된 체험들을 구체적인 인간행위로 드러내는 방식이 '언어'와 '노동'을 통해 이루어진다고 하였다.

> 언어와 노동은 개별자가 더 이상 즉자로 머물러 있지 않고 내면을 전적으로 외부로 내보냄으로써 타자에게 자신을 맡기게 되는 외화작용이다(헤겔, 1981: 229).

헤겔은 인간에게 있어서 매우 본질적인 측면을 정확하게 지적하고 있는데, 이와 같이 인간의 체험과 의식이 노동과 언어를 통하여 자신을 타자에게 외화된다는 의미에서 인간의 사회적 활동은 궁극적으로 커뮤니케이션 활동이다.

인간은 노동을 통하여 자연환경과 물질대사를 매개하고 규제하며 통제하게 되는데, 인간은 이러한 과정을 통하여 외부 자연환경을 변화

---

7) 우리가 가지는 세계상은 생활세계를 살아가면서 축적된 체험(erlebnis)을 자료로 구축되는데, 그 체험에는 가장 기초적인 것으로 자신의 신체적 조건의 체험이 있고, 그리고 일상적인 경험이나 과학적 지식, 일반적 상식은 물론 선입견이나 편견, 신념, 착각 등—또한 합리적 요소와 비합리적 요소, 의식과 무의식 등—이 함께 포함된다. 그러므로 슈츠(A. Schutz)의 복수적 현실(multiple realrity)과도 구분된다.

시켜 가는 한편, 자신의 잠재력을 발전시켜 나가게 된다. 이와 같은 노동의 촉발은 우선 인간의 생존을 위한 것이었다. 인간은 자연을 자신의 생활에 필요한 형태로 획득하기 위하여 자신의 몸 전체를 움직이지 않으면 안 된다. 그러나 앞에서도 지적한 바와 같이, 인간의 활동은 성찰적인 것이어서[8] 부단히 대상에 대하여, 자신의 목적에 대하여, 그리고 방법에 대하여 생각하게 됨에 따라 인간의 행위에는 '의미'가 포함되고, 또 내면적 체험이 자신 속에 머물지 않고 물질적 생산이라는 구체적 형태로 표출된다. 이러한 인간의 노동과정 가운데서 인간은 결코 고립적으로 이루어지지 않을 뿐만 아니라, 생산물 그 자체가 사회적으로 규정되고 이용된다는 점에서 노동은 이중적인 관계를 가진다.

> 삶의 생산은 노동에 의해 자신이 생산되고 출산에 의해 육체적 생명이 생산된다는 점에서, 한편으로는 자연관계로, 다른 한편으로는 사회적 관계라는 이중적인 관계로 나타난다. 인간은 사회적이므로 개인들이 어떤 상황하에 있건, 어떤 방식으로든, 또 어떤 목적을 가지든 분산된 그들이 협동하고 있음을 우리는 이해한다. 그러므로 어떤 생산양식이나 산업단계는 항상 어떤 협동양식이나 사회단계와 연결되어 있고, 이러한 협동양식은 그 자체로 하나의 '생산양식'이다(Marx & Engels, 1970: 50).

이와 같이 노동과정은 개인들의 생산활동들을 어떤 식으로든 연결함으로써 통합한다. 그러므로 노동과정에서 사회관계들의 통합은 물질 자체의 처리에 집중되기보다는 생산활동에 관련된 참여자들의 상호 기대나 이해관계에 의존한다. 따라서 생산활동 그 자체는 분리되어 있는 개인들을 규범들이나 의사소통의 규칙에 의해 상호 주관적으로 조절될 수 있는 상호 작용의 규칙들을 요구하게 되는 것이다. 더욱이 생산에 의해 파생된 물질의 '분배'에 있어서는 더욱 첨예한 긴장관계를 발생하게

---

8) 이때 성찰적이라는 것은 어떤 의도를 지닌 것으로 한정할 필요는 없다. 다만 자신의 세계상을 준거로 하여 드러난 행위라는 점에서 성찰적이라는 것이다. 세계상의 형성 과정과 그것을 근거로 하는 인간행위의 사회적 의미에 대한 자세한 논의는 윤병철(1987)을 참조할 수 있다.

하며, 분배의 과정은 전적으로 사회적 상호 작용의 구조 속에서 이루어
지게 된다.

다른 한편, 인간은 자신의 환경을 언어를 통하여 통합한다.

> 언어는 시간의 영속적인 단절과 공간의 연속성을 제공한다. 언어는 표상
> 을 분석하고 분절하며 재단한다는 점에서, 시간의 차원을 가로질러 사물
> 들에 대한 우리의 인식을 한데 묶어 줄 수 있는 힘을 갖는다. 언어의 도래
> 와 함께 공간의 혼잡한 단조로움은 구분되기 시작하며, 동시에 시간상의
> 계기적인 다양성 역시 통합되기 시작한다(푸코, 1987: 153).

인간은 자신의 체험을 물질적 생산을 통하여서도 표출(외화)하지만,
상징을 조작함으로써 또 자신을 표출한다. 인간이 갖는 상징의 가장 기
초적이며 중요한 방식은 언어이다. 인간노동이 다른 인간들과의 관계
가운데서 이루어지고, 그러한 인간의 노동이 다른 동물들의 협동과는
달리 매우 정교하면서도 다양한 방식으로 이루어지는 것은 인간이 언어
사용의 능력을 가짐으로써 가능한 것이다. 그러므로 맑스 자신도 언어
를 인간의 사회적 삶을 매개하는 매우 원초적인 것으로 보고 있다.

> 언어는 의식과 마찬가지로 오래된 것이다. 언어는 다른 인간에 대해서 존
> 재하는, 따라서 나 자신에 대해서도 비로소 존재하는, 즉 실천적이고 현
> 실적인 의식이다. 그리고 언어는 의식과 마찬가지로 다른 인간과 교류하
> 고 싶다는 욕구에서, 그 절박한 필요에서 비로소 발생한 것이다. 어떠한
> 관계가 존재할 때, 그것은 나에게 대해서 존재한다. 반면에 동물은 자신
> 을 어떠한 것과도 '관계'짓지 않으며, 또한 일반적으로 관계하는 일도 없
> 다. 동물은 다른 것에 대한 그의 관계가 관계로서 존재하지 않는다(Marx
> & Engels, 1970: 51).

인간은 끊임없이 추상화된 상징을 통해 자신의 체험의 미묘한 부분
까지 표현하여 다른 사람들에게 전달할 수 있으며, 다른 사람들은 그것
을 자신의 체험의 일부로 재생산할 수 있게 되었다. 보편적 상징화로 말
미암아 지식의 사회화(보편화)를 가져올 수 있고, 인간은 그러한 지식

(상징)으로 짜여진 사회 가운데 살아가는 것이다. 그러므로 그러한 지식 (상징)은 사회의 질서이다. 물론 인간은 노동이라는 구체적인 작업 가운 데서 생산물을 통해 인간의 정신적 가치를 구현해 내지만, 여전히 물질 적 생산물의 생산을 가능하게 하는 것은 지식이며, 이것은 사회적 존재 로서 존재하는 언어에 의존한다는 의미에서 언어 또한 이중적 관계를 가진다고 하겠다. 그러므로 앞에서 지적된 생산에 의해 파생되는 '분배' 의 문제에 있어서 발생되는 첨예한 긴장관계도 또한 상징을 매개로 하 는 커뮤니케이션의 문제와 밀접한 관련성을 갖는 것이다. 이와 같이 인 간 삶의 본질을 구성하는 노동과 언어 자체가 '커뮤니케이션 행위'를 지향하고 있으며, 또한 노동과 언어는 다른 사람들과의 사회적 관계 내 에서 재생산되는 것이다.

하버마스(J. Habermas)는 '커뮤니케이션 행위'란 "말을 통하여 상 호 조절되는 행위이지, 말 그 자체는 아니다"(Hebermas, 1984: 101)[9] 라고 하였다. 그러나 커뮤니케이션 행위는 말을 통하여 상호 조절되는 행위뿐만 아니라 다른 다양한 상징활동들, 즉 음악이나 미술, 춤, 몸짓, 상품거래 등에 의해 상호 조절되는 행위들을 모두 포함한다. 그러므로 커뮤니케이션 행위는 다양한 상징활동을 통하여 상호 조절되는 행위로 정의될 수 있다. 하버마스의 '커뮤니케이션 행위' 개념으로는 본질적으 로 커뮤니케이션을 지향하는 인간행위를 잘 설명할 수 없다. 말을 통해 상호 조절되는 행위를 커뮤니케이션 행위의 다양한 형태 가운데 하나로 보지 않고, 위에서 지적한 바와 같이 커뮤니케이션 행위를 '말을 통해 상호 조절되는 행위'로 한정하여 보게 되면 커뮤니케이션 행위는 필연 적으로 분석적, 전략적인 개념으로 사용될 수밖에 없다. 하버마스가 인 간의 행위를 목적론적 행위, 규범적으로 규제된 행위, 연출적 행위, '커 뮤니케이션 행위'로 개념화하고 있다는 사실로서도 커뮤니케이션 행위

---

9) 뒤에 설명되겠지만 하버마스의 '커뮤니케이션 행위'의 개념과 나의 커뮤니케이 션 행위 개념에는 근본적인 차이가 있으므로 하버마스가 사용하는 용어에는 작 은 따옴표를 붙여 구분하였다.

를 분석적이며 개념적 수준으로 이해하고 있음을 확인할 수 있다.

그러므로 그는 자본주의 사회의 경제체계와 행정체계의 물상화(rei-fying)를 자본주의 사회에서의 일상의 생활세계에서 행해지는 행위들이 도구화[목적론적 행위이든, 규범적으로 규제된 행위이든, 연출적 행위이든, 그 어떤 것도 커뮤니케이션 행위와 같이 상황에 대한 공통된 정의(定義)에 합의하지 못함에 따라 상호 이해를 갖지 못한다는 의미에서]에 의한 것임을 부각시킨다. 그러므로 도구화된 행위에 의한 경직화된 체계(system)의 생활세계(life world)에 대한 침투를 극복하기 위해서는 '커뮤니케이션 행위'로 해결할 수밖에 없다는 것이다(Habermas, 1984: 84-101, xxviii-xxxvii 참조). 이와 같은 그의 주장은 다분히 커뮤니케이션 행위를 인간의 사회적인 모든 행위 가운데 한 종류로 파악하고, '커뮤니케이션 행위'로써 '체계에 의해 생활세계가 식민화'된 현대사회를 전략적으로 회복한다는 것이므로 인간의 모든 행위를 커뮤니케이션 행위로 보는 나의 관점과는 다르다.

이 책에서 논의되는 커뮤니케이션 행위는 인간의 모든 사회적 행위들 그 자체가 타인과의 관계 가운데서 상호 조절되며(물론 시간적으로 상당한 간격을 두고 상호 조절되는 경우도 있다), 그 과정에는 목적론적 행위가 지향하는 자신의 목적실현, 규범적으로 규제된 행위가 기존의 규범적 합의에의 지향, 연출적 행위가 관중에 대한 자기표현 등이 모두 포섭된다는 의미에서 하버마스의 '커뮤니케이션 행위' 개념과는 구분된다. 이와 같이 더욱 일반화된 커뮤니케이션 행위 개념으로 말미암아 우리는 시대와 사회를 가로질러 인간의 커뮤니케이션 행위를 통하여 그 사회를 들여다볼 수 있게 된다. 물론 개념이 일반화됨에 따라 그 개념이 포섭하고 있는 다양한 내용과 하위 개념들을 좀더 정교하게 분석하고 다듬음으로써 개념의 혼돈이나 애매함에 빠지지 않고, 개념의 실재성도 확보할 수 있을 것이다.

2) 인간행위의 이해를 위한 개념 도식

인간행위에 있어서 '노동함'과 '상징함'의 구분도 어디까지나 논리적인 구분에 지나지 않는다. 사실 인간의 모든 현실적 행위들은 양자를 모두 포함하고 있다. 그러므로 우리는 사회적 행위를 '노동함'과 '상징함'이라는 각각의 개념으로써 이해하고자 할 때 올바른 이해에 이르지 못하게 될 것이다. 맑스는 '노동함'에 의해 발생될 수 있는 생산관계로써 모든 사회적 관계를 설명할 수 있을 것으로 보았다. 이와 같은 맑스의 소박한(또는 과도한) 관점의 축소는 커뮤니케이션에 의해 복잡하게 구성되는 현실을 오히려 왜곡하게 될 수밖에 없으며, 이것은 맑스 이론의 한계로 지적되곤 한다. 이와 같은 측면에서 사회 현상을 단일한 사회적 모순관계의 발전과정에서 표출되는 것으로 보고 그것을 추상적이고 필연적인 계기로 환원하려는 맑스의 노력을 재해석하여, 사회적 관계의 총체성을 내적으로 구조화된 복합적 총체성으로 이해해야 한다는 알튀세르(L. Althusser)의 주장에 주목할 필요가 있다.

> '모순'은 그것이 발견되는 사회체계의 전체 구조로부터 분리될 수 없고, 기존의 형식적 조건으로부터도, 심지어 그것이 지배하고 있는 제심급(諸審級, instances)으로부터도 분리되지 않는다. 모순은 하나의 방향에서 영향을 주고받기도 하며, 또 그것을 발생시키는 사회구성체의 여러 차원 및 심급에 의해 결정되기도 한다. 그것을 원칙적으로 '중층결정(重層決定, overdetermined)'이라고 부를 수 있다(Althusser, 1977: 101).

그러니까 사회는 '최종심급'에서는 경제에 의해 결정될 수도 있겠지만 경제 또한 순수한 상태에서 작동되지 않으며 그것이 최종심이 아닐 수도 있는 것이다. 사실 인류역사 가운데서 물질적 생산이 인간의 삶에 기본적인 요소임에는 틀림없으나 인간관계에서 가장 중요한 사회적 요소로 여겨지게 된 것은 거의 자본주의가 성립되면서부터라고 보아야 할 것이다.

　자본주의 이전 사회에서는 물질적 생산이 풍족하지 않은 상황이었음에도 불구하고 인간관계를 주도했던 요소는 물질적 생산의 관계보다는 오히려 다른 요소들, 즉 신분이나 카리스마와 같은 것들이 더 중요한 요소로서 작용될 수도 있었다(물론 이때 물질적 생산관계는 오히려 부차적인 것으로 된다). 그러므로 알튀세르는 어떤 시기의 사회구성체는 경제가 아닌 이데올로기적 수준, 정치적 수준 등등의 다른 수준의 지배를 받을 수도 있다는 것이다. 그가 사회구성체에서 노동생산관계를 형성하는 경제적 실천의 영역 이외에 그것으로부터 상대적으로 자유로운 영역들, 즉 정치적, 이데올로기적, 이론적 실천의 영역들을 끌어들여 사회구성체의 내적 연관성 및 그 구성요소들이 갖는 효과를 위계체계와의 관련하에서 규명하려는 노력들은 현실분석에 좀더 풍부한 논의를 낳게 한 것이 사실이다. 그러나 사실 따지고 보면 정치적 결정이나 이데올로기, 지식의 생산은 결국 사회적 상호 작용의 산물이다. 그러므로 여기서 헤겔의 주장을 다시 한번 되새겨 본다면 인간의 커뮤니케이션에 의해 생산되는 사회적 관계들의 영역과 그것의 생산물(물질과 정보 또는 지식)에 대한 고려가 있어야 할 필요성을 인식하게 된다. 이와 같이 인간 행위의 이해를 위해 좀더 구체적으로 도식화해 보면 <그림 1>과 같다.

　<그림 1>은 생산력과 생산관계의 통일로서 인간 삶의 양식이 모두 설명될 수 있다고 보는 맑스의 한계를 지적하고, 물질의 생산뿐 아니라 지식(또는 정보: 정보의 의미에 대해서는 뒤에서 좀더 자세히 밝히고자 한다)의 생산이라는 주요한 두 가지 메커니즘을 통하여 발생하게 되는 커뮤니케이션 체계를 통한 삶의 양식을 이해하도록 인도하고 있다(물론 앞에서도 밝혔지만, 이 두 가지의 메커니즘은 현실적으로 서로 분리되지 않는다는 사실을 항상 염두에 두어야 할 것이다). 인간이 자연과 물질의 교환을 끊임없이 해야 하는 한 물질 생산의 중요성은 여전히 인정되어야 하며, 그것은 또한 맑스에 의해 충분히 논의되었다. 그러나 물질 생산의 과정에서 노동수단의 선택과 사용방법, 그리고 노동의 조직 등은 결국 인간의 커뮤니케이션에 의해, 그리고 그것에 의해 생성된 정

<그림 1> 커뮤니케이션 체계

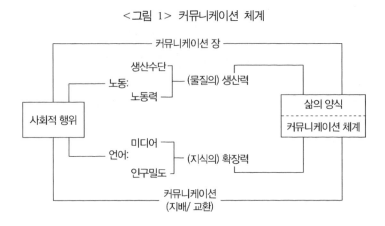

보의 내용에 의존하지 않고서는 성취될 수 없다. 더욱이 어떤 사회에서
는 인간관계를 지배하는 중요한 요소가 물질 생산을 중심으로 발생되기
도 하겠지만 오히려 다른 영역이 더욱 지배적인 영향을 미칠 수 있다.
예컨대 조선조 사회의 이해를 위해서 조선조 사회의 생산력과 생산관계
에 대한 이해도 물론 하나의 설명요소가 될 수 있겠지만, 오히려 초기
조선조 사회에서 인간관계를 지배하는 것은 물질 생산관계가 아니라 오
히려 지식의 분배를 중심으로 하는 사회적 관계가 더 중요한 요소로서
작용되었다는 사실은 좋은 예이다.10)

　　이제 맑스에 의해 해명되지 않은 <그림 1>의 아래 부분에 대한 설
명을 좀더 해보자. 먼저 인간의 외화작용으로써 언어는 인간의 상징화
능력을 의미한다.11) 그러므로 여기에는 음악, 미술 등의 예술활동을 포
함한 전반적인 인간의 자기표출 활동이 포함된다. 앞에서 맑스가 언급
하였듯이, 언어는 자신에게 실천적인 의식으로 존재할 뿐만 아니라 타

───────────────

10) 조선조 초기 지배관계의 질서가 어떤 과정을 통하여 정착될 수 있었는지에 대
해서는 윤병철(1992)을 참조할 수 있다.
11) 그러므로 여기서는 우리가 일상적으로 사용하는 언어의 의미가 아니라 더욱 포
괄적인 의미를 포함하고 있다.

자에 대해서도 존재한다는 의미에서 인간들은 언어를 통하여 본격적인 사회관계를 형성한다. 그러므로 언어를 기본으로 하는 커뮤니케이션에 의해 개인과 개인, 집단과 집단, 또는 개인과 집단의 연결고리를 형성하는 것이다. 사실 사회과학의 과제는 바로 이 부분이다. 어떤 한 개인이 타인과 대화하고, 사회의 제도가 만들어지고, 사회 내 집단간의 갈등이 발생하는 등등 이러한 모든 과정들이 언어를 중심으로 한 커뮤니케이션 과정이라는 점을 인식한다면, 사회 내에 발생되는 제반 현상에 대하여 언어에 초점을 맞추어 접근해야 한다는 것은 지극히 자연스러운 것이라고 볼 수 있다.

　인간은 노동을 통하여 물질을 생산해 내듯 언어를 통하여 정신적인 것을 산출해 낸다. 정신적인 것은 외화되어 사회적으로 축적되고 교환된다. 이와 같이 언어를 통하여 생산된 산물은 지식으로, 이데올로기로, 또는 정보로써 이용되면서 인간관계를 제약한다. 이러한 지식, 이데올로기 또는 정보는 지배의 자원이 될 뿐만 아니라 지배의 도구로 이용되기 때문에, 이러한 생산물이 또한 어떠한 양상으로 분배되며 또 어떻게 사용되는가는 그 사회의 성격을 결정하는 중요한 요인이 된다. 물론 이러한 일련의 과정들 또한 인간들의 커뮤니케이션 결과인 것은 말할 것도 없다. 다른 한편, 물질의 생산력에 있어서 도구의 종류가 중요한 영향력을 미치듯이 언어에 의해 생산된 정신적인 생산물의 축적과 교환이 어떠한 미디어를 이용하는가에 따라 소위 정보의 생산력은 엄청난 차이를 보여 준다. 또한 미디어의 변화는 상호 작용의 방법을 근원적으로 변화시켜 커뮤니케이션 체계의 변화를 가져온다. 이러한 의미에서 맥루언(M. McLuhan)은 인류의 역사발전 과정을 미디어의 변화로써 설득력 있게 설명하고 있다.12) 물론 물질적 생산에 있어서도 노동력이 중요한 요

---

12) 그는 인류역사의 발전과정을 미디어의 발전과 관련시켜, 말에 의존한 커뮤니케이션 시대인 원시부족 시대, 약 2천 년 전의 한자나 알파벳의 발생 이후의 문자 시대, 15세기 활판 인쇄술의 발명 이후부터의 인쇄술 시대, 그리고 20세기의 전기시대로 구분하고 각 시대별 문화의 특성을 미디어의 발전과 관련시켜 설명하고 있다(이 책의 115-116쪽 참조).

소가 되듯, 미디어 사용의 주체, 정보생산의 주체는 인간이므로 어느 정
도의 인구밀도에서 어떤 미디어와 결합하느냐에 따라 정보의 확산력은
달라진다. 물론 인구밀도는 뒤르켐이 사용했던 개념과 같이 인구량을
포함하는 사회의 집중화의 정도, 또는 동적 밀도(dynamic density)를 의
미한다.13) 그러므로 여기서는 인구의 절대량을 의미하는 것이 아니라
커뮤니케이션 빈도가 더 중요한 의미를 갖는다.14)

한편 생산력의 발전이 새로운 생산관계를 요구하듯이, '정보의 분
배,' '정보의 전파 속도' 등은 인간의 상호 관계에 영향을 주는 중요한
요소가 된다. 여기서 정보는 인간의 주관적 체험이 상호 작용을 통하여
객관화되고 사회화되어진 관념, 지식, 상식, 이데올로기, 신념 등을 포
함하는 것이다. 물질의 생산에 있어서는 생산수단의 소유 여부가 지배-
피지배 관계를 결정하는 주요한 요인이 되지만(물론 커뮤니케이션 체계
라는 관점에서 본다면 전적으로 그러하지는 않다), 정보의 산출에 있어
서는 정보의 생산자가 지배의 위치를 차지하게 되고 그 정보를 수용(이
용)하는 자가 피지배의 위치에 놓이게 된다(물론 자본주의 사회에서 정
보의 생산 자체가 상품화되는 영역에서는 상황이 달라지지만).15) 그러
므로 물질의 생산과 정보(지식)의 생산과정에서 형성될 수 있는 다양한
커뮤니케이션 체계가 다양한 사회의 모습으로 드러나게 되는 것이다.

3) 커뮤니케이션 체계

인간은 확실히 자신의 삶을 살아간다. 그러나 굳이 위에서 언급한
인간행위의 속성을 다시 언급하지 않는다 하더라도 다른 사람들과 더불

---

13) 동적 밀도에 대한 자세한 내용은 Durkheim(1938: 113-114)을 참고.
14) 물론 인구의 절대량이 많으면 커뮤니케이션의 빈도 또한 증가된다. 그러나 인
   구량이 적다고 하더라도 활발한 커뮤니케이션 활동과 미디어의 발전으로 말미
   암아 커뮤니케이션의 빈도가 많을 수 있다.
15) 이러한 양상은 소위 '정보사회'에서 두드러진다. 좀더 구체적인 내용은 이 책
   의 제5장 제3절 '정보사회의 권력구조의 변동'에서 언급하고 있다.

어 살아가야 하는 인간의 운명은 순수한 의미의 '제멋대로의 삶'은 아닌 것이다. 그러므로 다른 사람들과의 접촉 그 자체는 자연스럽게 일상적인 '사회적 관계'를 형성한다. 인간의 삶 자체가 다양한 삶의 내용들을 포함하고 있으므로 그러한 일상적인 사회적 관계 속에 다양한 삶의 내용들이 유기적으로 관련되어 있을 것임은 당연하다. 그러므로 사회과학은 그러한 인간 삶의 현실태인 일상적인 '사회적 관계들의 망(網)'을 설명하고 이해하는 작업인 것이다. 이러한 '일상적인' 사회적 관계망이라는 것은 시간의 경과에 따라 재생산되어 반복적으로 조직되는 관행의 시간적인 지속이라는 점에서 '구조화'되어 감을 의미한다. 이때 '구조화'는 기든스(A. Giddens)가 지적하듯, "구조의 지속성이나 변화를 지배하는 조건, 즉 체계 재생산의 조건"(Giddens, 1979: 66)이라고 볼 수 있다. 그러므로 구조는 체계가 구성되는 순간이 아니면 시-공간 내에 존재하지 않는다는 점에서 가시적인 것이 아니다. 이제 구조화의 과정을 이해하는 길은 "규칙적인 사회적 관행으로 조직되고, 행위자들 사이나 집합체들 사이의 재생산된 관계"(Giddens, 1979: 66)인 '체계'를 통해서 가능할 뿐이다. 따라서 사회적 관계망의 이해는 현실적으로 구조화된 총체(structured totality)로서 '커뮤니케이션 체계'를 이해하는 것이다.

그러나 여기서 '커뮤니케이션 체계'라는 추상적이며 단순한 개념은 현실 설명의 출발점이 될 뿐 여전히 현실에 대한 충분한 설명력을 확보하는 수준에 이르지 못한다. 사실 이것은 수없이 복합적인 요소들을 포함하고 있으며, 따라서 그러한 요소들이 분석적으로 끊임없이 단순한 개념들을 확보하고 그러한 개념들의 관계의 총화 가운데서 비로소 과학적인 개념으로 자리잡을 수 있을 것이다. 물론 '커뮤니케이션 체계'라는 개념적 틀은 현실을 이해하고 설명하기 위한 수단일 뿐 그 자체가 목적이 될 수 없으며, 또한 현실 그 자체도 아니라는 것을 항상 염두에 두어야 한다.

현실적으로 커뮤니케이션이 생성되는 중요한 차원을 크게 세 가지

로 나누어 볼 수 있는데, 커뮤니케이션에 의해 성취되는 사회적 관계의
의미내용의 차원과 직접적으로 사회 관계를 매개하는 시-공간의 물리적
차원, 그리고 동일한 커뮤니케이션 장(場) 내에서 커뮤니케이션 내용의
수용-비수용이라는 양식의 차이를 보이는 현전(現前)과 부재(不在)의
차원으로 나누어 볼 수 있겠다. 사실 현실적인 사회적 관계의 의미 내용
은 너무도 복잡하고, 수없이 다양할 것이다.16) 그러므로 커뮤니케이션
을 의미내용의 차원에서 여러 가지로 유형화하여 이해할 수 있겠으나
보다 포괄적인 유형으로 일반화해 보면 '지배관계'와 '교환관계'로 구
분할 수 있다.

　교환의 관계는 양자가 서로 대등한 관계에서 형성되는 사회적 관계
이며, 지배의 관계는 어떤 복종의 계기에 의해 형성되는 사회적 관계이
다. 이때 교환의 관계에서는 상호 교환되는 도구 또는 상징에 의해 서로
가 자극받아 변화를 촉발하며, 또 그것은 커뮤니케이션 공간의 확장을
주도하는 기초적인 방식이 된다. 한편, 지배의 관계에서는 불평등한 지
위에 의해 발생되는 긴장이나 갈등이 서로의 변화를 촉발한다. 그러므
로 지배와 교환의 관계는 매우 상이한 구조 속에서 발생될 것으로 예상
할 수 있다. 그러나 현실적으로는 교환 그 자체도 엄밀한 의미에서 평등
한 입장에서 이루어지지 않는다는 것이다. 이것은 자본주의 사회에서는
노동계약조차 결코 평등한 입장에서 교환되지 않는 사실로도 충분히 이
해가 된다. 설사 이상적으로 평등한 입장의 교환을 가정한다고 하더라
도, 교환의 관계는 상이한 교환의 대상물을 가진 당사자들이 상대방의
지배 자원에 대한 서로의 복종으로 이해될 수 있다. 이러한 의미에서 교
환관계는 지배관계에 포섭될 수 있다. 한편 어떤 지배의 내용에 있어서
도 교환의 의미가 상실되는 경우는 없다. 아무리 일방적이며 강압적인
지배의 경우에도 서로가 주고받는 것이 있는 것이다. 그러나 인류역사
의 대부분의 경우 지배의 관계에서 야기되는 긴장이 사회의 변동을 주

---

　16) 현실적인 사회적 관계의 내용들을 유형화해 보려는 노력이 베버에 의해 초보적
인 수준에서 시도된다. Weber(1980: 13-15, 21-25)를 참고.

도해 왔다는 사실을 인정한다면 커뮤니케이션 체계에 있어서 지배관계
는 마땅히 중심 영역으로서 다뤄져야 할 부분이다. 물론 교환의 관계에
서 상호 교환되는 매개물 자체의 성격과 전달의 범위 등은 지배의 관계
에 영향을 미칠 수 있는 요소들이므로 함께 고려되어야 할 것이다.

　지배는 사회적 관계에 있어서 매우 주요한 개념으로 부각되어 많은
학자들에 의해 논의되어 왔다. 지배의 실체는 무엇인가? 맑스는 '생산수
단의 소유'를, 베버는 정당적 지배에 있어서 전통과 카리스마, 합법성을
지배의 자원으로 보았다(물론 본인들은 '자원'이라는 개념을 사용하지
않았다). 두 사람 모두 한정된 구체적인 개념을 사용함으로써 경제적 차
원 밖에서 발생될 수 있는 지배관계라든가(맑스), 정당적 지배가 아닌
강제적 지배(베버) 등을 설명해 내지 못하였다. 한편, 기든스는 지배의
자원을 권위화(authorisation)와 분배(allocation)라는 좀더 포괄적인 개
념을 사용함으로써 다양한 지배관계 가운데서 발생할 수 있는 구체적인
현상에 대한 포괄적인 접근을 가능하게 하고 있다(Giddens, 1979: 88-
94). 그는 "'권위화'라는 것이 사람들에게 명령을 발할 수 있는 능력을
가리키며, '분배'라는 것은 어떤 대상 또는 다른 물질적 현상에 명령을
발할 수 있는 능력을 가리킨다"고 하였다(Giddens, 1979: 100). 이러한
분석적 구분은 매우 유용하게 쓰여질 수 있는데, 맑스주의에서나 또는
후기 산업사회이론의 어떤 전통에서는 각각 권위를 분배의 파생물로 간
주하거나, 분배를 권위화의 특별한 경우로 취급함으로써 권위화와 분배
라는 자원이 갖는 고유한 성격에 의해 형성될 수 있는 사회관계를 간과
하였다. 그러므로 맑스주의에서는 권위화에 의해 발생될 수 있는 사회
적 지배관계를 중시했던 전통사회는 물론 자본주의와 사회주의 내의 권
위주의 성격을 잘 해명해 내지 못하며, 한편 산업사회이론의 한 전통(다
렌도르프 등)에서는 여전히 자본주의의 기본적인 골격을 유지하고 있는
후기 산업사회 내에서 지배의 발생적 양상으로서 분배의 지속적인 중요
성을 낮게 평가함으로써 산업사회에 대한 설명력을 떨어뜨리고 있다
(Dahrendorf, 1958).

　　지배의 자원으로서 권위화와 분배는 물론 이념형적으로 구분될 뿐, 현실적으로는 서로 다른 차원의 것으로서 구분되는 것이 아니다. 그러나 이 두 가지의 분석적인 개념은 시-공간의 이동에 따른 다양한 사회의 모습을 좀더 명쾌하게 드러내 준다. 예컨대 전기 조선조 사회보다 상업적 활동이 활발했던 후기 조선조 사회에서는 '권위화'와 '분배'라는 두 가지의 지배 자원이 함께 중요한 요소로서 작동되었기 때문에 조선조 사회에서 지배층 내의 긴장과, 지배층과 피지배층 사이의 갈등으로 발생된 사회변화는 지배자원으로서 양 측면을 함께 고려하여 설명되어야 할 것이다.[17] 권위화와 분배를 가능하게 하는 구체적인 실체는 무엇인가? 이것은 역사적·사회적인 조건에 따라 혈통, 지식, 토지, 신분, 직업, 자본 등 다양하게 나타날 수 있다. 조선조 사회 내에서 지배는 지식, 토지, 신분(또는 직업적 신분)의 생산과 분배를 통하여 작동된 권력에 의해 성취되었다.[18] 그러므로 권력이 자원은 아니다. 권력은 자원의 이용에 의존하고, 권력은 다시 변형능력(transformative capacity)으로 작동한다(Giddens, 1979: 91-92). 여기서 변형능력의 개념 또한 중요한 의미를 지니는데, 자본주의 사회에서 사유재산 전환가능성의 양식들이 자본주의 사회를 이해하는 데 도움을 주듯이,[19] 조선조 사회에서도 자원의 변형능력에 의해 여러 가지 자원들이 시대에 따라 다양하게 사회의 전면에 부각되다가 또한 사라져 갔던 사실은 조선조 사회 이해에 중

---

17) 이러한 의미에서 어떤 사회도 전적으로 '권위화' 또는 '분배'에 의존한 지배가 발생하지는 않는다. 이러한 의미에서 한 사회의 과정을 설명하는 데 있어서는 오히려 양자를 함께 고려하여 설명하여야 할 것이다. 설사 어느 한 자원이 지배적인 시대 또는 사회가 있었다고 하더라도 그러한 상황이 항상 지속되지는 않는다.

18) 물론 자본주의 사회에서는 자본이 '분배'와 '권위화'의 중요한 내용이 된다.

19) 기든스는 자본주의 사회에서 사유재산의 전환가능성의 양식을 다음과 같은 세 가지 차원에서 도식화하여 보여주고 있다(1979: 104).
　・사유재산-화폐-자본-노동계약-이윤
　・사유재산-화폐-자본-노동계약-산업적 권위
　・사유재산-화폐-교육적 특권-직업적 지위

요한 의미를 가지는 것이다.[20] 이와 같이 커뮤니케이션 체계는 사회적 관계의 의미내용상 지배관계를 중심축으로 발생되는 한 측면이 마땅히 고려되어야 할 것이다.

다른 한편, 위에서도 언급하였지만 사회적 관계 형성에 있어서 시-공간의 물리적 차원은 현실적인 커뮤니케이션 체계를 해명하고자 하는 한 고려되어야 할 중요한 영역이다. 얼핏 보기에 사회활동이 시간과 공간 가운데서 발생된다고 주장하는 것이 매우 진부하고 비시사적인 것 같다. 그러나 시간적 특성과 공간적 특성은 사회활동의 발생의 가장 기본적인 조건일 뿐만 아니라, 이것은 커뮤니케이션을 통하여 가지게 되는 의미 공유와 영향력 행사를 가능하게 하는 매우 기초적인 장(場, field 또는 locale)을 제공한다. 이것은 자연히 앞에서 언급되었던 지배와도 밀접히 관련된다는 점에서 커뮤니케이션 체계를 이해하는 데 중요한 요소가 된다는 사실을 인식할 필요가 있다. 시-공간의 물리적 차원에서 커뮤니케이션 체계의 이해를 위해 고려되어야 할 중요한 개념들에 대해 좀더 살펴보자.

우선 시간과 공간의 분리에 의한 커뮤니케이션 단위들의 분화를 생각할 수 있다. 예컨대 어떤 사람의 일상생활은 시간적 흐름에 따른 공간적 이동을 통하여 이루어지는 사회적 만남(커뮤니케이션)의 묶음들로 이루어져 있는 것이다. 이러한 커뮤니케이션은 시-공간 내에서 끊임없이 변화되고 또한 반복된다. 그러나 그러한 시-공간 내에서의 커뮤니케이션의 묶음들은 경계를 가지게 되는데, 그러한 경계로 인하여 여타의 커뮤니케이션 묶음들과 차이를 나타내는 커뮤니케이션 장을 갖는 것이다. 공간적이고 물리적인 그 무엇을 포함하는 커뮤니케이션 장은 커뮤니케이션을 유지하려는 사회행위자들에 의해 일상생활의 기본적인 배경이 된다. 물론 이것은 그 사회의 지배관계와 밀접히 관련되면서 한층

---

20) 조선조 초기에는 지식－직업적 지위－토지
　　조선조 중기에는 신분－교육적 특권(지식), 직업적 지위－토지
　　조선조 후기에는 신분－교육적 특권, 토지－신분

더 역동적인 장면을 연출해 내고 또한 결과적으로 공간적인 분리를 해
낸다. 전통사회에서나 자본주의 사회에서 지배층의 거주지역과 피지배
층의 거주지역은 자연스럽게 분리되었으며, 현대 사회에서도 그러한 현
상은 여전히 발생되고 있다. 이와 같이 공간과 시간의 분리에 의해 커뮤
니케이션 단위는 매우 기초적인 수준에서 분리되고 나아가 커뮤니케이
션 장에 의한 커뮤니케이션 단위들이 분화된다.

둘째로 인간의 커뮤니케이션에는 대면적인 상호 작용과 신체적인
접촉이 아닌 간접적인 커뮤니케이션이 있다. 인류역사의 발전은 시간과
공간의 극복을 통한 사회생활의 확장 과정이었다고 볼 수 있다. 즉 간접
적 커뮤니케이션에 의한 커뮤니케이션 범위의 확장은 미디어의 발전과
밀접한 관련성을 가지며, 그것은 시간적·공간적 차별화를 극복 가능하
게 하였다. 또한 미디어 자체는 인간의 상호 관계와 행동의 척도나 형태
를 만들어 내고 통제하는 특성으로 말미암아 인간의 삶의 양식을 엄청
나게 변화시켜 간다. 다음은 맥루언이 토크빌(A. de Toqueville)의 미디
어에 대한 통찰력에 대한 언급이다.

> 영국과 미국에 관한 토크빌의 비교는 분명히 획일성과 연속성을 만들어
> 내는 인쇄와 인쇄문화의 사실을 근거로 삼고 있다. 그에 의하면 영국은
> 이 원리를 거부하고 동적인 또는 구술에 의거한 관습법의 전통에 집착하
> 였던 것이다. 여기서부터 영국 문화의 비연속성과 예측 불가능한 성격이
> 이루어진다. 인쇄의 원리는 구술적이고 성문화되어 있지 않는 문화와 제
> 도가 갖는 메시지를 이해하는 데 도움이 되지 않는다(McLuhan, 1964:
> 29).

이와 같이 시간과 공간의 미디어에 의한 연결은 커뮤니케이션 체계
의 변형 수준에서뿐만 아니라 미디어의 차별적인 사용 또한 커뮤니케이
션 장과 결합, 지배관계와 밀접히 관련되어 매우 다양한 사회를 만들어
가게 되는 것이다.

셋째, 앞에서 언급된 커뮤니케이션 장의 개념과 간접적 커뮤니케이

션 개념과도 밀접히 관련이 있는 세번째 차원으로서 공간적 현전과 부재의 개념은 동일한 커뮤니케이션 장 내에서도 커뮤니케이션의 내용이 수용 또는 비수용되어 가는 양식의 차이를 이해하는 데 도움을 준다. 이러한 현상에 대한 좋은 예로서 고프만(E. Goffman)은 표면과 이면의 대비로 개념화하여 알기 쉽게 설명하고 있다(Goffman, 1959). 그에 의하면 표면에서는 전형적으로 규범적 기준에 동조하려 하거나 동조하려는 외양을 유지하려고 하지만, 이면에서는 무관심하거나 심지어 극단적으로 적대적일 수도 있다고 한다. 그가 조선소 노동자들의 태도를 인용한 예는 좋은 보기이다.

> 작업감독이 선체 위나 작업장에 나타났다거나, 본부감독이 접근한다는 말이 퍼질 때마다 나타나는 말의 갑작스러운 변화를 관찰하는 것은 흥미로운 일이다. 작업반장과 조장은 노동자들의 무리 속으로 뛰어들어와 확실히 작업하도록 독려한다. "앉아 있는 것을 들키지 말라"는 말은 일상적인 충고이며 더 이상 작업이 없는 곳에서도 파이프를 부산하게 굽히고, 잇거나 또는 이미 잘 조여진 볼트도 불필요하게 좀더 조이고 있었다(Giddens, 1979: 208).

이것은 커뮤니케이션에 있어서 현전과 부재의 논리로 환원하여 설명해 보면, 동일한 커뮤니케이션 장 내에서 상호 커뮤니케이션이 이루어지고 있지만 실제 전혀 사고의 공유나 의견의 일치를 확보하지 못하고 대립과 갈등 또는 무관심을 낳게 될 수도 있다는 것이다. 이와 같이 공간적 현전과 부재의 차이는 동일한 커뮤니케이션 장 내에서도 다르게 작용될 수 있으며, 특히 지배관계의 차원에서는 커뮤니케이션 단위들간의 통제의 변증법과도 관련된다. 물론 현전과 부재의 분화가 통제적으로 이용되는 것은 커뮤니케이션 체계 내에서 종속적인 위치에 있는 사람들에게만 한정되지는 않는다.

이상과 같이 커뮤니케이션 체계에 포섭될 수 있는 중요한 항목들로 커뮤니케이션 자체의 의미 내용이라는 차원에서 '지배,' 커뮤니케이션

이 발생되는 물리적 차원인 '미디어'와 '커뮤니케이션 장,' 동일한 커뮤
니케이션 장 내에서도 대립 또는 무관심이 발생될 수 있는 현전과 부재
의 커뮤니케이션 상황 등이 그것이다. 커뮤니케이션에 있어서 이러한
중요한 차원들이 상호 결합되기도 하고 차이가 드러나기도 하여 다양한
사회를 만들어 가게 되는 것이다. 그러므로 이제 '커뮤니케이션 체계'를
'사회적 관계에 있어서 의미 내용의 핵심인 지배의 차원과 시-공간의
물리적 차원, 그리고 공간적 현전과 부재의 차원에서 커뮤니케이션을
통하여 의미 공유와 상호 영향력을 주고받는 과정이 체계적으로 재생산
되는 것을 말한다'라고 정의해 볼 수 있겠다.

　이러한 커뮤니케이션 체계라는 시각에서 다루어질 수 있는 거시적
인 연구의 방향을 다음과 같이 정리할 수 있겠다.

① 사회적 상호 작용의 구조
② 미디어의 발전과 사회변동
③ 미디어 발전으로 인한 사회(또는 세계)의 단일화·분화의 과정과 내용
④ 인구의 밀도 또는 인구의 분절성과 커뮤니케이션 양상
⑤ 물질적 생산력의 변화와 커뮤니케이션 체계
⑥ 지배-피지배의 축을 중심으로 형성되는 (다양한) 커뮤니케이션 단위 형
　성의 메커니즘
⑦ 공간적 분리와 커뮤니케이션 체계
⑧ 커뮤니케이션 장의 변화와 사회변동
⑨ 커뮤니케이션 장과 커뮤니케이션 단위의 형성

제2장
■ ■ ■
커뮤니케이션에 관련된 이론들

1. 언어, 사유, 지식

앞에서도 언급한 바와 같이 언어는 인간의 상징 활동의 핵심을 이루며, 커뮤니케이션의 가장 기본이 되는 부분임을 지적하였다. 그러므로 인간에게서 언어를 빼버리면 그는 인간일 수가 없다. 이와 같이 언어가 인간의 본질을 형성한다는 생각은 고대사회에서부터 싹트고 있었던 것 같다. 고대 인도인의 사고가 집대성된 『찬드가 우파니샷드』는 다음과 같이 말하고 있다.

말[語]은 인간을 인간이게 하는 정(精, rasa)이다(강은향 역, 1979: 16).

한편, 오늘날 서구사상의 근간을 형성하고 있는 고대 이스라엘 민족의 천지창조의 설화에서도 우주의 생성을 언어와 더불어 비롯된 것이라고 하고 있다.

태초에 하나님이 천지를 창조하시니라. 땅이 혼돈하고 공허하며 암흑이 깊은 물 위에 있고 하나님의 신(神)은 수면에 운행하시니라. 하나님이 가라사대 빛이 있어라 하시니 빛이 있었고 … 하나님이 빛과 어둠을 나누사 빛을 낮이라 칭하시고 어둠을 밤이라 칭하시니라(『구약성경』, 창세기 1 : 1-5).

이와 같이 성서에서는 언어가 인간의 본질을 형성하는 것일 뿐만 아니라, 인간이 살아가는 세상 또한 언어와 더불어 비로소 시작되었음을 일깨워 주고 있다. 빛과 어둠, 하늘과 땅 그리고 바다, 하늘의 별들과 달이 혼돈스럽게 섞여 있지만 빛을 낮이라 이르고, 어둠을 밤이라 칭하여 밤과 낮을 구분하고, 궁창을 하늘이라 이르고, 뭍을 바다와 육지라 이름지어 나누고, 하늘의 해와 달 그리고 별을 이름지어 구분함으로써 혼돈 (chaos)에서 질서(cosmos)를 창조하게 된다.[1] 이것이 우리가 가지는 질서정연한 세상인 것이다. 아마도 수많은 종류의 잡초들로 뒤덮여 있는 들판이 보통 사람들에게는 혼돈스럽고 암흑과 같겠지만 식물학자들에게는 그 들판이 질서정연한 세계로 이해될 수 있는 것도 그들이 잡초들 하나하나에 이름을 붙여 분류해 낼 수 있기 때문일 것이다. 깊은 산 속에서 지저귀는 여러 새 소리들을 보통 사람들은 그저 평범한 아름다운 새 소리로 들을 뿐이지만 조류학자들은 그들의 이름에 맞는 새 소리를 구분해 내고 그 산 속 새들의 생태계를 정돈해 내는 것이다.

고대 그리스에서는 언어에 대한 본질적이며 보다 체계적인 인식을 하기 시작하였다. 말씀[언어]으로 번역될 수 있는 그리스어의 '로고스 (logos)'는 또한 '이성'이라는 의미를 함께 가진다. 그러니까 고대 그리스인들은 만물은 어떤 보편적 원리(또는 실재: reality)에 의해 만들어져 있으며, 또 그러한 보편적 원리를 인간이 이해하는 것이 가능한 이유는 인간 정신 안에도 본질적이며 보편적 원리로서 '이성'이라는 것이 내재되어 있기 때문이라고 생각하였다. 실재가 현실에서 드러낸 다양한 현상들은 개별자 또는 개체에 불과하여 그림자와 같이 허망한 것이지만, 사물에 대한 생각, 즉 이성의 활동으로 생성된 개념, 그 개념을 표시하는

---

1) 예수의 제자 요한은 구약시대의 천지창조의 신화에 담겨져 있는 언어의 지위를 구체적으로 정확하게 다음과 같이 해석하고 있다. "태초에 말씀이 계시니라 이 말씀이 하나님과 함께 계셨으니 이 말씀은 곧 하나님이시니라. 그가 태초에 하나님과 함께 계셨고 만물이 그로 말미암아 지은 바 되었으니 지은 것이 하나도 그가 없이는 된 것이 없느니라. 빛이 어두움에 비치되 어두움이 깨닫지 못하더라 …"(『신약성경』, 요한복음 1 : 1-5).

언어는 개별자의 생성과 소멸에는 상관없이 항상 남아 존재하는 실재라고 보았던 것이다. 이러한 개념 실재론을 우리가 받아들이든 않든 간에 고대 그리스인들은 이미 언어와 사유(이성의 활동) 사이에 밀접한 관계가 있다는 사실에 대한 깊은 통찰을 지니고 있었음을 알려 준 것이다.

확실히 말(speech)은 사유를 뒤따라 표현되는 것이 아니고 사유과정 자체에 함께 작용한다. 그러므로 야스퍼스(K. Jaspers)는 "우리는 언어와 더불어 비로소 사유할 수 있다"고 했고, 헤르더(J. G. von Herder)는 "말만이 감각적인 인상의 큰 바다 속에서 하나의 파도를 구별해 보존할 수 있기 때문에 언어를 통해서만 이성을 가질 수 있다"고 했던 것이다. 사물[현상]이 그대로 우리에게 주어지는 것이 아니라 언어라는 창을 통하여 비로소 나의 것으로 받아들여질 수 있다는 것이다. 이제 언어 자체가 자연[객관세계]에 대한 해석이며 하나의 가공이라는 의미에서 끊임없는 창조가 시작되는 것이다.

고대 그리스에서 이성에 대한 신뢰는 그 후 기독교의 전파와 함께 보편적인 원리가 신(神)에게로 환원됨으로서 중세 이후 이성은 신이라는 절대적 존재에 의해서만 그 의미를 획득할 수 있었다. 이러한 신 중심의 중세사회로부터 르네상스와 종교개혁을 거치면서 18세기 계몽주의가 확산되자 '이성'은 부활되었다. 잘 알려진 바와 같이 근대적 인식의 전환은 데카르트의 저 유명한 코기토의 명제, 즉 '나는 생각한다, 고로 나는 존재한다(Cogito, ergo Sum)'에서 비롯되었다. 그는 사물과 인간 존재의 존재성을 보장하는 것은 신과 같은 절대자에 의해서가 아니라 이성을 가지고 사유하는 '나'에 의해서만 실존성이 확인된다는 것이다. 이러한 근대적 인식의 전환과 근대적 자아관의 발견은 고대 그리스에 있어서의 이성의 회복이라고 볼 수 있을 것이다. 회복된 보편적 이성의 법은 유럽 중세의 종교적, 정치적 공동체 질서의 구속으로부터 인간 이성을 해방시켰다. 그러나 인간의 삶 그 자체가 전적으로 이성적인 것이 아님에도 불구하고, 회복된 이성에 대한 지나친 신뢰로 말미암아 그 이성은 다시 신화화되고 절대시되어 인간 삶의 본질을 왜곡시켜 버렸다. 이와 같이 계몽주의에서는 호모 사피엔스(Homo Sapiens)로서 인간을 전제하고 인간이 자율적 사유를 통하여 온갖 제약을 극복하여 객관적 진리를 얻을 수 있고, 그들의 삶에서 완벽한 조화를 획득할 수 있다고 착각하였던 것이다.

그러나 인간 언어의 보편성은 애초부터 '바벨탑의 붕괴'와 함께 허물어져 있었다. 성경에서는 인간 언어의 단편성과 이성의 상대성을 '바벨탑의 붕괴'라는 사건으로 이야기하고 있다.

> 온 땅의 구음(口音)이 하나이요 언어가 하나였더라. 이에 그들이 동방으로 옮기다가 시날평지를 만나 거기 거하고 서로 말하되 자, 벽돌을 만들어 견고히 굽자 하고 이에 벽돌로 돌을 대신하며 역청으로 진흙을 대신하고 또 말하되 자, 성(城)과 대(臺)를 쌓아 대 꼭대기를 하늘에 닿게 하여 우리 이름을 내고 온 지면에 흩어짐을 면하자 하였더니 여호와께서 인생들의 쌓는 성과 대를 보시려고 강림하셨더라. 여호와께서 가라사대 이 무리가 한 족속이요 언어도 하나이므로 이같이 시작하였으니 이후로는 그 경영하는 일을 금지할 수 없으리로다. 자, 우리가 내려가서 거기서 그들의 언어를 혼잡케 하여 그들로 서로 알아듣지 못하게 하자 하시고 여호와께서 거기서 그들을 온 지면에 흩으신 고로 그들이 성 쌓기를 그쳤더라. 그러므로 그 이름을 바벨이라 하니 이는 여호와께서 거기서 온 땅의 언어를 혼잡케 하셨음이라. 여호와께서 거기서 그들을 온 지면에 흩으셨더라(『구약성경』, 창세기 11 : 1-9).

아마도 에덴동산에서 인간 언어는 보편성을 지니고 있었던 모양이다. 에덴동산에서는 언어의 보편성으로 말미암아 인간들뿐 아니라 동물과 식물 등 모든 사물과 신이 교통할 수 있는 공간이었다. 그러므로 인간은 모든 사물과 그리고 신과도 완벽하게 커뮤니케이션할 수 있는 가능한 곳을 낙원으로 설정할 수 있었다. 그러나 인간이 인식[지식]의 열매를 따먹는 순간 인간은 사유하기 시작했고, 인간의 사유능력은 자신마저 대상화할 수 있게 됨으로 말미암아 '선악을 아는 일'에서 신과 대등한 입장이 되고자 하였다. 이와 같은 인간 사유의 활동은 능동적이며 창조적인 활동으로 자신을 우상화하고 그것의 구체적인 표현이 바벨탑을 쌓는 것으로 나타나지만, 신은 언어를 혼잡하게 함으로써 바벨탑을 붕괴해 버렸다. 바벨탑의 붕괴는 언어의 단편화, 언어표현의 제약성을 의미하며, 이와 같이 바벨탑의 붕괴와 함께 인간 사유의 보편성은 영원히 허물어져 버린 것이다. 여기에 인간의 비극과 동시에 인간의 영광이 함께 공존한다. 비극이라 함은 인간이 운명적으로 사유의 단편성을 벗어나지 못함에도 불구하고 자신 또는 한 집단의 사고방식을 타인에게 강요함으로 상대의 생각과 문화를 말살하는 가운데 겪게 되는 고통을 말하며, 영광이라 함은 인간 사유의 단편성이 오히려 인간 종의 무한한 가능성을 열어 놓아 만물을 지배할 수 있는 위치에 이르게 한 것을 의미한다고 하겠다.

이제 언어는 인간 삶의 조건(역사적·사회적 조건)과 강하게 결합되어 있음을 깨닫게 되었다. 그러므로 언어는 칸트(I. Kant)의 범주처럼 자율적인 이성의 선험적인 순수개념이 아니다. 이러한 언어의 특성에 대한 연구를 자신의 연구과정에서 가장 극명하게 드러낸 학자로서 비트겐슈타인(L. Wittgenstein)을 들 수 있다. 그는 자신의 초기 연구결과인 『논리와 철학논고(Tractatus Logics-Phylosophicus)』에서 일상언어의 잘못된 용도를 지적하고 이상언어(理想言語)로서 존재의 본질을 밝히고자 했던 노력의 실패를 인정하고, 『철학탐구(Philosophical Investigation)』에서 인위적으로 만들어진 이상언어는 존재를 밝히기보다 오히려 왜곡한다고 보아 일상언어의 의미를 부각시킨다.

> 하나의 언어를 상상하는 것은 삶을 생각하는 것이고, 삶의 양식을 상상하는 것을 뜻한다(Wittgenstein, 1953: 탐구 19).

굳이 이러한 학자들의 주장을 예로 들지 않는다 하더라도, 이제 언어는 그 언어가 생성하고 자라난 토양인 문화를 이해하지 않고는 원만한 커뮤니케이션이 불가능하다는 것을 알았다. 이것은 우리는 앞에서 언어의 단편성이라는 것으로 쉽게 설명하였다. 이러한 언어의 단편성은 바로 언어의 개방적 성격에서 비롯되었던 것이다. 언어의 의미는 개방적이어서 불가피하게 불확정적인데, 이러한 성격을 야스퍼스는 '언어의 메타포적 성격'이라고 하며 립스(H. Lipps)는 '언어의 구념적(構念的) 성격'이라고 하였다. 메타포(metaphor)는 은유라는 뜻이다. 그러니까 원래의 뜻에 있어서의 말과 은유로서의 말이 구별된다는 것인데, 사실 이러한 구별은 상대적이다. 그러므로 야스퍼스는 말은 원래부터 모두 메타포라고 하였다. 사실 말의 소리와 글의 기호가 의미를 갖는다는 것 자체가 처음부터 비유일 수밖에 없다. 그러므로 말은 비유적인 성격을 가진 인간의 표상과 개념이며, 인간의 삶 가운데서 그 의미의 가능성을 무한히 넓혀 가게 된다. 이러한 메타포적 성격으로 인해 인간은 세계에 대한 의미관련과 질서를 성취하게 되는 것이다(이규호, 1985: 60-61).

한편 립스의 언어적 구념(Die sprachliche Konzeption)이라는 것은 말이 구체적인 형태로 '구성된' 사념이라는 것이다. 예컨대 '물고기'라는 말은 객관적인 특수한 생물을 표시하는 이름이 아니고, 또 물고기 자체에서 연역될 수 있는 이름이 아니라 그 생물을 지향하여 구성된 인간의 사념이 구체화된 것이라고 할 수 있다. '상품'은 자본주의 사회에서 생산되는 생산물이며, 자본가와 노동자의 관계 속에서 그 의미가 확보되는 용어인 것이다. 이와 같이 말은 인간이 자신의 환경과 대결하면서 취하는 태도와 더불어 구성된 사념을 표현하는 것이라는 것이다. 그러므로 세계에 대한 자신의 체험을 나타내는 데 있어서 말들이 이미 형성된 사실을 표현하는 것이 아니고, 말들이 비로소 그러한 체험의 내용[생각과 느낌과 태도]을 구체화하는 데 함께 창조적으로 작용한다고 보아야 한다. 그러므로 인간 삶의 다양한 방식에 따라 의미의 가능성은 확대되며, 이것은 오히려 인간 사유의 가능성을 더욱 풍성하게 하였다.

가다머(H. G. Gadamer)가 세계에 대한 인간적 체험의 언어성이라고 지적하고 있듯이 인간의 주관적 체험은 언어에 의해 비로소 그 존재를 드러내게 되고, 언어에 의해 지식으로 축적되어지는 것이다.

… 우리들의 사유, 특히 추상적인 사유에 대한 분석은 우리가 지금까지 행해 왔던 것처럼 사유가 언어로부터 분리되는 한 추상적인 채로 남는다. 단어의 일반적인 의미에서 사유는 언어가 없이는 불가능하다. 추상적인 사유는 언어적인 말로 나타난 사유다. 그러므로 사유의 분석에 또한 그 말의 구성이 포함되어 있어야 한다. … 그 단어 본래의 의미로 볼 때 인식은 지식의 매개를 전제로 한다. 즉 그 지식을 확정시키는 가능성을 전제로 한다는 말이다. 이는 무엇보다 언어를 통해서 실현된다(이정춘, 1984: 125).

언어가 아닌 음악이나 그림 등과 같은 다른 기호체계들은 소리나 색깔 또는 선으로 객관화시켜 작가 자신의 주관적 체험을 다른 사람들에게 전달함으로 감동적인 체험을 갖도록 하지만, 다른 사람이 그것을 다시 재생시켜 사용할 수 있는 지식으로 축적되기 어렵다. 그러나 언어로서 표현되는 체험들은 완벽하지는 않으나 재생산할 수 있는 지식으로 저장되는 특징이 있다. 이러한 지식들은 사회적인 분화와 더불어 분배되는 절차를 가지게 되는데 슈츠(A. Schutz)는 이러한 지식의 분배기제가 사회학의 중요한 주제가 된다고 주장하였다(Schutz, 1962: 121). 우리는 지식 분배의 일차적인 절차가 바로 언어라는 사실에 주목할 필요가 있다. 그러니까 언어는 다양한 사회적 분화와 더불어 언어학적으로 제한된 의미의 어의적(語義的) 분야나 영역을 가지면서 지식의 사회적인 축적을 가능하게 하는 것이다. 이와 같이 우리의 일상생활 가운데서 다른 사람들과 더불어 살아갈 수 있는 것은 언어에 담겨져 있는 다른 사람과 함께 공유하는 지식에 의해 가능하게 되는 것이다. 그리고 언어와 지식은 인간의 삶을 강고하게 조건짓는 매우 근원적인 틀이 되기도 한다.

2. 탁월한 커뮤니케이션 학자, 맑스

오늘날처럼 커뮤니케이션에 대한 관심이 집중된 시기도 아마 없었을 것이다. 이것은 오늘날 매스미디어의 발전과 그것에 의한 새로운 커뮤니케이션 양식의 출현이 우리의 삶의 내용을 크게 변화시켜 가고 있기 때문일 것이다. 그러나 여지껏 이러한 사회현상에 대한 학문적인 관심은 특히 매스커뮤니케이션의 양적 팽창과 그것의 영향력을 기술하거나 컴퓨터와 통신기술의 발달로 인한 새로운 커뮤니케이션 환경에 대한 단순한 놀라움을 서술하는 수준에 머물고 있어서, 사회의 커뮤니케이션 체계에 대한 체계적인 설명을 할 수 있는 이론적 틀에 대한 성찰은 거의 없었던 것 같다. 사실 인간의 모든 사회적 활동들이 전적으로 커뮤니케이션에 의존한다는 점에서 사회과학의 핵심적인 화두는 '커뮤니케이션'이 되어야 할 것이다. 물론 커뮤니케이션 현상에 대한 논의는 현상들만큼이나 많을 수 있지만, 그러한 현상들을 꿰뚫어 설명할 수 있는 '커뮤니케이션 이론,' 나아가 커뮤니케이션을 핵심적 개념으로 하는 '사회이론'이 진지하게 논의되는 기회가 많지 않았던 것 또한 사실이다.

이러한 의미에서 맑스의 커뮤니케이션에 대한 아이디어는 우리들에게 시사하는 바가 매우 크다고 하겠다. 그의 자본주의 사회에 대한 분석은 거의 생산관계에 맞춰져 있고, 그것을 정치경제학적 관점에서 설명하고 있는 것은 사실이다. 그러나 그의 방대한 저술들을 자세히 들여다보면, 그는 인간의 사회적 활동이 기본적으로 커뮤니케이션에 의존하고 있음을 정확히 간파하고 있다. 사실 생산관계라는 것도 생산영역에 존재하는 자본가와 노동자 사이의 커뮤니케이션 관계라는 차원에서 설명될 수 있으며, 자본주의 사회에서는 자본가와 노동자가 자본(화폐)이라는 매개체에 의해 연결됨으로써 독특한 사회관계를 형성하는 사회로 설명될 수 있는 것은 물론이다. 이러한 점에서 그의 커뮤니케이션에 대한 단편적인 아이디어들은 커뮤니케이션 이론을 탐색하는 데 매우 유용한 시사를 하고 있음을 알 수 있다. 그럼에도 불구하고 여태껏 맑스의 이론은 사적유물론, 또는 정치경제학의 이론적 틀 내에서 커뮤니케이션 현상에 대한 부분적인 관심을 끌었을 뿐이다. 즉 커뮤니케이션 현상에 대한 기존의 맑스주의적 시각에서의 접근들은 매스커뮤니케이션 산업이 자본주의적인 논리에 의해 형성 또는 제약받고 있음을 보여 준다거나,

매스커뮤니케이션 생산물의 이데올로기적 성격을 분석하거나, 또는 맑스 자신의 미디어나 언론에 대한 단상에 대해 그의 논의를 제기하는 수준에 머물고 있는 형편이라고 볼 수 있다. 물론 이러한 성과 또한 간과될 수 없지만 그러한 것들이 '커뮤니케이션 이론'으로까지 진전되지는 못한 것이다.

앞에서도 언급하였지만 맑스 자신은 커뮤니케이션 이론의 구성이라는 의도는 전혀 가지지 않았지만, 그의 사회 인식의 논리는 커뮤니케이션 이론의 기본적인 골격을 갖추고 있다. 이러한 점에서 커뮤니케이션에 대한 유용한 맑스의 관점들을 추출하여 그의 불완전한 커뮤니케이션 이론을 재구성해 보고, 그것이 가지고 있는 한계를 지적함으로써 새로운 커뮤니케이션 이론의 전망을 얻고자 하는 시도는 매우 유용한 작업이라고 생각한다.

1) 인간행위의 본질로서 커뮤니케이션 행위와 사회관계의 본질로서 커뮤니케이션

동물들이 본능에 지배를 받는다고 한다면, 인간의 삶은 본능과 함께 이성의 '성찰적 능력'에 의해 엮어진다. 인간의 성찰적 능력이란 자신 주변의 사물들뿐 아니라 자신마저 대상화(소외)하는 능력이다. 이것은 자신의 모든 체험의 내용을 드러내는 행위, 즉 객관화하는 행위인 것이다. 따라서 인간은 다른 사람들의 체험과 사고의 내용을 공유할 수 있게 되며, 다른 사람과 의미 있는 사회관계를 가질 수 있게 된다. 이러한 점에서 인간의 모든 행위는 본질적으로 자신을 드러내는 행위, 즉 커뮤니케이션 행위이다.

맑스는 커뮤니케이션 행위가 인간의 본질을 형성하고 있다는 사실을 정확하게 인식하고 있었다.

정신은 애초부터 물질에 묶인 저주받은 운명을 짊어지고 있으니, 여기서 물질은 진동된 공기층, 소리, 요컨대 '언어'의 형태로 나타난다. 언어란 의식만큼이나 오래 전부터 있어 온 것이며, 언어란 타인에 대해 존재하는, 그리고 바로 그러한 이유 때문에 나 자신에 대해서도 또한 존재하는, 즉 실천적이고 현실적인 의식이다. 의식과 마찬가지로 언어는 다른 인간과 교류하고 싶다는 욕구에서, 그 절박한 필요성 때문에 비로소 발생한 것이다. 어떠한 관계가 존재할 때, 그것은 나에 대해 존재한다. 반면에 동물은 자신을 어떠한 것과도 '관계'짓지 않으며, 일반적으로 관계하는 일도 없다. 동물의 다른 것과의 연관은 하나의 관계로 존재하지 않는다(Marx & Engels, 1970: 50-51).

맑스 자신은 인간 정신이 물질인 '언어'에 묶여 있음을 강조하고 있지만, 여기서 우리의 주목을 끄는 것은 인간정신이 보편적으로 자신을 드러내는 양식이 언어의 형태로 나타난다는 사실과, 이러한 언어는 동물들의 본능적 접촉과는 다르게 타인과의 관계의 본질을 형성한다는 사실을 그가 인식하고 있었다는 데 주목하지 않을 수 없다. 언어를 사용하는 인간의 숙명은 타인과의 의사소통이 현실적이며 실천적인 삶인 것이다.

그러므로 그는 인간의 모든 현실적 활동을 이해하기 위하여 사용하는 구체적인 중요한 인간행위의 범주로서 노동과정을 이해하는 데 있어서도, 노동 그 자체가 한 개인의 고립적인 행위가 아닐 뿐만 아니라 생산물이 사회적으로 규정되고 이용된다는 점에서 생산활동의 '사회적 관계'를 강조하고 있다.[2]

삶의 생산은 노동에 의해 자신이 생산되어지고 출산에 의해 육체적 생명이 생산된다는 점에서, 한편으로는 자연관계로 또 다른 한편으로는 사회적 관계라는 이중적인 관계로 나타난다. 인간은 사회적이므로 개인들이

---

2) '사회적 관계'는 너무 정태적이고 추상적인 개념이어서 좀더 구체적인 현실을 드러내 보이기 위한 다양한 개념들을 이끌어내지 못한다. 특히 인간의 커뮤니케이션 과정과 그러한 과정에서 중요하게 개입되는 매개체(미디어) 또는 매개하는 장소(커뮤니케이션 장) 등이 포섭될 수 없다는 점에서 구체적인 현실 파악에 있어서 '커뮤니케이션'이 갖는 개념보다 현실에 대한 파악능력이 떨어진다.

어떤 상황하에 있건, 또 어떤 방식으로든, 또 어떤 목적을 갖든 분산된 그들이 협동하고 있음을 우리는 이해한다. 그러므로 어떤 생산양식이나 산업단계는 항상 어떤 협동양식이나 사회단계와 연결되어 있고, 이러한 협동양식은 그 자체가 하나의 '생산양식'이다(Marx & Engels, 1970: 50).

생산을 할 때에 인간은 자연에 대해서 관계하는 것만은 아니다. 일정한 방식에 따라 공동으로 활동하고 그 활동을 상호 교환하지 않고서는 생산할 수 없는 것이다.[3] 이와 같이 맑스는 인간의 모든 활동이 본질적으로 타자와의 '관계'에 의해 형성된 '사회적 관계'이며, 이것을 마치 자연적인 사물처럼 이해하고, 사회과학(정치경제학)은 그것을 설명하고 분석해 낼 수 있다고 인식하였다는 점에서 탁월한 관점을 지녔던 것이다. 그러므로 맑스 사적유물론의 실체에는 '커뮤니케이션 관계'가 내포되어 있다고 해석해 볼 수 있다. 그가 자본주의 사회 분석에 초점을 맞추고 있는 자본주의의 '생산관계'는 '커뮤니케이션 관계'에 포섭될 수 있는 개념인 것이다.

그러나 맑스는 『독일 이데올로기』에 이르기까지는 사회의 이해를 위하여 '생산'과 '교류(Verkehr)'라는 두 가지의 개념에만 고집스럽게 집착한다. 물론 여기서 '교류'의 개념은 매우 포괄적인 의미를 담고 있는데, 개인이나 사회집단 그리고 국가 전체 등 상호간의 물질적·정신적인 교류를 모두 포함하고 있다.

이념, 개념, 의식의 생산은 무엇보다도 직접적으로 인간의 물질활동 및 물질적 교류-현실 생활의 언어-와 밀접한 관련을 갖는다. 이 단계에서는 인간의 개념, 사고, 정신적 교류 등은 아직 사람들의 물질활동의 직접적인 발현으로 나타난다. 한 국민의 정치, 법, 도덕, 종교, 형이상학 등의 언어에 나타나는 정신적 생산물에 관해서도 마찬가지로 이야기할 수 있

---

3) 맑스는 커뮤니케이션 개념을 인간과 자연과의 커뮤니케이션으로까지 확대하고 있다. 물론 그는 그것을 '물질의 교환'이라는 수준에서 간단히 언급하고 있지만 환경문제가 심각하게 제기되는 오늘날 그의 아이디어는 우리들에게 새로운 커뮤니케이션 연구의 지평을 넓히고 있다.

다. 인간은 그들의 개념, 관념, 그 밖의 것들의 생산자이다. 하지만 현실의
활동하는 인간은 그 발전의 최고 형태에서조차도 그들의 생산력 발전 수
준과 그에 조응하는 교류의 일정한 발전 수준에 의해 제약된다(Marx &
Engels, 1970: 47).

이렇듯 이 역사관(사적유물론-인용자 주)의 토대는, 현실의 생산과정을
-생활 그 자체의 물질적 생산으로부터 출발하여-상세하게 설명하고 그
리고 그 생산양식과 관련되어 그것에 의해 만들어지는 교류형태를-즉
모든 역사의 토대인 여러 단계의 시민사회를-포괄적으로 파악하고, …
또한 시민사회라는 토대를 근거로 하여 그것들의 형성과정을 추적하는
것이다(Marx & Engels, 1971: 58).

이와 같이 맑스는 인간의 모든 현실적 활동의 이해를 위하여 '생산
력의 발전 수준과 그에 조응하는 교류의 발전 수준'을 동일한 수준에서
중요시하고 있다. 그러므로 그는 『독일 이데올로기』 가운데서 특히 역
사적 변천과정에서 발생되는 '교류의 형태'에 대한 상당한 정도의 구체
적인 이해에 대하여 단편적인 견해이지만 명확히 피력하고 있다.

교류형태와 생산력의 관계는 곧 사람들의 직업 또는 활동과 교류형태의
관계와 같다. 이 활동의 기본형태는 물질적이며, 다른 모든 정신적·정치
적·종교적 활동 등은 이것에 의해 좌우된다. … 아직 모순이 나타나지 않
은 시기에는 … 특정 관계들 가운데 살아가는 특정한 사람들은 그것 아래
에서만 그들의 물질적 생활과 그에 관련된 것들을 생산하는 조건들이며,
따라서 각 개인들이 자기 활동의 조건인 동시에 자기 활동에 의하여 산출
된 조건이다(교류형태, 그 자체의 생산). … 처음에는 자기 활동의 조건들
로서 나타나고, 나중에는 자기 활동에 대한 질곡으로서 나타나는 이들 여
러 조건들은, 역사의 전 발전과정에 있어서 일관된 일련의 교류형태를 이
루고 있다(Marx & Engels, 1970: 86-87).

이러한 교류형태의 유지, 변화의 구체적인 과정이 사회적인 변동의
중요한 요소가 되고 있음을 그는 또한 인식하고 있었다.

중세 각 도시의 시민들은 … 상업의 확대와 교통망의 건설에 의하여 각 도시들은 서로 교류하게 되었고, 그들은 동일한 적대자에 대항하여 싸우면서 동일한 이익을 지키고자 노력하였다. … 당시의 사회관계 및 그에 의해 결정된 노동양식과 대립하고 있던 이들 각 시민들의 생활조건은 그들 모두에게 공통적이면서도 동시에 각각은 서로 독립해 있는 조건이었다(Marx & Engels, 1970: 82).

… 그리고 후대의 이해관계에 속하는 교류형태에 의하여 이미 배척되고 나서도, 전 세대의 이해관계, 전 세대의 특정 교류형태는 오랫동안 독립적인 환상적 공동체(국가, 법)를 통하여 사람들에 대하여 전통적인 힘을 계속 발휘한다는 것 …(Marx & Engels, 1970: 88).

그는 오늘날 우리가 미디어라고 일컫는 교통수단, 화폐 등의 매개체가 교류의 형태에 매우 중요한 요소가 될 수 있음을 매우 통찰력 있게 보고 있다.

화폐의 출현과 함께 모든 교류형태, 그리고 교류 그 자체는 사람들에게 있어 우연적인 것으로 부각된다. 이렇듯 이미 화폐에는, 지금까지 모든 교류는 오직 규정된 조건들하에서 개인들간의 교류였을 뿐이지, 개인으로서의 개인들간의 교류는 아니었다는 사실이 함축되어 있다. 이들 조건들은 두 가지로, 즉 축적된 노동 또는 사유재산과 현실적인 노동이라는 것으로 환원된다. 만약 이 두 가지 다 혹은 그 중 하나가 중지되면 교류는 중지된다(Marx & Engels, 1970: 91).

아메리카의 발견, 케이프 항로의 발견은 떠오르는 부르주아를 위한 신선한 발판을 만들어 주었다. 동인도와 중국의 시장, 아메리카의 식민지화, 식민지와의 무역, 교환수단과 상품의 전반적인 증가는 상업과 해운업 및 공업에 일찍이 볼 수 없었던 충격을 가하였으며, 또 그럼으로써 비틀거리는 봉건사회 내의 혁명적 요소에는 급속한 발전을 가져다주었다(Marx & Engels, 1971: 59).

한 사회는 다양한 사회적 단위들로 분화되어 커뮤니케이션 체계를 형성하기도 하며, 또한 다양한 사회들(예컨대 국가 단위) 사이에도 커뮤

니케이션에 의해 연결되어 커뮤니케이션 체계를 형성하게 된다. 이러한
의미에서 다양한 사회 단위들 사이에 형성되는 모든 형태의 접촉이라는
것을 커뮤니케이션 개념으로 이해할 수 있는 것이다. 그러므로 맑스는
사회적 단위들 사이에 발생하는 전쟁조차 교류의 중요한 형태로 인식하
고 있었다.

> 교류가 특정한 계급에게 맡겨짐과 함께, 또한 상업이 상인을 통해 도시
> 인접지역을 넘어 멀리까지 확장됨과 함께, 곧 생산과 교류 간의 상호 작
> 용이 나타났다. … 각각의 도시들간에도 새로운 생산의 분업화를 불러일
> 으켜, 마침내 각 도시는 제각기 하나의 주요 산업분야를 개척하여 떠맡게
> 되었다 … 한 지역에서 달성된 생산력의 발전 여부는 … 순전히 교류의
> 확장에 의해 좌우된다(Marx & Engels, 1970: 72).

> 북아메리카와 같이 … 이런 나라들은 이전에 이미 정착하여 그렇게 살았
> 던 사람들과는 다른 전제조건을 갖는다. 그것은 예전의 교류형태가 그들
> 의 욕구에 맞지 않기 때문이다. 따라서 이들 나라들은 이전 나라들의 가
> 장 진보적인 개인들과 함께, 이들 개인들에 부응하는 가장 발전된 교류형
> 태를 가지고 출발한다. … 이와 유사한 관계는 정복이 행하여진 경우에도
> 나타난다. 즉 다른 토양 위에서 발전한 교류형태가 피정복국에 완전히 이
> 식될 때 이와 비슷한 관계가 발생한다. 즉 이 교류형태의 모국에서는 …
> 이곳(피정복국)에서는 단지 정복자들이 계속 권력을 유지하기 위해서도
> 그 교류형태가 완벽하게 그리고 방해 없이 실현될 수 있고, 또 실현되지
> 않으면 안 된다(Marx & Engels, 1970: 88).4)

> 전쟁은 위에서 지적했듯이 그 자체가 하나의 정규적인 교류형태이며, 이
> 교류형태는 전래의 교류형태들과 함께 인구가 증가함에 따라 더욱 활발
> 히 이용되었다(Marx & Engels, 1970: 89).

---

4) 이러한 맑스의 주장은 유럽 중심의 사고에서 나온 것으로 다소 과장되어 있다.
정복국과 이주민들이 일방적으로 자신들의 교류형태를 강요하여 자신들의 지배
를 실현하고자 하는 측면이 없지 않으나, 그들은 피정복국 또는 북아메리카의
원주민과의 긴장된 커뮤니케이션이라는 관계에 의해 교류의 형태가 결정될 수
밖에 없을 것이다.

2) 자본주의 사회의 커뮤니케이션 체계

19세기 유럽의 사상가들 가운데 어느 누구도 전통사회로부터 근대 사회로 변화된 질서와 변화의 방향, 그리고 변화의 원인에 대하여 숙고하지 않았던 사람은 거의 없었다. 새로운 사회의 이해를 위한 접근은 학자들 나름대로 진행되었으며, 그 결과 사회과학적 담론의 풍성한 결실을 가지게 됨으로써 오늘날까지 여전히 그들에게 빚을 지고 있는 것은 사실이다.

토크빌은 프랑스혁명과 같은 급진적인 변혁의 과정을 유감스럽게 생각하면서도, 그러한 변화에 내재된 신분의 평등화에 주목하고, 그것의 정치적 과정, 즉 민주주의의 발전과정에 관심을 집중시켰다. 또한 뒤르켐은 사회적 분업의 내용, 좀더 구체적으로 이야기하자면 사회적 분업이 기계적 연대에서 유기적 연대로 변화해 가는 근대사회를 설명하고자 하였으며, 베버는 인간 행위의 양상이 합리적인 행위로 변해 가면서 가지게 되는 근대사회의 현실과 그 발전 방향에 관심을 쏟았던 것이다. 물론 앞에서도 지적하였듯이, 인간 행위가 본질적으로 커뮤니케이션을 지향하고 있기 때문에 이들의 논의에서도 커뮤니케이션에 의해 형성될 수 있는 사회적 관계에 대한 단편적인 논의가 없었던 것은 아니다. 민주주의 정치에서 개개인의 평등한 권리가 존중될수록 국가의 권력은 확장되는 것이며, 전문화에 의한 분업의 확대는 필연적으로 개인과 집단들 간의 유기적 관계에 대한 성찰을 요구하며, 합리성 증대에 의한 근대적 관료제도의 확장은 예전과는 다른 원칙(합리적 법률이라는 매개체)에 의해 사회적 관계가 형성되고 있음을 말해 줄 수 있다.

그러나 이들의 논의들은, 커뮤니케이션이라는 것이 인간 행위의 본질을 이루며, 그러므로 인간들이 만들어 가는 사회가 커뮤니케이션에 의해 형성된 커뮤니케이션 체계라는 데 초점을 맞추지는 못하고 있다. 그러나 앞에서 살펴보았던 바와 같이, 19세기의 학자들 가운데 맑스는 사회적 커뮤니케이션에 대한 탁월한 견해를 가지고 있었으며, 그러한 관점을 완전한 이론으로 발전시키지는 않았지만 다른 학자들보다 자신의 이론 가운데 많은 부분을 수용하였던 학자였다.

잘 알려진 바와 같이 그는 전통사회로부터 자본주의 사회로의 변화된 모습을 생산력의 발전에 의한 '생산관계'의 변화로써 설명해 내고자하였다. 앞에서 언급한 바와 같이 그의『자본론』이전의『독일 이데올로기』나『경제철학 수고』또는 적어도『공산당선언』에서 커뮤니케이션에 대한 그의 아이디어가 좀더 빛을 발하며 나타나 있다. 그의『자본론』에서도 물론 이러한 그의 초기 저작들 가운데 언급된 사회에 대한 포괄적인 이해와 개념들을 바탕으로 하고 있지만, 자본주의 사회에 대한 경제적인 차원에 있어서의 관계들에 관심을 집중시킴으로 말미암아 상대적으로 커뮤니케이션에 대한 그의 관심을 확장시킬 수 없었을 것이다. 그러나 인간의 커뮤니케이션에 대한 기본적인 이해를 가졌던 그였기에『자본론』에 있어서도 우리가 도움을 받을 수 있는 커뮤니케이션에 대한 아이디어들도 상당 부분 저장되어 있음은 사실이다. 논의의 순서상 우선, 자본주의 사회의 생산활동에서 가지게 되는 커뮤니케이션 활동과 커뮤니케이션 체계에 대한 그의 아이디어를『독일 이데올로기』를 중심으로 살펴보고, 다음으로『자본론』을 중심으로 재구성해 보자.

맑스는 시민사회, 즉 자본주의 사회를 어떤 특정한 생산력의 발전단계에 있는 개개인들 사이의 모든 물질적 교류를 포함하는 것으로 이해함으로 말미암아 특정한 사회의 커뮤니케이션 체계를 지배하는 인간들의 사회관계에 관심이 모아질 수밖에 없었다. 그는 자본주의 사회의 새로운 인간관계의 발생을 다음과 같이 서술하고 있다.

> 부르주아는 자신이 지배를 확립한 곳에서는 어디서나 모든 봉건적·가부장적·전원적 관계를 종식시켜 왔다. 부르주아는 인간을 '타고난 상하관계'에 묶어 놓는 잡다한 봉건적 끈을 가차없이 끊어 버렸으며, 그 외의 모든 인간관계를 적나라한 이기심, 냉혹한 '현금 지불관계'로 만들어 놓았다. … 단 하나의 파렴치한 자유를 세워 놓았다(Marx & Engels, 1971: 61).

길드에서는 직인과 장인 사이의 가부장적 관계가 있었으나, 공장제 수공업에서는 그것이 자본가와 노동자 사이의 화폐관계로 나타났다(Marx & Engels, 1970: 74).

수많은 개인들로 구성된 사회에서 그들이 만들어 가는 커뮤니케이션 형태 또한 복잡하고 다양할 수밖에 없을 것이다. 그러나 맑스는 다양한 개인과 집단들 사이에 존재하는 '지배관계'에 의해 형성될 수 있는 커뮤니케이션 체계에 주목한다.5) 그러므로 자본주의 사회에서 지배의 내용은 영주와 농노 사이의 봉건적·가부장적·전원적 종속관계가 아니라 자본가와 노동자 사이에 냉혹한 '현금지불관계(화폐관계)'라는 것이다. 자본주의 사회의 커뮤니케이션은 더 이상 인간의 정이나 권위, 관습, 또는 카리스마에 의한 결합이 중요시되지 않는다는 것이다. 자본주의 사회는 냉혹한 '화폐관계'를 위하여 파렴치한 자유를 보장하려는 사회로 보고 있다. 이와 같이 맑스는 자본주의의 커뮤니케이션 체계에 있어서 화폐라는 미디어가 갖는 지배력을 이해하고 있었으며, 놀라운 통찰력으로 분석해 내었다. 화폐에 의해 형성되는 새로운 사회관계의 경제적인 특성은 『자본론』에서 더욱 세밀하게 논의되고 있지만, 『독일 이데올로기』에서는 화폐를 매개체로 하여 발생될 수 있는 커뮤니케이션적 의미를 매우 함축된 내용으로 언급하고 있다. 다른 인용문을 한 번 더 살펴보자.

> 화폐의 출현과 함께 모든 교류형태, 그리고 교류 그 자체는 사람들에게 있어 우연적인 것으로 부각된다. 이렇듯 이미 화폐에는, 지금까지 모든 교류는 오직 규정된 조건들하에서 개인들간의 교류였을 뿐이지, 개인으로서의 개인들간의 교류는 아니었다는 사실이 함축되어 있다. 이들 조건들은 두 가지로 축적된 노동 또는 사유재산과 현실적인 노동이라는 것으로 환원된다. 만약 이 두 가지 다 혹은 그 중 하나가 중지되면 교류는 중지된다(Marx & Engels, 1970: 91).

---

5) 맑스는 『공산당선언』에서 계급투쟁의 역사를 '억압자(the oppressor)'와 '피억압자(the oppressed)'의 대립으로 묘사하고 있으며, 『독일 이데올로기』에서는 '지배계급'과 '피지배계급'이라는 용어를 사용하고 있다.

확실히 화폐에 의한 상품교환이라는 우연적인 교류는 전통사회에서와 같이 자신의 필요와 욕망에 의한 관계가 아닌 전혀 새로운 교류이다. 자본주의 사회에서 분업화의 과정은 다양한 집단이 상호 연결되는 복잡하며 다양한 커뮤니케이션 체계를 형성하지만, 화폐라는 매개체가 갖는 엄청난 환원력을 간파하고 있었던 맑스는 화폐관계에 의해 매개되는 사회관계만으로도 자본주의 사회의 여타 사회관계의 형태를 이해할 수 있는 것으로 보았던 것이다.

이러한 새로운 사회관계로의 변동은 물론 사회 내의 변화와 함께 외부적인 커뮤니케이션 양상의 변화에서 기인된 것이었음을 맑스는 지적하고 있다.

> 아메리카의 발견 및 동인도 항로의 발견과 함께 생긴 교류의 확장은 공장제 수공업, 그리고 일반적인 생산운동에 거대한 가속도를 부여했다. … 모험가들의 탐험, 식민지화, 그리고 이제야 비로소 가능하게 되어 날로 성취되고 있는 시장의 세계시장으로의 확대, 이런 등등이 새로운 국면의 역사를 발전시켰다. … 새로 발견된 나라들을 식민지화하기 시작함으로써 각 나라들 상호간의 상업전쟁은 새로운 활력을 띠기 시작했고, 그에 따라 싸움의 넓이와 격렬성이 더해졌다(Marx & Engels, 1970: 74).

> 현대산업은 아메리카의 발견으로 길이 트인 세계시장을 확립했다. 세계시장은 상업, 해운업, 육상교통의 엄청난 발전을 가져다주었다. 이러한 발전은 거꾸로 산업의 확장에 영향을 미치게 되었다. 즉 공업, 상업, 해운업, 철도가 확장되는 것과 똑같은 비율로 부르주아는 발전했으며, 자신의 자본을 증가시켰고, 중세시대로부터 이어져 내려온 모든 계급을 뒷전으로 밀어냈다(Marx & Engels, 1971: 60).

화폐의 보편적 사용은 자본주의 사회 인간관계의 기본적인 특성을 이루는 '우연적 교류'를 낳게 되고, 이것으로 말미암아 낯선 공간인 식민지 개척과 해상무역의 확대를 누구나 꿈꿀 수 있게 되었던 것이다. 또한 이것의 실현은 해운교통과 육상교통의 발전과 지리상의 발견에 의해 가능해졌으며, 자본주의 사회 커뮤니케이션 형식의 내재적 원리에 의해 결국 세계시장이라는 커뮤니케이션 체계가 구축될 수밖에 없도록 되어 있었던 것이다.

자본가 집단과 노동자 집단의 형성도 커뮤니케이션 조건에 의해 비로소 형성될 수 있었음을 지적하고 있다.

각 도시들간에 교통망이 건설됨과 함께 이들 공통적 생활조건은 계급적 조건으로 발전하였다(Marx & Engels, 1970: 82).

중세의 각 도시의 시민들은 … 상업의 확대와 교통망의 건설에 의하여 각 도시들은 서로 교류하게 되었고, 그들은 동일한 적대자에 대항하여 싸우면서 동일한 이익을 지키고자 노력하였다. … 당시의 사회관계 및 그에 의해 결정된 노동양식과 대립하고 있던 이들 각 시민들의 생활조건은 그들 모두에게 공통적이면서도 동시에 각각은 서로 독립해 있는 조건이었다(Marx & Engels, 1970: 82).

소규모 자작농들은 거대한 대중을 형성하며, 유사한 조건하에서 생활하지만 서로간에 다면적인 관계를 맺지 못하고 있다. 그들의 생산양식은 그들을 상호 작용시키기보다는 고립시킨다. … 수백만의 가족들이 그들의 생활양식과 이해관계, 그리고 문화를 타계급들의 그것과 분리시키며 그들을 타계급들과 적대관계에 서도록 하는 경제적 생존조건하에서 살고 있는 한, 그들은 하나의 계급을 형성한다. 이 소농들간에는 단지 지역적인 상호 관계만 존재하고, 그들 이해관계의 동일성이 그들 사이에 공동체도, 민족적 유대도, 정치적 조직도 산출하지 못하는 한 그들은 계급을 형성하지 못한다(Giddens, 1971: 38에서 재인용).

한 사회의 커뮤니케이션 체계를 이해하는 데 있어서 지배관계를 중심으로 형성되는 커뮤니케이션은 매우 중요한 의미를 가진다고 할 수 있다. 지배층과 피지배층, 또는 각 계급들은 그들이 상호 연결될 수 있는 커뮤니케이션 조건에 따라 매우 다른 모습으로 상호 작용하게 된다. 부르주아의 성장과 프롤레타리아의 결속은 각각 상공업의 확대와 교통

망의 건설, 그리고 공장이라는 공간적 조건(커뮤니케이션 장)의 형성과
더불어 결속할 수 있었던 계기가 된 것이다.6) 뿐만 아니라 전통사회에
서는 생산양식 자체가 자급자족적이어서 커뮤니케이션의 고립을 면할
수 없는 조건이었기 때문에 특히 피지배층에게는 결정적으로 불리한 커
뮤니케이션 조건임을 맑스는 명쾌히 드러내고 있다.

자본주의 사회의 붕괴, 프롤레타리아들의 혁명 분위기의 성숙에 의
한 사회주의 혁명 또한 프롤레타리아 집단의 커뮤니케이션에 의해 확보
된다고 보고 있다. 뿐만 아니라 맑스는 그가 꿈꾸는 이상사회의 결정적
인 조건을 소외된 커뮤니케이션 체계로부터의 해방에서 찾고 있다. 즉
노동 분업의 결과 개인의 공동체 참여가 우연에 맡겨지지 않고, 또 독립
된 존재에 의해 구속되지 않는, 따라서 모든 사회적 관계를 스스로의 통
제에 둘 수 있는 상황을 제기하고 있다.

> 그러나 산업이 발전하면서 프롤레타리아는 숫자가 증가할 뿐만 아니라
> 보다 큰 무리로 집중되어 힘이 더욱 성장하며, 그 힘을 더욱 자각하게 된
> 다. 기계가 노동의 모든 차이들을 소멸시키고 거의 모든 곳에서 임금을
> 동일하게 낮은 수준으로 감축시키는 것과 비례하여 프롤레타리아 대열
> 내의 다양한 이해관계와 생활조건은 더욱 평준화된다. … 그 결과 노동자
> 들은 부르주아에 반대하는 결사체(노동조합)를 결성하기 시작하며 …
> (Marx & Engels, 1971: 72).

> 현대산업이 만들어 낸 전달 수단으로 인해 여러 지역의 노동자들이 서로
> 접촉할 수 있게 됨으로써 단결은 한층 확대된다. 바로 이 접촉이야말로
> 같은 성격을 지닌 수많은 지역적 투쟁을 계급들간에 하나의 전국적 투쟁
> 으로 집중시키는 데 필요한 것이다. 그러나 모든 투쟁은 정치투쟁이다.
> 중세시대의 시민이 옹색한 도로를 가지고 수백 년의 기간에 거쳐 달성한

---

6) 베버는 '계급 단결'을 부정한다. 동일한 계급상태에 속하는 사람의 집단적 행위
로서 그들의 평균적, 그리고 적합한 이익의 방향으로 반응될 뿐 계급 그 자체로
서는 아무런 공동체도 형성하지 못한다는 것이다(Weber, 1980: 533-534). 맑스
는 이러한 비판을 면하기 위해서라도 커뮤니케이션의 관점에서 각 계급들이 어
떻게 결속되는가에 대해 좀더 정교한 논의를 했어야 했다.

그 단결을 현대 프롤레타리아는 철도에 힘입어 수년 내에 이룩한다(Marx & Engels, 1971: 73).

하지만 혁명적 프롤레타리아, 즉 자신들의 생활조건 및 사회의 모든 구성원의 생활조건을 자신의 통제하에 접수하는 혁명적 프롤레타리아의 공동체는 그와 정반대이다. 각 사람들은 그 공동체에 개인으로 참여한다. 왜냐하면 그 공동체는 개인들간의 결합, 즉 개개인의 자유로운 발전 및 운동의 조건을 자기 통제하에 두는 공동체이기 때문이다. 예전에는 이 각 개인의 자유로운 발전 및 운동의 조건이 우연에 맡겨져 있었으며, 또한 각 사람들에 대립하는 독립된 존재로서 군림하였었다. 왜냐하면 노동의 분업으로 인해 결정된, 각 사람들간의 분화의 결과, 그들간의 어쩔 수 없는 결합은 각 개인들에게 있어 소외된 외적인 유대로 되어 버렸기 때문이다(Marx & Engels, 1970: 85).

자본주의 경제의 전 세계적 확장은 자본주의 사회의 커뮤니케이션 체계가 가지는 원리에 의해 확장될 수밖에 없는 자본주의의 운명임을 주장한다. 그러므로 자본주의 커뮤니케이션 체계 내에서 식민지의 개척과 세계시장으로의 확대, 세계체계로의 진전은 자연스러운 현상이었던 것이다.

부르주아는 세계시장의 착취를 통하여 각 나라의 생산과 소비에 범세계적인 성격을 부여해 왔다. … 그 나라의 생산물로 충족되던 낡은 욕구 대신에, 먼 나라 먼 토양의 생산물로 충족될 수 있는 새로운 욕구가 생겨난다. 낡은 지역적, 민족적 단절과 자급자족 대신 모든 방면에서의 상호 교류, 민족들간의 보편적 상호 의존이 나타난다. 이는 물질적 생산뿐 아니라 정신적 생산에서도 마찬가지이다. 개별 민족의 지적 창조물은 공동의 재산이 된다. 민족적 편향성과 편협성은 점차 불가능해지며, 수많은 민족적, 지역적 문학들로부터 하나의 세계문학이 생겨나는 것이다. 부르주아는 모든 생산도구가 급속히 향상되고 교통수단이 엄청나게 개선됨으로써, 가장 미개한 민족을 포함하여 모든 민족을 문명화시킨다. 상품의 저렴한 가격은 모든 만리장성을 무너뜨리고 외국인에 대한 미개인의 매우 고집스러운 증오를 굴복시키는 대포이다. 부르주아는 모든 민족에게 부르주아

적 생산양식을 채택할 것인지를 선택하라고 강요하며, 자기가 문명이라고
부르는 것을 도입할 것, 즉 부르주아 자체가 될 것을 강요한다. 한마디로
부르주아는 자기 자신의 모습 그대로 세계를 창조하는 것이다(Marx &
Engels, 1971: 63-64).

맑스의 『자본론』 연구에서는 경제적인 분석에 관한 내용이 대부분
을 형성하는 것이 사실이다. 그러므로 『독일 이데올로기』에서는 한 사
회를 이해하는 데 '교류'와 '생산'의 개념이 동일한 비중으로 취급되어
야 할 것으로 주장하고 있지만, 『자본론』에서는 어느덧 '교류'의 개념은
사라지고 '생산' 개념에 초점이 맞춰져 분석되고 있다. 그러나 당시 기
존의 정치경제학자들이 저지른 오류 가운데 하나, 즉 순수히 경제적인
관계들이 추상적으로 다루어질 수 있다고 하는 가정을 그가 비판하고,
모든 경제적인 현상은 동시에 항상 사회적인 현상임을 주장했던 사실을
고려할 때 『독일 이데올로기』에서 가졌던 그의 '커뮤니케이션 체계'에
대한 아이디어들이 맑스 자신도 의식하지 못한 채 체계적으로 드러나고
있음을 간과해서는 안 될 것이다.

맑스는 『자본론』을 다음과 같이 시작하고 있다. "자본주의적 생산양
식이 지배적으로 이루어지고 있는 사회의 부는 '거대한 상품의 집적'으
로 나타나고 개개의 상품은 이러한 부의 요소형태로 나타난다. 그러므
로 우리의 연구는 상품의 분석으로부터 시작된다"(맑스, 1987: 47). 그
는 자본주의 상품 분석을 출발점으로 하여 자본주의 사회 커뮤니케이션
의 본질적인 측면을 먼저 밝힌 후 더욱 구체적인 자본주의 현실인 자본
가 집단과 노동자 집단이 상품생산 현장에서 가지게 되는 커뮤니케이션
에 대해 분석하였다.

인간 활동의 산물인 상품은 자본주의 이전 사회의 생산물과는 전혀
다른 성격의 생산물이다. 상품생산은 자발적으로 타인의 욕구를 충족시
키기 위해 생산되는 것이며, 이러한 생산물의 성격은 자본주의 이전에
는 전혀 경험하지 못했던 놀라운 것이었다. 그러므로 이것은 전혀 다른

사회적 관계, 나아가 전혀 새로운 커뮤니케이션을 유도한다. 이러한 의미에서 자본주의의 상품은 사용가치보다 상품의 교환에서 가지는 교환가치에 초점이 맞춰지고, 생산현장의 구체적인 노동에 대한 분석이 아니라 상품의 가치를 형성하는 추상적인 인간노동의 사회성을 분석하게 되는 것이다.

자본주의 사회에서는 무수한 개인들이 자신에게는 필요하지 않은 물건을 생산하여 상호 교환하고 있다. 그러므로 여기서는 생산자들의 노동관계가 생산자들의 상호 관계로 나타나지 않고 생산물의 교환관계, 즉 물건과 물건의 관계(예컨대 책과 만년필의 관계)로 나타난다. 결국 자본주의 사회는 이러한 물건과 물건의 관계가 인간으로부터 분리되어 자립적인 모습을 취하고 인간을 지배하고 있다는 것이다. 맑스는 이것을 상품의 물신적 성격이라고 하였으며, 이것은 곧 자본주의 사회 커뮤니케이션의 물신적 성격으로 이해할 수 있다. 이와 같은 커뮤니케이션 체계는 어떤 사회에서도 경험하지 못했던 것이며, 자본주의 사회 커뮤니케이션의 본질적인 성격을 드러내는 것이라고 하겠다. 맑스가 예를 든 봉건사회의 경우를 보자. 여기서는 노동의 자연적 형태가, 즉 노동의 일반성(추상적 인간노동)으로가 아니고 그 특수성(구체적 인간노동)이 노동의 직접적인 사회적 형태이다. 여기서는 다만 자연적 형태의 노동에 의해 생산된 곡물, 직물 등의 유용물이 경제 외적 강제에 의해 그대로 농노의 손에서 영주로 넘어가 자연형태 그대로 착취를 당하였던 것이다.

맑스는 여기서 더 나아가 상품이 서로 교환되는 과정을 면밀히 따지고 있다. 왜냐하면 상품은 교환되기 위해 만들어졌고, 상품은 다른 상품들과의 관계 가운데서만 상품이기 때문이다. 그러므로 그는 직접적인 생산물 교환과는 전혀 다른 상품유통의 특성을 밝히고 있다. 즉 상품유통은 우선 직접적인 생산물 교환에서 발생되는 개인적인, 국지적인 제한을 극복하고 인간노동의 질료변환을 발전시키며, 또한 상품유통에서는 교환 당사자들에 의해서는 제약될 수 없는 사회적인, 자연적인 관계들이 형성되어 하나의 전체적인 관계로 발전되며, 마지막으로 상품유통 과정은 직접적인 생산물의 교환과 같이 사용가치의 장소 이전 또는 소유자의 교환에 의해 과정이 사라져 버리는 것이 아니라 화폐에 의해 끊임없이 타인과의 연쇄적 유통과정을 촉발하는 특성을 가지고 있음을 지적한다(맑스, 1987: 136-137).

한편, 자본주의 사회에서 상품의 전면적인 교환에 내포된 모순은 사실상 화폐라는 매개체에 의해 해결되고 있음을 설명해 내고 있다.[7] 화폐는 상품의 가격을 실현함으로써 상품을 판매자에게서 구매자에게로 옮겨 놓으며, 동시에 자신은 구매자에게서 판매자에게로 멀어져 가면서 또 다른 상품에 대하여 같은 과정을 되풀이한다. 그러므로 화폐는 상품들의 가격을 실현시킴으로써 상품을 유통시키는 것처럼 보인다. 화폐의 운동은 상품유통의 표현에 지나지 않음에도 불구하고 거꾸로 상품유통이 화폐운동의 결과처럼 보이는 것이다. 그러므로 자본주의 사회에서 화폐는 물질에 대한 지배력뿐만 아니라, 모든 커뮤니케이션에 대한 절대적 지배력을 가지는 것처럼 보이는 것이다. 화폐유통의 경제학적 의의에 대하여 여기서 상세히 논의할 수는 없다. 그러나 자본주의 사회 상품유통의 수단으로서, 또는 자본주의 사회 커뮤니케이션의 주요한 미디어로서 화폐가 갖는 형태와 제도의 변화, 화폐유통의 속도에 의해 작게는 경제적 상황이, 크게는 사회의 전반적인 모습이 변화되고 있다는 사실을 그의 『자본론』 3장에서 끌어낼 수 있다.[8]

자본주의 사회에서 화폐라는 미디어의 힘은 생산영역에서 전혀 새로운 사회관계를 발생시키게 된다. 맑스는 자본주의 사회의 중요한 커뮤니케이션 영역은 생산부문에서의 커뮤니케이션 체계임을 인식하고 있었다고 볼 수 있다.[9] 그러므로 그는 막강한 화폐의 힘이 자본으로 전

7) 상품교환에 내포된 모순이란 상품이 사용가치로 실현되기 이전에 가치로서 실현되지 않으면 안 되지만, 다른 한편으로는 가치로서 실현되기 이전에 사용가치라는 것이 실증되지 않으면 안 된다는 것이다.
8) 사회적으로 필요한 화폐의 유통속도와 그에 따른 효율적 공간조직의 재편은 이윤 획득과 밀접한 관련성이 있다.

환되어 노동력을 상품으로 구매하는 자본주의 사회의 생산영역에서 독특하게 가지게 되는 자본가와 노동자 사이의 생산관계를 분석하는 가운데서 자본주의 사회 커뮤니케이션의 특성을 또한 파악하고 있는 것이다. 노동력의 경제적 의의라든가, 노동에 의한 가치증식의 과정, 잉여가치율 등을 분석하는 과정에서 자본가와 노동자 사이의 불평등한 관계를 밝히고 있다. 한편 그는 지배층과 피지배층을 매개하는, 즉 새로운 자본주의 사회의 주체로서 자본가와 노동자를 매개하는 매개체로서 '임금'에 대한 분석을 놓치지 않고 있다. 봉건적 신분의 예속과 토지에 의한 구속으로부터 해방된 농노들은 필연적으로 자신의 노동력을 '노동력의 가격'인 임금과 교환하게 되는 것이다. 시간측정에 근거한 임금(궁극적으로 시간임금)을 매개로 한 사회적 관계의 형성은 자본주의 이전의 사회에서는 전혀 없었던 사회적 관계이며, 자본주의 사회에서 커뮤니케이션이 시간의 측정에 근거한 임금이라는 매개체에 의해 작동되고 있음을 보여 주는 것이다. 물론 맑스는 자본가와 노동자를 매개하는 임금의 분석을 통해서도 잉여노동이 지불노동처럼 보이도록 하여 임금노동자들이 상당 부분 무상노동을 하고 있음을 은폐하고 있다는 사실을 밝힌다.

맑스는 자본주의 사회에서 발생할 수 있는 협업과 분업의 발전과정을 함께 논의하고 있다. 사실 자본주의 사회에서 상품교환의 특성과 화폐라는 미디어의 힘을 통하여 과거와 같이 자급자족적인 분절화된 커뮤니케이션 체계가 상품생산의 분업화와 사회적 분업에 의한 상호 의존적 커뮤니케이션 체계로 변화되어 가고 있음을 『자본론』 12장 '분업과 매뉴팩처'에서 분석해 가고 있다. 뿐만 아니라 그는 13장에서는 생산도구, 즉 생산현장의 중요한 생산 미디어라고 볼 수 있는 기계의 발전이 자본가와 노동자 사이의 커뮤니케이션을 어떻게 변모시켜 가고 있는가를 분석하였다. 기계의 발전은 임금 다음으로 노동과정에 있어서 자본가와 노동자를 매개하여 통제와 효율성에 영향을 미치는 중요한

---

9) 물론 맑스는 어느 시기에나 물질의 생산영역이 다른 사회영역들을 지배한다고 생각하였다.

요소인 것이다.

앞에서도 언급한 바와 같이 맑스는 인간행위에 대한 자신의 기본적인 입장으로 말미암아 이와 같이 거의 자신이 의식하지 못한 가운데서도 거의 자본주의 사회 전반의 커뮤니케이션 체계에 대한 이해를 다룬 이후 자신이 원래 목표했던 자본주의 경제의 작동원리에 접근할 수 있었던 것 같다. 사실『자본론』에서 자본의 축적과정, 자본의 순환과 회전, 이윤율, 이윤, 지대 등에 대해 집중적으로 분석하고 있는 것도 궁극적으로는 자본주의 사회에 존재하는 자본가와 노동자 사이의 온당한 커뮤니케이션 체계를 회복하기 위한 것이라고 보아야 할 것이다. 그것을 맑스는 '노동의 자기활동으로의 변화,' 곧 예전에 제한되었던 교류가 개인으로서의 개인들간의 교류로 변화된 커뮤니케이션이라고 보고 있다 (Marx & Engels, 1970: 93).[10]

3) 맑스 커뮤니케이션론의 한계

적어도『독일 이데올로기』에 이르러 맑스는 이전의 철학적 유물론은 물론 포이에르바하(L. A. Feuerbach)의 그것과도 다른 자신의 '사적 유물론'을 정립하게 된다. 인간사회를 연구하는 데 있어서 인간존재의 필수조건인 사회생활의 구체적 과정에 대한 구체적인 검토를 강조하는 그의 '사적유물론'에 대한 그 자신의 견해를 인용해 보자.

처음에는 자기 활동의 조건들로서 나타나고, 나중에는 자기 활동에 대한 질곡으로 나타나는 이들 여러 조건들은, 역사의 전 발전과정에 있어서 일관된 일련의 교류형태를 이루고 있다. 그것의 일관성이란 다음과 같다.

---

10) '노동의 자기 활동으로의 변화'란 노동자 자신의 필요와 욕구충족을 위한 노동, 즉 자본가에 팔린 노동력에 의한 상품생산이 아니라 자신의 생산수단으로 생산에 임하는 노동, 그러므로 익명의 생산자와 화폐에 의한 일면적 상호관계가 아닌 진정한 의미에서의 전면적인 커뮤니케이션을 지향하게 되는 것을 뜻한다. 이것은 앞에서 지적된 소외된 커뮤니케이션 체계의 극복을 의미한다.

즉 이제 하나의 질곡이 되어 버린 예전의 교류형태는 새로운 것, 즉 보다
발전한 생산력과 그것에 따른 개인의 더욱 진전된 자기 활동에 조응하는
새로운 교류형태로 대체된다. 하지만 이 형태 역시 다음에는 다시 하나의
질곡으로 되어 버리고, 또 다른 것으로 대체된다. 이들 조건들은 각 단계
의 생산력의 동시적인 발전에 조응하는 까닭에, 이들 조건의 역사는 곧
부단히 발전하면서 새로운 각 세대에게 물려지는 생산력의 역사이기도
하며, 따라서 사람들 자신의 힘의 발전사이기도 하다(Marx & Engels,
1970: 87).

위에서 인용된 맑스 자신의 견해로 미루어 보아 사적 유물론의 실체
는 확실히 일련의 커뮤니케이션 형태라고 볼 수 있다. 또한 '생산관계'
는 커뮤니케이션 형태의 하위 개념으로 취급되고 있음이 분명하다. 그
럼에도 불구하고 그는 『독일 이데올로기』 이후 자본주의 사회를 분석하
는 가운데 '생산관계'를 사적유물론의 핵심적 개념으로 부각시킴으로써
사회분석의 틀로서 커뮤니케이션 이론을 발전시키지 않았다. 이것은 자
본주의 사회의 상품생산과 화폐 사용의 발전으로 말미암아 확대되는 분
업화에 의해 전체 사회가 일원적 커뮤니케이션 체계로 통합될 수 있음
을 간파하고 있었지만 결국 그는 '생산관계'로써 다른 정치, 종교, 교육
등의 영역들과 함께 형성하는 전체적인 커뮤니케이션 체계를 축소해 버
렸다. 이러한 그의 과신은 다양한 사회를 분석하는 데 한계를 가지게 되
었다. 시대와 사회에 따라 사회를 지배하는 중요한 커뮤니케이션의 영
역이 다양하게 변화될 수 있다는 것을 인정한다면 단지 '생산관계'만으
로서는 총체적인 사회를 분석하는 데 오히려 왜곡된 해석을 할 수밖에
없는 약점을 노출하게 되는 것이다.

맑스주의자인 알튀세르는 사회적 현상을 단일한 사회적 모순관계의
발전 과정으로 설명하려는 맑스의 시각을 비판하면서 사회적 관계를 구
조화된 복합적 총체로 이해해야 한다고 주장하였다(이 책의 26쪽 참조).

비록 비판의 초점은 다소 다르지만, 하버마스 또한 알튀세르보다 구
체적으로 맑스의 약점을 다음과 같이 지적하고 있다.

맑스는 자본주의 사회를 지나치게 총체성으로 간주하여 미디어에 조정되는 하위체계가 갖는 (본질적으로) 진화론적인 가치(evolutionary value)를 인식하지 못한다. 그는 국가기구와 경제의 분화가 높은 수준의 체계 분화를 보여 준다는 것을 인식하지 못하고 있으며, 또한 이러한 체계 분화가 새로운 조정 가능성을 열고, 과거의 봉건적, 계급적 관계의 재조직화를 강제한다는 것을 인식하지 못한다(Habermas, 1987: 339).

하버마스는 그의 『커뮤니케이션 행위이론』에서 맑스에 대한 비판의 초점은 구체적인 행위의 세계, 즉 생활세계가 도구적 합리성의 세계, 즉 체계와 혼동하는 데 있다고 지적하고 있지만,[11] 커뮤니케이션 이론의 수준에서 평가할 때 위에서 인용된 하버마스의 비판이 맑스에 대한 그의 핵심적 비판보다 더 유용한 비판으로 부각될 수 있다. 그는 사회가 단일한 총체성을 보여 주는 것이 아니라 사회 내에서 미디어에 의해 조정되는 하위체계의 다양한 전개(알튀세르는 이것을 복합적 총체성이라고 하였다)의 중요성을 인식하였던 것이다.

사실 이러한 맑스의 허점은 자신의 이론전개에 있어서도 설명되어야 할 중요한 부분을 빠뜨리는 결과를 초래하게 된다. 예컨대 베버는 계급을 단순히 범주에 지나지 않는다고 주장하지만, 맑스는 교통망과 공통의 생활조건, 즉 똑같은 생활조건, 모순, 이해관계로 말미암아 계급적 조건으로 발전하게 된다고 하였다(Marx & Engels, 1970: 82). 계급을 커뮤니케이션에 의해 형성되는 중요한 커뮤니케이션 단위로 본다면 이러한 단위들이 구체적으로 어떠한 커뮤니케이션 과정을 통하여 형성되는가를 살펴보는 것은 커뮤니케이션 체계를 이해하는 데 매우 중요한 부분이 된다. 그러므로 자본가 계급이든 노동자 계급이든 그들이 서로 단결하고 결합하는 메커니즘에 대한 논의는 반드시 필요하다. 그럼에도

---

11) 맑스의 방법론적 입장에 의하면 결코 그런 것도 아니다. 그는 현실 지배력이 있는 개념은 '분석'(추상화)은 물론 '종합'(구체화)의 과정을 거침으로써 앞서 추상적인 개념들이 구체적인 사실에 의해 설명되고 검증된다고 하였다. 이와 같이 사물과 개념적 틀을 고정된 것이 아니라 변화하는 경우로 분명하게 파악하고 있다는 점에서 하버마스의 맑스에 대한 비판은 부당한 것이다.

불구하고 맑스는 경쟁하고 있는 자본가 계급들 사이의 단결에 대한 구체적인 커뮤니케이션 과정에 대한 논의를 완전히 결하고 있을 뿐만 아니라, 노동자 계급의 단결에 대한 구체적인 커뮤니케이션 과정에 대한 논의를 소홀히 하고 있다.

그러나 현실은 자본가 계급들이 자신들에게 유리한 커뮤니케이션 장과 미디어를 이용하여 그들의 단결을 강화하고 노동자에 대한 통제를 효과적으로 수행함으로써 그들의 지배를 오늘날까지 연장하고 있을 뿐만 아니라, 노동자들 또한 자신들의 이익을 위하여 그들의 이해를 결집시킬 수 있는 커뮤니케이션 장으로서 정당이나 노동조합 등을 통하여 지배 커뮤니케이션 체계에 저항하는 커뮤니케이션 단위를 형성하고 있다. 다른 한편 미디어로서 화폐 이외에 새로운 기계 또는 미디어의 출현으로 자본가와 노동자 사이의 관계는 매우 다른 양상으로 바뀌고 있는 것이다. 더구나 오늘날 정보통신 미디어의 출현으로 더욱 과거와 다른 양상을 보이고 있다.

맑스는 『독일 이데올로기』에서 보여 주었던 자신의 커뮤니케이션 관점을 발전시키지 못하고 자본주의 사회의 '생산관계'를 해명하는 데 안주해 버렸다. 즉 커뮤니케이션의 관점에서 볼 때, 그의 논의들은 커뮤니케이션에 필수적으로 관련되는 '미디어'와 '커뮤니케이션 장(場)'에 대한 논의를 거의 빠뜨리고 있다는 데 결정적인 약점을 지닌다.[12]

인간은 자신의 삶을 표현하기 위하여 다양한 미디어를 사용하지만, 미디어를 사용하는 순간 즉시 그것에 의해 통제된다. 그러므로 미디어 발전의 의미는 인간의 사회관계와 행위의 유형을 다양하게 형성하고 통제해 가는 모습을 보여 주는 것이다. 새로운 기계의 사용 또는 새로운 미디어의 수용은 사물에 대한 척도가 달라짐을 의미하는 것이고, 삶의

---

12) 화폐에 대한 그의 분석은 자본주의 사회의 생산관계를 매개하는 중요한 미디어로 해석할 수 있으며, 화폐 미디어의 성격에 대한 탁월한 분석으로써 자본주의 사회의 성격을 효과적으로 보여 주었다고 볼 수 있다. 그럼에도 불구하고 그는 화폐에 대한 분석을 커뮤니케이션 차원에서 분석한 것은 아니었다. 그러므로 그는 자신의 아이디어를 커뮤니케이션 이론으로 확장할 수 없었을 것이다.

기준이 달라짐을 뜻하는 것이다. 뿐만 아니라 미디어의 사용은 인간 커뮤니케이션 범위를 끊임없이 확장해 왔다. 이것이 지배의 범위, 지배와 피지배의 역동적인 관계를 설명하는 데 매우 중요한 요소로 고려되어야 할 것임에도 불구하고 흔히 사회과학에서 간과되어 왔다는 것은 이상할 정도이다. 전통사회에서 광범위한 제국의 건설은 광범위한 지역을 장악할 수 있는 교통, 통신망과 문자의 사용 없이는 불가능하였을 것이다. 뿐만 아니라 지배층의 지식 독점은 거의 미디어의 독점에 의한 것이며, 피지배층의 미디어 확보의 정도는 지배층과의 관계에 중요한 변수가 되었던 것이다. 특히 물질적 생산도구의 발전이 생산력을 발전시키듯, 정보(지식)의 생산과정에 개입되는 미디어의 변화는 정보의 확장을 가져오고 이것은 다시 사회적 관계를 엄청나게 변화시킨다.

맑스는 미디어로서 화폐와 교통망, 신문 등에 대하여 언급하고 있지만, 자신의 이론 전개의 중심적인 개념으로 끌어들이지 못하고 있다. 물론 화폐에 대해서는 비교적 상세히 분석하고 있으나 그것이 경제적인 분석의 한 요소라는 의미에 더 비중을 두고 있다. 맥루언이 지적한 인쇄미디어와 자본주의 발전과의 관계라든가, 하버마스가 지적한 공적 영역의 확장이라는 의미로서, 매스미디어의 출현이 부르주아와 프롤레타리아 모두에게 미치는 영향 등은 결코 간과되어서는 안 되는 것들이다. 다른 한편 자본주의 사회에서는 시장의 역할이 중요시되고, 시장경제는 익명의 소비자와 집단에 대한 정보를 필요로 한다. 그렇기 때문에 그러한 요구를 매스미디어가 충족시키는 과정과 이러한 상황 가운데서 자본주의 사회의 지배층인 부르주아 집단이 자신들의 입장을 매스미디어를 통하여 대변하고 결속해 나가는 과정에 대한 구체적인 논의들은 생산의 영역에서 지배관계를 해명하는 것만큼이나 중요한 부분이 된다고 하겠다. 오늘날 정보사회, 세계체제로의 발전을 해명하는 데 있어서도 바로 전자·통신·교통의 기능과 그 발전에 대한 이해 없이는 오늘날의 사회변화를 결코 이해하지 못할 것이다. 맑스는 이와 같이 모든 사회관계의 이해는 결국 커뮤니케이션 체계의 이해이며, 커뮤니케이션 체계의 이해에

있어서는 미디어에 대한 이해가 필수적이라는 사실에 관심을 가지기보
다는 초기 자본주의의 자본가와 노동자 사이의 비인간적인 생산관계를
드러내는 데 몰두함으로써 그의 커뮤니케이션 관점을 정교히 하고 확대
하지 못하였다.

사실 우리의 일상생활은 시간적 흐름에 따른 공간적 이동을 통하여
이루어지는 사회적 만남(커뮤니케이션)의 묶음들로 형성된다. 이러한
커뮤니케이션은 시-공간 내에서 끊임없이 변화되고 또 반복된다. 그러
나 이러한 시-공간 내에서의 커뮤니케이션의 묶음들은 시간·공간의 한
계를 가지며, 이러한 한계는 곧 다른 시-공간의 결합과 차이를 나타내게
되는데, 이것을 커뮤니케이션 장이라고 불러도 좋을 것이다. 물론 시-공
간의 한계를 극복하기 위해 만들어진 미디어에 의해 형성되는 커뮤니케
이션 장도 있을 수 있다. 그리고 오늘날 그 중요성이 더욱 확대되고 있
는 것도 사실이다. 이러한 커뮤니케이션 장은 지배관계와 밀접하게 연
결되면서 한층 더 역동적인 장면을 엮어 내고, 또 결과적으로 공간적인
분리를 나타내기도 한다. 이와 같이 커뮤니케이션 장은 시-공간의 분리
와 교차에 의해, 또는 커뮤니케이션 단위들은 미디어에 의해 매우 기초
적인 수준에서 분리되거나 결속되어 나타나게 되는 것이다.

부르주아 계급과 프롤레타리아 계급의 발생 과정에 대한 논의는 맑
스에 의해 충분히 논의되었다. 그러나 지배 집단으로서 부르주아 계급
과 피지배 집단으로서 프롤레타리아 계급이 구체적으로 어떻게 결속하
여 하나의 사회적 힘으로 나타나는가에 대한 논의를 맑스는 간과하고
있다. 지배관계와 지배의 연속성 여부는 집단의 결합과 결속에 의해 유
지되는 것이라고 볼 수 있으며, 그것은 사회의 커뮤니케이션 장들이 어
떻게 형성되느냐 하는 것과 밀접히 관련된다. 지배관계는 고정된 것이
아니며 끊임없는 긴장관계에 의해 변동하는 것이다. 그러므로 각 집단
들이 친밀한 커뮤니케이션을 통하여 상호 결속할 수 있는 커뮤니케이션
장을 어떻게 확보하며, 그러한 커뮤니케이션 장들이 어떠한 사회적인
기능을 담당하고 있는지를 밝히는 작업은 매우 중요하다.

맑스 자신도 근대국가의 집행기구들을 전체 부르주아의 공동사를 관리하는 위원회로 보았다는 점에서(Marx & Engels, 1971: 61) 근대국가의 집행기구들을 서로 경쟁하는 부르주아 계급의 이해관계를 수렴하는 장소로서의 커뮤니케이션 장이라고 이해할 수 있다. 그러나 자본주의가 상당히 진전된 오늘날 정치 집단과 관료 집단, 그리고 자본가 집단 등 다원화된 지배 집단들 사이의 관계를 고려한다면 그의 주장이 매우 단순하다는 것을 쉽게 알 수 있다.

사실 부르주아들은 다양한 커뮤니케이션 장을 통하여 자신들의 상호 이해를 조정하고 결속하여 자신들의 이해를 관철시키고 영속화한다. 전경련, 중소기업연합, 또는 산업별 연합회 등과 같은 자본가들의 모임이나 친목회 등은 그들의 직접적인 커뮤니케이션 장이 되고 있으며, 그리고 최고 사립고등 교육기관, 행정기구, 언론기구 등은 그들의 간접적인 커뮤니케이션 장이 되고 있다. 물론 이러한 커뮤니케이션 장들의 상호 작용에 대한 관찰 또한 중요한 것이다. 다른 한편, 피지배 집단 또는 프롤레타리아 집단의 커뮤니케이션 장이 형성되는 구체적인 과정 또한 간과할 수 없는 부분이다. 사실 전통사회에서 피지배층들의 커뮤니케이션 장은 공간적 제약을 철저히 받음으로써 고립되고 통제되어 왔다.

4) 커뮤니케이션 이론의 새로운 전망

오늘날 커뮤니케이션 학자들의 풍부한 경험적 연구에 의해 매스미디어의 제도나 운용, 효과에 대해 많은 지식이 축적되어 왔다. 그러나 이러한 경험적 지식의 목록 축적은 커뮤니케이션 집단 또는 조직들의 다양한 부문들이 어떻게 서로 연결되고, 그러한 것들이 보다 넓은 사회구조의 핵심적 차원에 연결되는 과정과 방식에 대해서 포괄적인 분석을 해내는 데에는 무력함을 보여 온 것이 사실이다. 더구나 오늘날 새로운 미디어의 출현으로 과거와는 매우 다른 커뮤니케이션 양식의 수용이 강요되면서 사회의 총체적인 커뮤니케이션 과정에 대한 이해가 더욱 요구되고 있다.

이러한 측면에서 맑스의 커뮤니케이션에 대한 이론적 단편들은 우리들에게 시사하는 바가 크다고 하겠다. 물론 하버마스나 머독(G. Murdock), 골딩(P. Golding), 사토 다케시(佐藤毅) 등과 같은 학자들은 맑스의 이론을 적극적으로 수용하여 커뮤니케이션 이론을 논의하고자 하였다. 그러나 그들의 대부분은 맑스의 '사적유물론'에 포섭되어 버리거나, 하버마스와 같은 학자는 커뮤니케이션에 초점을 맞추기보다는 '행위이론'에 초점을 맞춰 커뮤니케이션 이론이 갖는 장점을 상실해 버림으로 말미암아 온전한 '커뮤니케이션 이론'을 구성해 내지 못하였다. 그러나 이 책에서는 맑스의 커뮤니케이션론이 갖는 유용한 아이디어들을 재구성해 보고, 맑스가 놓치고 있는 것들을 지적해 봄으로써 새로운 '커뮤니케이션 이론' 구성을 위한 시론으로 삼고자 한 것이다.

앞에서 논의한 바와 같이, 맑스는 인간을 타인에게 자신을 내보이는 동물이며, 따라서 사회를 인간들의 사회관계의 구조, 좀더 구체적으로 하나의 지배구조 체계로 보았다는 점에서 그의 커뮤니케이션에 대한 관점은 올바른 것이었다. 또한 산만하게 제시하고 있지만 그의 커뮤니케이션에 대한 강령적 개요들은 매우 소중한 아이디어들이라고 생각한다. 사실 그의 '사적유물론'조차 커뮤니케이션적 틀 내에 편입될 수 있다. 그러나 그의 올바른 커뮤니케이션에 대한 관점에도 불구하고, 발생되고 있는 커뮤니케이션의 총체적인 과정을 철저히 분석해 내기보다는 정치경제학 연구에 자신의 지적 열정을 모두 소모하여 버렸다고 볼 수 있다. 그러므로 그는 독일에서 신문을 편집하고, 특파원으로서 신문에 정기적으로 기고하면서도 자본주의 사회에서 신문 또는 매스미디어의 역할에 대한 포괄적인 해명을 하지 않았던 것이다. 이와 같이 '사적유물론'의 관점으로서는 계급단결의 당위성과 계급단결을 호소하였을 뿐 각 계급들이 커뮤니케이션 장을 통하여 구체적으로 어떻게 결속하고 대립적인 커뮤니케이션 체계를 어떻게 조정해 갔는가에 대한 논의를 제대로 할 수 없었던 것이다. 물론 맑스의 '사적유물론'으로서도 자본

가의 매스미디어 독점과 통제, 정보(지식)생산의 이데올로기성, 문화생
산물의 상품화, 미디어 제국주의의 성격 등에 대한 통찰을 이끌어 낼
수는 있다. 이러한 것들은 우리가 추구하고 있는 일반적 커뮤니케이션
이론에 당연히 편입되어야 하겠지만, 이러한 것들만으로는 평면적인 논
의에 머문다는 의미에서 새로운 커뮤니케이션 이론에 대한 전망을 제
기하게 되는 것이다.

맑스는 『정치경제학 비판서설』에서 경제학의 방법을 설명하는 부분
에서 다음과 같이 적고 있다.

> 만일 내가 인구를 출발점으로 취한다면 그것은 전체에 관한 혼란스러운
> 관념이 될 것이다. 따라서 좀더 명확한 규정을 통한다면 나는 분석적으로
> 끊임없이 단순한 개념들에 도달하게 될 것이다. 내가 가장 단순한 규정들
> 에 도달할 때까지 이 과정은 표상된 구체적인 것에서 점점 더 미세한 추
> 상물에 도달하게 될 것이다. 거기서부터(가장 단순한 규정으로부터 - 인용
> 자 주) 다시 그 반대 방향으로 거슬러 올라가는 것이 필요하다. 그리하여
> 나는 마침내 다시 한번 인구라는 개념에 도달하게 되는데, 이때의 인구는
> 표상으로서가 아니라 많은 규정들과 관계들을 포함하는 풍부한 총체성으
> 로서 인구가 된다(맑스, 1988: 35).

이와 같이 맑스의 사회과학 방법론이 우리에게 주는 가르침은 혼란
스럽도록 복잡한 현실이 얽혀 있는 구체적인 개념을 분석해 내어 단순
한 여러 개념들로 질서정연하게 배열하고, 그렇게 짜맞추어진 개념적
틀이 구체적인 현실에 의해 검증될 때 그것은 혼란스러운 관념이 아니
라 현실을 지배할 수 있는 과학적인 개념이 된다는 것이다. 그러므로 인
간의 일상생활 행위 가운데서 가장 구체적으로 드러내는 '커뮤니케이
션'을 좀더 추상화하여 '커뮤니케이션 체계'에 대한 이해를 커뮤니케이
션 이론의 핵심적인 개념틀로서 삼을 수 있겠다. 이제 우리의 남은 과제
는 커뮤니케이션 체계를 구성하는 구체적인 개념들을 분석해 내어 보다
세련되게 규정하는 작업이다. 앞에서 맑스의 논의들을 통하여 얻을 수
있었던 '지배관계,' '생산관계,' '커뮤니케이션 단위의 형성,' '지배 커

뮤니케이션 체계' 그리고 그의 커뮤니케이션론의 허점으로 지적되었던 '커뮤니케이션의 장,' '미디어' 등의 개념들과 커뮤니케이션에 있어서 '현전(presence)과 부재(absence)'의 개념13) 등은 '커뮤니케이션 체계'를 구성하는 매우 중요한 개념들이며, 좀더 세련된 분석이 요구되는 항목의 개념들이다. 이러한 과제들이 성취되고, 또 이러한 이론적 틀로서 우리의 사회를 제대로 분석해 낼 수 있을 때 참다운 '커뮤니케이션 이론'이 확보될 것이다.

3. 하버마스의 커뮤니케이션 행위이론

1) 인식관심과 보편적 화용론

프랑크푸르트 학파의 계승자인 하버마스는 그의 선배들, 호르크하이머, 아도르노, 마르쿠제와 사상적인 동질성을 유지하면서도 그들과 다른 관점으로 후기 자본주의 사회를 분석하였다. 그는 후기 자본주의 사회의 특징을 체제 안정을 위한 국가활동의 증대와 과학을 제일차적인 생산력으로 만든 과학과 기술의 상호 의존성 증대 현상으로 규정하고 있다. 이러한 그의 진단은 자연스럽게 그의 선배들의 사상적 기초가 되었던 맑스의 이론에 충실하기보다는 그것을 비판적으로 검토하고 부분적으로 수용하여 자신의 이론을 구축하는 방향으로 나아가게 하였다. 후기 자본주의 사회에서 국가간섭의 증대는 오히려 경제의 자율적 활동 근거를 잃게 한다는 점에서 억압이나 통제와 같은 사회적 조건이 경제적 관계에 의해서만 해명될 수 있는 것이 아니라는 것이다. 그러므로 오늘날 후기 자본주의 사회에서는 경제적 영역만이 해방적 관심의 초점이 될 수 없다고 주장한 것이다. 또한 그는 오늘날 과학과 기술이 인간의

---

13) 공간적 현전과 부재의 차이는 동일한 커뮤니케이션 장 내에서도 서로의 이데올로기나 가치관 또는 혈연, 지연 등으로 차이를 나타낼 수 있음을 의미한다.

생존을 안정시키고 만족시키는 데 잠재력을 부여한 일차적인 생산력이 되고 있다는 점을 긍정적으로 평가함으로써 생산물의 가치가 전적으로 노동자의 노동으로부터 도출된다고 보는 맑스의 노동가치설에 대하여 근본적으로 회의하기 시작하였던 것이다. 그러므로 그의 초기 학문적 관심은 자연히 선배들이 가졌던 해방적 관심을 착취 없는 사회로 유도하기 위한 프롤레타리아 혁명에 두기보다는 오히려 '성찰적 자아(Selbs-reflextion)'의 회복에 두었던 것이다. 성찰적 자아의 회복은 이전 과학과 기술발전에서 획득된 도구적 인식과 맑스주의에서 주장하는 실천적 인식에서 결여된 부분을 극복하고자 하는 것이었다.

하버마스의 비판이론은 분석적 과학이론과 사회과학의 대립을 통하여 자신의 위치를 규정함으로써 반형이상학적, 자기비판적 논리를 통하여 진보적이고 인간적인 요소를 발견하려 한다. 그러므로 하버마스의 학문적 연구의 관심은 사회이론으로서의 인식론으로부터 출발하였다고 할 수 있다. 그는 우선 '인식(Erkenntnis)'과 인식을 주도하는 '관심(Interesse)'과의 관계를 성찰적으로 이해하는 과정을 이론적으로 정립하고자 하였다. 이때 '관심'이라는 것은 현실을 인지하고 파악하는 데 있어서 인간의 인식활동을 특정한 형태로 구조짓는 기본 정향이 된다. 그러므로 관심은 성찰주체와 사물을 연결하는 매개적인 역할을 함으로써 인간생활의 사회적 재생산과 자아정립의 기본 조건이 된다고 하였다. 이러한 의미에서 '관심'은 생활세계에 근거하면서 '노동'과 '상호 작용'에 연결되어 인간의 모든 사회적 삶을 엮어 내게 된다고 본다. 하버마스는 인식을 지배하는 세 가지 유형의 '관심'을 구분하고 그것에 상응하는 과학(지식)을 인간의 역사발전 과정과 관련시킴으로써 과학(지식)의 사회적 성격을 해명하고자 하였다.

경험·분석적 과학에서는 외적 자연의 억압에 대한 가능한 기술적 처리의 관점에서 현실을 개방함으로써 기술적으로 사용할 수 있는 지식이 그 목표가 된다. 그러므로 경험·분석적 과학의 연구 양상은 첫째, 탐구과정에 있어서 학습과 삶이 분리되어 있기 때문에 작업의 성과는 선

<표 1> 인식 관심에 따른 과학의 사회적 성격

인식 관심	매개체	학문 분야
기술적 관심	노동	경험·분석적 과학
실천적 관심	언어	역사·해석학적 과학
해방적 관심	지배	비판적 과학

택적인 피드백 제어가 가능한 것으로 환원된다. 둘째, 모든 인간행위는 계량적인 개념에 의해 매개되어 버림으로써 탐구 과정이 정확성과 객관성을 확보한다고 하지만 그 탐구의 과정이 추상적 실험의 양상을 띠게 된다. 셋째, 경험·분석적 탐구는 지식의 체계화를 지향하기 때문에 가능한 많은 보편명제가 가장 정연한 이론체계로 나타나게 된다. 따라서 이러한 과학체계 내에서는 인간의 현실적인 행위조차 도구적 행위의 차원에서 파악된다.14) 한편, 기술적 처리의 관점에서 제한될 수밖에 없는 경험은 또한 경험·분석적인 진술 언어로 구성되고 이론적 명제들은 형식화되거나 형식화될 수 있는 언어로 전환된다. 그러므로 도구적 행위와 마찬가지로 도구적 행위로 수렴된 언어의 사용도 상호 교환되기보다는 독백적이다. 물론 기술적 관심과 경험·분석적 과학 자체는 그 고유의 영역 안에서는 정당성을 주장할 수 있으나, 이것을 모든 종류의 지식에 적합하다고 주장할 때는 오류를 범하게 된다. 실증주의의 오류는 바로 이러한 과학주의와 통일과학의 요구에 의해 나타나게 된 것이다.

이러한 맥락에서 하버마스는 실증주의로 대표되는 경험·분석적 과학의 폐해와 거친 맑스주의의 경제결정론 중심주의에로의 전락을 피하기 위하여 실천적 삶의 의미에 관심을 가지는 해석학적 통찰력으로 변화된 것으로 본다. 비판이론의 해방적 관심을 더욱 확고히 하기 위하여 해석학적 통찰력을 원용하면서도 그는 또한 가다머의 철학적 해석학과의 논쟁을 통하여 자신의 이론을 더욱 확대 심화시키게 된다. 역사·해석학적 과학에서는 사회현상을 기술적으로 처리되는 관계체계로 파악

---

14) 테일러리즘과 포디즘에서와 같이 모든 관심이 생산성에 모아져 인간은 조직의 부속물처럼 다루어지고, 베버의 지적과 같이 근대적인 관료제하에서 인간들은 수단과 목적이 전도된 가운데서 살아가게 되는 것이다.

하지 않고, 이어져 내려오는 실천적인 삶의 내용들의 의미를 이해하려 한다.15) 노동을 해야 생존해 갈 수 있는 삶의 필연적 명제로부터 기술적 관심이 발생되는 것과는 달리, 실천적 관심의 근원은 그와 비슷한 정도로 심층적인 사회, 문화적 삶의 보편성에 초점을 맞춘다. 가다머는 모든 해석적 행위를 가능하게 하는 전이해(前理解)의 구조에 주목하여, 대상을 이해한다고 하는 것은 관찰자의 특정한 역사적 상황을 전제하는 것이라고 하였다. 즉 이해란 관찰자가 필연적으로 역사적 맥락 속에 연결되어 있을 때 가능하다는 것이다.

> 대상을 관찰한다는 것은 '중립성'이나 관찰자가 가진 입장의 소멸을 뜻하지는 않는다. 오히려 그것은 관찰자가 가지고 있는 전의미(前意味)와 편견들을 의도적으로 통합한다. 우리가 명심해야 할 점은, 우리가 가진 편견을 명증하게 인식함으로써 대상 자체가 새롭게 드러나도록 하여야 하며, 우리가 지닌 전의미를 배경으로 하여 대상 자체의 진리가 표현될 수 있어야 한다는 사실이다(Gadamer, 1975: 238).

가다머가 존재의 역사적 현실을 구성하는 정당한 편견의 역할이 무시될 수 없음을 강조한 것은 이해의 과정에 참가자들이 문화와 전통의 소산인 의미체계와 개념들을 배경으로 깔고 대화의 상황에 참여하기 때문이라고 보았기 때문이다. 이와 같이 지식을 만들어 내는 정당한 편견의 역할이 수용되면, 권위와 전통의 문제 또한 재고되지 않을 수 없다. 가다머는 계몽사상이 권위와 전통을 이성과 자유에 대치되는 것으로 간주함으로써 권위와 전통의 진정한 의미를 왜곡시켰다고 주장한다. 사실 권위와 전통은 무조건적으로 거부되거나 수용되는 것이 아니라 성찰적인 인정에 의해 계승되는 것이기 때문에 전승 행위 자체에서 강력한 성찰적 요소와 자유가 존재한다는 것이다.

---

15) 슐라이어마허(F. Schleiermacher), 딜타이(W. Dilthey)로 이어지는 고전적 해석학에서는 중립적인 관찰자가 감정이입이나 추체험을 통하여 대상 자체를 이해하는 것을 목표로 삼았다. 대상에 대한 올바른 이해를 위해서는 관찰자 자신이 놓여 있는 역사적인 상황 밖으로 빠져 나와 중립적 입장에 있어야 한다는 것이다.

가다머는 이해의 구조와 관찰자 그리고 전통의 연계를 위하여 지평 (Horizont)이라는 개념을 사용하고 있다. 놀랍게도 전통이라는 형태로 존재하는 과거의 지평은 고정되어 있지 않다. 관찰자는 스스로의 전통 속에 제한되지 않고 자신의 지평을 확대시켜 타자의 지평과 융합된다. 이때 관찰자의 특수성과 대상의 특수성이 종합되어 일반성으로 융합되고 이해에 이르게 된다는 것이다. 지평융합은 본질적으로 대화적이다. 그러므로 언어의 매개 없이는 사실 지평융합은 상상할 수 없다. 그러므로 가다머는 언어를 다음과 같이 이해하였다.

> 언어는 세계 안에서의 인간의 소유물에 불과한 것이 결코 아니고, 인간이 세계를 가질 수 있다는 사실 자체가 언어에 의존한다. 왜냐하면 세계 안의 다른 존재가 경험하는 방식과는 근본적으로 다르게 세계는 인간에게 그 모습을 드러내며 그러한 세계의 모습은 언어적인 것이다(Gadamer, 1975: 401).

언어와 세계의 관계란 세계가 언어의 대상이 되는 관계가 아니고, 대상들은 언어라는 세계 지평 안에 이미 내포되어 있기 때문에 언어는 지평을 드러내 주는 유일한 매개체라는 것이다. 세계가 언어적으로 구성되고 우리의 인식활동 자체가 언어라는 매개체를 통해서 형성되는 한, 이해의 역사성과 인식의 유한성은 불가피한 것이다.

하버마스는 이러한 가다머의 주요한 통찰력을 부분적으로 수용하면서도, 가다머가 해석학적 이해를 절대화함으로써 비판의 입지를 축소시켰다고 비판한다. 즉 가다머의 입장은 전통의 바깥으로 나가는 것이 불가능하며, 현실이 어떻게 형성되어 있으며, 앞으로 어떻게 형성될 것인가에 대한 비판적 성찰을 가능하도록 하는 판단기준을 잃어 버리게 했다는 것이다. 그러나 하버마스는 "전통에 대한 비판적 성찰이 전통의 자연스런 외양을 깨뜨리며, 그 안에서 우리의 위치를 변화시킬 수 있다"고 믿는다(Habermas, 1977: 356). 가다머가 가볍게 지나쳤던 사실, 즉 우리 자신의 본질을 드러내는 대화가 이미 왜곡되어 있으며, 그것도 지배의 결과일 수 있다는 것을 하버마스는 강조하고 있다. 그러므로 그는 언어적 전통의 매개를 통해서 도달한 합의 내에 왜곡과 강제의 요소가 있는지의 여부에 대한 자명한 판단기준을 쉽게 찾을 수 없기 때문에 모든 합의는 일단 사이비 의사소통에 의해 왜곡되어 있을지도 모른다고 의심한다.

이제 하버마스는 언어를 보편적 매개체로 보는 가다머의 관점과 연관지어서 사회적 삶이 문화적 전통 이상의 것을 포함하고 있음에 주목한다. 사회현상을 상호 주관적인 의미체계로만 환원시킴으로써 세계가 물질적 조건에 의해서도 규정되는 복합체라는 사실을 가다머는 간과하였다는 것이다. 그는 "모든 사회제도가 그것에 의거하고 있다는 의미에서 언어는 일종의 초(超)제도로 간주될 수도 있다. 왜냐하면 사회적 행동은 언어에 의해서만 짜여지기 때문이다. 그러나 언어라는 초제도도 규범적 관계로만 환원될 수 없는 사회적 과정에 의존하고 있음도 또한 명백한 사실이다"(Habermas, 1977: 360)라고 말한다. 언어가 이해의 매개체인 것은 사실이지만, 지배와 사회적 권력 또한 언어를 통해 행사되고, 그런 뜻에서 언어에는 조직된 강제력을 정당화해 주는 측면이 있다. 따라서 권력관계가 제도화되는 과정을 명료하게 해주지 않는 언어는 이데올로기를 강화시키는 역할을 한다. 모든 측면에서 '지배'에 의해 엮어지는 사회 정치적 상황 가운데서 지배는 이데올로기와 세계관의 배후에 숨어 실천적 관심을 억압한다. 그러나 역사적 지배(또는 사회적 조건)로부터 벗어나고자 하는 실천적 관심은 상호 이해의 한계, 대화의 궁핍화, 인간의 자기이해의 제약 등으로 어렵게 된다.

비판적 과학에서 갖는 해방적 관심은 전술한 두 과학의 인식과 관심이 가질 수밖에 없는 한계를 극복하고자 한다. 즉 비판적 과학에서는 두 인식관심이 깨닫지 못하고 있는 스스로의 선험적 기반을 해방적 인식관심이 해명해 줄 수 있다는 것이다. 자연과학과 기술의 부정적이고 파괴적인 측면의 확대와 역사·해석적 과학이 왜곡된 의사소통과 잘못된 권력의 합리화에 이용되면서 나타날 수 있는 파시즘적 상황을 생각할 때,

하버마스는 기술적 관심과 실천적 관심의 위상은 이성적 성찰이라는 해방적 관심과의 관계에서만 분명하게 이해될 수 있을 것이라고 주장한다. 그러므로 인간의 합리적인 능력을 해방시키는 일은 인간의 이데올로기적 억압의 역사를 비판적(합리적)으로 재구성하여 인간의 실천적 관심을 억압하는 힘의 예속으로부터 인간을 해방시켜 자유로운 대화가 이뤄질 수 있는 사회기반을 조성하는 것이 중요하다는 것이다.

물론 논란이 있을 수 있겠지만, 하버마스는 세 가지 서로 다른 범주의 과학 또는 지식으로서 위의 세 가지를 제기하지는 않았을 것이다. 왜냐하면 특히 과학은 자체의 탐구 논리상 경험적, 분석적 요소와 설명적, 해석적 요소는 빠뜨릴 수 없는 중요한 요소가 되기 때문이다. 다만 인식관심의 향배에 따라 매우 다른 성격의 과학적 지식이 생산될 수 있음을 제기하고, 그것에 의한 억압과 왜곡으로부터 인간해방이라는 올바른 인식관심을 갖도록 하자는 것이었다. 하버마스의 이와 같은 의도는 커뮤니케이션 행위에 관한 이론에서 구체화된다. 그의 의사소통적 합리성의 이론은 인간의 커뮤니케이션 능력 일반을 규정짓는 보편적 조건들을 해명하는 것이다.

이러한 목적을 성취하기 위해 하버마스는 먼저 '보편적 화용론'을 통하여 일상적 사회생활의 이성적 구성이 가능한 근거를 제시하여 자신의 이론의 규범적 근거를 해명하고 정당화시킬 수 있는 합리적 담론의 전형을 만들어 내고자 한다. 모든 지배와 억압으로부터 자유로운 삶의 건설이라는 목표가 우리의 커뮤니케이션 행위 안에 이미 내재해 있음을 증명하는 것이 보편화용론의 목적이다. 그러므로 그는 가능한 모든 대화 상황에 나타날 수 있는 모든 커뮤니케이션의 조건을 재구성함으로써 성공적인 대화 상황에 필연적으로 전제되는 요소를 밝히고 말이 갖는 보편적 효력의 근거를 해명하려 하였다.

오스틴(J. Austin)과 설(J. Searle)의 언어 행위이론으로부터 영향을 받은 하버마스는 언어 행위이론 가운데서 언어적 언명의 실천적 측면에 주목하였다. 즉 우리는 어떤 것을 말함으로써 무엇인가를 실천하게 되

는 점에 관심을 갖는다는 것이다. 말하게 됨으로써 무엇인가를 하게 되
는 측면이 언어 행위의 비언표적인 힘(illocutionary force)인데, 이것을
통하여 말하는 사람과 듣는 사람 사이에 상호 인간관계가 비로소 형성
된다. 어머니가 아들에게 '이것은 뜨겁다'고 했을 때, 아들은 그것을 만
지지 않거나, 조심해서 그것에 접근하게 될 것이다. 이와 같이 언어 행
위는 대상과 사건의 세계를 지칭하는 진술내용과 진술된 문장의 내용에
따른 반응을 하도록 하는 비언표적인 힘을 포함하는 문장(경고, 약속,
주장, 선언 등)을 포함한다. 하버마스는 '듣는 사람이 언표된 문장의 뜻
을 이해할 뿐만 아니라 동시에 말하는 사람이 의도한 상호 관계 속에
진입하는 상황'을 언어 행위가 성취되는 상황으로 정의한다(Habermas,
1979: 59). 그러므로 그는 담론의 참여자들이 제도적으로 제한되어 있
지 않은 언어 행위를 가능하게 하는 조건에 관심을 가진다. 제도적으로
제한된 언어 행위의 경우(형량을 선고하는 판사, 설교를 하는 성직자)
그 대답은 이미 성립되어 있는 행동 규범이나 관습에 매이게 되는 것이
다. 그러나 제도적으로 제한되어 있지 않은 언어 행위의 경우는 그 같은
규칙과 관습체계의 구속력에 호소할 필요가 없다. 그러므로 제한되어
있지 않는 언어 행위의 비언표적 힘은 말하는 사람의 진지한 의도에 근
거하게 되는데, 문제는 듣는 사람이 어떻게 그의 주관적인 진지함을 얻
느냐하는 것이다. 하버마스는 여기에 자신의 결정적인 통찰력을 제기하
고 있다. 듣는 사람이 말하는 사람에 대해 갖는 신뢰가 중요하며 그 신
뢰는 이성적으로 근거지어질 수 있음을 그는 다음과 같이 말한다.

> 비언표적인 행위를 통해 말하는 사람과 듣는 사람은 효력주장(Geltungs-
> Anspruch)을 제기하며 그 효력주장을 상호 검증하려 한다. 이 검증의 과
> 정이 비합리적으로 진행되지는 않는다. 왜냐하면 효력의 성격은 인식적이
> 므로 검사될 수 있기 때문이다. … 말하는 사람이 듣는 사람에게 비언표
> 적으로 영향을 끼칠 수 있고 그 반대의 경우도 가능한 까닭은, 언어 행위
> 자체 내에 검증 가능한 효력주장이 언술적으로 표출되기 때문이다. 바꿔
> 말해서 양자의 상호 유대는 이성적 근거를 지닌다(Habermas, 1979: 63).

이와 같이 효력주장을 검증하면서 이해와 합의라는 목표를 지향하게 된다는 것이 의사소통적 합리성의 핵심인데, 따라서 커뮤니케이션 행위에서는 참가자들은 누구나 자신의 행위로써 보편적 효력주장을 제기하고 그것이 자유롭고 공정하게 검증될 수 있다는 것을 암묵적에 전제한다고 본다. 하버마스는 이해 가능성, 진리성, 성실성, 그리고 정당성이라는 네 가지 수준에서의 효력주장을 제시하는 가운데서도 특히 진리성과 정당성에 주목할 것을 요구한다. 왜냐하면 진리성과 정당성은 특수한 담론적 정당화를 필요로 하기 때문이다. 즉 진리성은 이론적 담론의 논리적 증명을 통하여, 그리고 정당성은 실천적 담론을 통하여 각기 검증될 수 있다고 보기 때문이다.16) 이제 대화자들이 모든 억압과 왜곡으로부터 벗어나 자유롭게 효력주장을 서로 검증하며, 상호간의 합의에 도달하려고 노력하는 이상적 상황, 즉 이상적 담화의 상황을 상정해 볼 수 있다. 또한 하버마스는 우리의 모든 언어는 궁극적으로 진리의 이념을 지향하기 때문에 이상적 담화상황의 표준은 가능한 모든 언어구조에 필연적으로 내재되어 있다고 주장한다(Habermas, 1970: 371). 그러므로 우리의 언어활동은 본질적으로 이상적 담화의 상황을 지향한다는 것이다. 이러한 의미에서 소위 이상적 담화의 상황을 상정하는 것은 현실적으로 존재하는 구조적으로 왜곡된 커뮤니케이션의 기반을 강력히 비판하는 무기로 변화된다.

2) 커뮤니케이션 행위이론

앞에서 언급된 하버마스의 보편화용론에서 인간의 언어활동에 기본적으로 무엇이 전제되어 있는가를 살펴보았다. 그러므로 이러한 논의는

---

16) 하버마스가 사용하는 담론(diskurs)이라는 용어는 일반적인 대화가 공통적으로 전제된 합의를 배경으로 하여 언어행위가 무비판적으로 교환되는 상황과는 달리 문제된 효력주장에 대한 논증적 정당화가 시도되는 등 훨씬 성찰적인 상황이라는 점에서 일상적인 대화의 상황과 구분된다.

불가피하게 추상적인 수준에서 논의될 수밖에 없었다. 그러나 그러한 원칙들이 구체적인 현실에서 어떤 의미를 가질 수 있는가를 밝히고, 체계적으로 정리한 것이 그의 『커뮤니케이션 행위이론(*Theories des Kommuniktiven Handelns*)』이라고 할 수 있다.

그의 커뮤니케이션 행위이론은 '언어적 상호 이해' 그리고 '의사소통적 합리성'을 행동조정의 구조라고 보는 시각을 발전시키는 데 있었다(Habermas, 1984: 370). 그는 우선 사회학 분야의 대가들인 맑스, 베버, 루카치, 호르크하이머, 아도르노, 미드, 뒤르켐, 파슨스의 이론에 대한 검토와 비판을 통하여 획득된 자신의 이론적 관점을 다음과 같이 정리하고 있다. 즉 그는 ① 이성의 도구적 축소화에 반대하는 '의사소통적 합리성'의 개념을 성취하고, ② '생활세계'와 '체계'의 패러다임을 결합시키는 새로운 사회 개념을 완성하며, ③ '진화론적 근대이론'을 확립하고자 한다.

하버마스는 베버가 행위를 목적합리성의 모형으로 이해함으로써 행위이론의 협소화를 가져왔다고 보고 미드와 뒤르켐의 이론에서 추출된 행위의 '의사소통적 합리성'의 개념을 부각시켰다.17) 의사소통적 합리

---

17) 하버마스는 개인의 의식구조와 지적·사회적 능력이 상호작용의 맥락 안에서 형성된다고 보는 미드의 견해를 너무 관념적이라고 보고, 또 언어적으로 중재된 규범체계의 출현과 그것의 공고화에 대한 설명을 결하고 있다고 판단하여 그것을 보완할 수 있는 이론을 뒤르켐의 이론으로부터 끌어들인다. 즉 뒤르켐의 이론은 규범적으로 규제된 행동을 '세계의 탈신성화'라는 개념으로 설명하고, 세계의 탈신성화를 특히 '의식의 언어화'로 환원시키는 데 성공했다고 보았던 것이다. 한편, 하버마스는 베버 이해의 천박성을 드러내고 있다. 그는 베버가 행위의 합리성을 '목적합리성'으로만 이해한 것으로 몰아세우고 있으나, 잘 알려져 있는 바와 같이 베버는 인간행위를 동기적인 차원에서 목적합리적 행위, 가치합리적 행위, 전통적 행위, 감정적 행위라는 네 가지의 이념형을 제시하였다. 사실 그가 지적하듯, 현실적 행위에서는 이 네 가지 요소들이 서로 교차되면서 나타난다고 지적하고 있다. 더구나 합리적 행위에 있어서도 초기 자본주의 발전의 과정에서는 서로 모순되어 보이는 목적합리적 행위와 가치합리적 행위가 프로테스탄트 윤리를 매개로 하여 교묘하게 결합됨으로써 초기 자본주의 발전을 주도하였음을 주장하였다. 물론 베버는 자본주의가 성숙된 사회에서 가치합리성이 탈락하고 목적합리성만이 지배하는 사회로 진전되고 있음을 우려하였고, 인

성이란 커뮤니케이션을 통하여 강제 없이 일치를 보는 논증적 토론의 합의 수립력인데, 여러 상이한 참여자들이 처음에는 오직 주관적이었던 자신의 견해를 극복하고 동시에 이성적으로 동기화된 공통성에 의거하여 객관적 세계의 통일과 그들의 생활연관의 상호 주관성을 확인하게 된다고 하였다. 그러므로 의사소통적 합리성에서 중요한 것은 객관세계의 어떤 무엇─생각될 수 있고 조정될 수 있는─에 대한 고독한 주체의 관계(목적-수단의 모형)가 아니라, 말할 수 있고 행동할 수 있는 주체들이 어떤 무엇에 관해서 서로 커뮤니케이션할 때 갖는 상호 주관적 관계이다. 그는 근대화의 과정에서 합리성이 두 가지의 차원에서 증대한다고 가정하는데, 먼저 상징적 재생산의 영역에서의 '신성의 언어화'와 경제와 국가행정 등의 물질적 재생산의 영역에서의 '탈언어화'의 과정이 그것이다. 근대화의 과정에서 과거 도덕적 타당성의 기반을 형성해 주었던 종교적 배경이 퇴색하고 점차 대화적 상호 이해의 과정이 그것을 대신하게 됨으로써 사회의 신비화되었던 많은 영역들이 언어를 통하여 탈신비화되었던 것이다.

> 근대사회에서 규범적 맥락의 굴레로부터 벗어난 상호 작용이 대단히 넓게 자신의 활동공간을 넓힘으로써, 의사소통적 행동의 고집은 가족의 사적 영역의 탈제도화된 교류의 형태에서도, 그리고 대중전달매체에 의해 형성된 공중(Öffenlichkeit)에서도 실제로 진실한 것으로 된다(Habermas, 1987: 593).

다른 한편, 근대화의 진전에 따라 물질적 생산의 영역에서나 관료행정 같은 도구적 하위체계에서는 언어에 의존하기보다는 '목적 합리적 행동'이 지배하는 방향으로 진전되었다고 지적한다. 사실 하버마스는 근대화 과정에서의 근본문제를 목적합리성의 지속적인 확장이 의사소통적 합리성의 영역을 침범함으로써 발생된 것이라고 보았던 것이다. 이와 같이 하버마스는 합리화의 경과를 두 개의 상반된 개념, 즉 그 하

간행위에 새로운 가치합리성을 불어넣어 줄 수 있는 예언자를 기대하였다.

나는 언어적으로 달성된 합의에 의해 조정되는 의사소통 행위가 주도하는 '생활세계의 영역'과 권력과 화폐의 매개에 의해 조정되는 목적합리적 행위가 주도하는 '체계의 영역'으로 개념화한다. 하버마스는 현대 사회학의 대부분이 사회의 일면적인 측면에 기울어져 포괄적인 사회개념을 파악하지 못했다고 비판하면서, 이와 같은 '생활세계'와 '체계'의 전망이 통합된 사회의 개념으로써만이 근대 계급사회의 복합성과 변화를 포착할 수 있다고 보았던 것이다.

경제나 관료행정 같은 도구적 하위체계가 생활세계의 영역에 침입해 들어올 때, 생활세계는 분리되고 식민화된다. 근대사회의 문제는 바로 이와 같이 화폐와 권력으로 상징되는 하위체계가 생활세계의 상호이해라는 통합구조를 점차적으로 무력하게 만드는 데 그 원인이 있었다고 보는 것이다. 하버마스에 의하면, 사회생활의 합리적 구성은 의사소통적 합리성의 기반 위에서 가능하다는 것이다. 경제분야나 국가행정에 있어서 도구적 합리화와는 달리 의사소통적 합리화는 자연과 사회에 대한 기술적 통제에 의존하지 않고, 사회구성원들이 열린 의식을 갖도록 도와 주고 인간해방에 대해 좀더 포괄적인 전망을 갖게 해준다. 이와 같이 하버마스의 커뮤니케이션 행위이론은 그 자체로는 매우 현학적이고 정교하며, 현대 사회에서의 규범적 비판의 가능성을 열어 놓음으로써 생활세계의 식민화 현상에 대한 저항을 독려하는 데 매우 설득력 있는 대안으로 간주될 수 있는 것처럼 보인다.

그러나 하버마스의 '커뮤니케이션 이론'은 앞에서도 언급했던 것처럼 커뮤니케이션 행위 자체를 인간의 본질적 요소로 보지 않고, 분석적인 개념으로 이해함으로써(제1장의 「인간행위」 참조) 의사소통적 합리성이 확보되는 이상적 상황을 설정해 두고 그곳에 이르러야 한다고 강요하고 있다. 물론 그의 분석적 개념은 목적합리성의 확장에 의해 왜곡되고 모순된 현실을 드러내는 데 효과적일 수 있다. 그러나 현실에 근거하지 않은 분석적 개념은 오히려 현실을 왜곡되게 보여 줌으로써 근본적인 해결의 실마리를 잃어 버리게 할 수 있다. 또한 커뮤니케이션 행위에 의해 도구적 합리화와 의사소통적 합리화의 불균형이 시정될 수 있다는 소박한 이상을 제시하고 있을 뿐, 상이한 커뮤니케이션 참여자들이 주관적인 자신의 견해를 극복함으로써 논증적 합의에 이르기 위하여 구체적인 사회제도와 인간의 실천적 삶에 대해서는 거의 논의하지 못하고 있다. 이러한 점에서 맑스가 자신의 사적유물론에서 '이상향'을 제시하고 있을 뿐만 아니라 그것을 성취하기 위한 구체적인 삶의 내용들에 대하여 언급함으로써 이론의 역동적인 힘을 과시하고 있는 것과 비교할 때, 하버마스의 '커뮤니케이션 행위이론'은 분석적 개념을 현실과 혼동하게 할 뿐만 아니라 공허한 목표만 제기할 뿐 그 목표를 성취하기 위한 실천적 삶의 내용들을 거의 언급하지 못하고 있다는 점에서 대조된다.

그러므로 하버마스의 『커뮤니케이션 행위이론』보다는 그의 교수자격논문인 「공개적 영역의 구조변화(Structurwandel der Öffenlichkeit)」에서 오히려 '커뮤니케이션' 자체에 초점을 맞추고 있다는 점에서 커뮤니케이션에 관한 더 많은 통찰력을 우리들에게 제공하고 있다고 볼 수 있다. 여기서 그의 아이디어의 핵심은 자본주의가 발달하면서 '커뮤니케이션 장(場)들'이 어떻게 공공성의 영역을 확장해 왔는가를 다루고 있다. 이러한 그의 아이디어는 앞에서 다루었던 '커뮤니케이션 체계'의 논의에 있어서 중요하게 다루어져야 할 항목으로 지적되었던 커뮤니케이션 장의 이해에 대한 많은 통찰력을 제공한다. 물론 그의 관심의 초점은 커뮤니케이션 장이라는 포괄적인 개념에 모아지기보다는 (커뮤니케이션이 발생하는) '공개적 영역'과 '사적 영역'의 구분에 모아진다. 그는 사회의 일반적인 관심사를 비판적으로 자유롭게 토론할 수 있도록 보장된 '공개적 영역'이 시장경제의 발전과 부르주아 계급의 성장이라는 특수한 역사적 상황에서 발생될 수 있는 조건과 그것의 구조와 기능 그리고 그 변화를 설명하려 하였다.

그는 공개적 영역이 17세기 이후 커피숍이나 살롱, 그리고 탁자사회단체(Tischgesellschaften, 후에 문학사회단체로 발전된다)의 성장과 더

불어 자본주의 사회의 핵심적인 특징으로 출현하게 되었다고 한다. 18
세기에 이르면 영국에서 팽창하는 자본주의와 함께 신흥자본가들은 교
회와 국가에 대하여 투쟁하고 그로부터 독립할 수 있을 정도로 충분한
부를 갖추게 된다. 이러한 결과는 더욱 신흥자본가들이 '교양'의 세계-
극장, 예술, 카페, 소설, 비평 등-에 대한 지원을 강화하면서 귀족들에
대한 의존성을 줄이고 전통적인 권력으로부터 분리된 '비판의 영역'을
형성함으로써 나타난 것이다. 이러한 사회 변화의 양상을 하버마스는
"대화는 비평으로, 재치있는 말은 논쟁으로 바뀌었다"고 지적한다(Ha-
bermas, 1989: 31).

　다른 한편, 자본주의적 시장이 성장한 결과 '언론자유'와 의회개혁
에 대한 지원이 강화되기 시작하였다. 시민으로 성장한 부르주아들은
자본주의가 확장되고 공고화 됨에 따라 국가로부터 더 많은 자율성이
확보될 필요성과 국가의 변화에 대한 요구도 확대되자, 의회개혁을 위
한 투쟁은 물론 이를 지원하기 위한 언론의 자유를 위한 신장이 무엇보
다 필요하였다. 결국 18세기 중반 '핸서드(Hansard)'가 만들어져서 의
회에서 의사진행에 관한 정확한 기록을 남기게 되었고, 언론은 다양한
영역에서 의견을 표명하였지만 특히 의회문제에 관하여 자세히 보도하
게 된다.[18]

　하버마스는 국가의 간섭으로부터 독립하기 위한 투쟁이 '부르주아
공개적 영역'을 구성하는 필수적인 요인이라는 것을 강조한다. 즉 초기
자본주의 사회에서 기존의 국가의 영향력에 저항하지 않을 수 없었고
그에 따라 언론자유, 정치적 개혁, 대표성의 증대 등을 위한 투쟁이 중
요하였던 것이다. 이러한 하버마스의 논의들은 봉건사회에서 자본주의
사회에로의 변화과정에서 새로운 지배층인 부르주아 집단이 자신들의
커뮤니케이션 장을 어떻게 확보하고, 또 이용했던가를 보여 주었다. 또

---

18) 하버마스는 언론의 정치적 영향력뿐만 아니라 특히 초기 자본주의 시기에 원거
리 교역을 위해 필요한 정보의 저장과 교환의 장소로서 신문의 발전에 대해서도
언급하고 있다.

한 이러한 과정에서 합리적이고 공개적인 다양한 영역들의 사회적 의미에 대하여 좀더 깊이 있는 논의를 하였던 것이다.

4. 사물의 질서와 푸코의 언어이론

1) 후기 구조주의자로서의 관점

1960년대 중반 이후 프랑스 지성계에 광범위한 지지를 받기 시작한 푸코는 '사회학의 위기'가 공공연히 논의되는 가운데 새로운 시각으로 사회과학의 학문적 돌파구를 찾을 수 있도록 이론적 자원을 제기한 탁월한 학자였다. 그의 학문적 성향은 프로이트(S. Freud), 니체(F. W. Nietsche), 하이데거(M. Heidegger) 등으로부터 이론적 자원을 공급받은 것으로 보인다. 그는 프로이트로부터 '무의식이론'을, 니체로부터 '서구 이성에 대한 비판'을, 그리고 하이데거로부터는 '언어해석학적 존재론'을 선택적으로 받아들였다. 그의 저술 『광기의 역사』(1961)나 『병원의 탄생』(1963)에서 광기나 비정상(예컨대 질병, 범죄 등)이 사회의 질서 안(병원, 감옥 등)으로 끌어들여져 제도화되는 것은 근본적으로 언어적 성격을 지니는 것으로 파악하고, 또 행위자의 관점에서 볼 때 그러한 과정이 의식적이기보다는 무의식적임을 잘 드러내 보여 주고 있다. 이때 권력은 제도화된 지식과 결합하여 제도화된 과정 및 기술로써 특정 집단과 그들의 관심이 사회적으로 배제되도록 은밀히 수행된다. 이러한 측면에서 푸코는 구조주의 이전까지 프랑스 사상계를 지배해 온 실존주의는 인간의 의식에 발이 묶여 인간의 무의식적 심층구조의 분석이 불가능할 뿐만 아니라, 또한 주어진 의식내용을 사회적 산물로 다시 재구성하는 이론적 지평을 놓치고 있다고 비판하면서 인간 중심적인 인식론을 거부하는 구조주의적 입장에 선다.

구조주의는 소쉬르의 구조주의적 언어이론에 의해 제기되기 시작하여 바르트(R. Barth), 레비스트로스(C. Levi-Strauss) 등에 의해 활발히 수용되고 논의되어 20세기 중반 프랑스 사상계를 지배하기 시작하였다. 그러나 푸코는 초기 구조주의에서 갖는 '불변의 구조'로서는 너무 정태적이며, 비역사적이어서 복합적인 사회를 설명하기에는 부족하다고 보아 구조화된 흐름들의 역사적인 계기, 분산 및 연합에 관심을 갖는다. 그러므로 다원화된 복잡한 사회를 어떤 불변하는 구조적 틀에 끼워 맞추어 설명하려는 것이 아니라, 개개의 구조화된 흐름의 고유한 역사적 근원·과정·결과를 충실하게 재구성함으로써 특히 권력이 다원적, 복합적으로 행사되는 것을 보여 주고자 한다. 그에 의하면 사회라는 것은 단일한 본질이 다양한 현실로 드러난 것이 아니고 처음부터 다양한 계열들간의 복합 및 분산으로 형성된 것이며, 각 계열들은 자체의 템포와 리듬에 따라 역사적으로 변화해 가는 것으로 여겨진다. 그러므로 푸코는 인간의 개념, 구조의 개념, 그 자체가 사회·역사적 조건 안에서 '지역화' 되고 있음을 보여 주고자 하였다.

이와 같이 볼 때, 푸코의 이론이 사회이론의 중심으로 들어오게 되는 이유는 그의 이론이 사회행위이론의 재구성에 필요한 모순되어 보이는 두 가지의 자원을 동시에 제공해 주기 때문이다. 여태까지 사회학의 흐름 가운데 한 흐름은 인간 행위가 발생되는 구조적 틀에 집착하여 행위를 구성하는 의미 맥락을 상실하는가 하면(기능주의와 맑스주의를 포함하는 사회학주의의 입장), 또 다른 흐름은 인간 행위의 주체성, 또는 일상생활 자체에 매몰되어 인간 행동이 구조화되는 측면을 놓친다(실존주의와 현상학을 포함하는 인간주의적 입장). 이와 같은 점에서 인간 행위에 대한 설명은 행위의 의미와 구조의 문제를 배타적으로 볼 수 없으며 그 둘을 종합하는 논리를 가지지 않을 수 없었다. 이것을 해결하는 데 푸코의 이론이 유용한 실마리를 던져 주고 있다는 것이다. 그 해결의 실마리는 그의 언어에 대한 아이디어에서 찾을 수 있다. 그는 언어란 단순히 대상을 있는 그대로 재현시키는 중립적 도구에 불과한 것이 아니라, 그 자체가 규범적이고 가치 창출적이어서 자체의 법칙에 의해 형성된 의미의 질서 안에 대상을 편입시킨다고 본다. 그러므로 어떤 사회에서나 언어의 흐름 안에서 인식의 기본구조가 역사적으로 가동되므로 그 안에서 세계를 이해하게 된다. 좀더 구체적으로 이야기하자면, 지식의 역사적 흐름(episteme) 안에 인간이 내포되어져 있다고 보아 인간의 의식과 무의식, 대상에 대한 인식과 감정구조, 욕구체계, 행동양식이 인간 자체의 숨겨진 어떤 초월적 본질에 의해 설명되는 것이 아니라 역사적으로 가동되고 있는 지식의 흐름, 의미의 흐름 안에서 형성되고 변천된다고 보는 것이다.

2) 언어이론과 행위이론

행위이론이 언어이론 위에 정립되기 위해서는 행위가 어떻게 언어의 질서 안에 포섭되는가를 보여 주어야 한다. 사실 의미는 언어의 속성이므로 행위의 의미는 언어에 쉽게 포섭될 수 있다. 그러나 구조의 문제, 예컨대 계급관계, 지배관계, 사회구조 등으로 표현될 수 있는 형식적 문제(객관적 강제력)가 어떻게 언어이론에 포섭될 수 있는가는 결코 쉽게 포착될 수 있을 것으로 보이지 않는다. 그러나 푸코는 구조화된 권력, 강제력이라는 것이 언어 밖에서 행사되는 것이 아니고 언어 안에서, 언어를 통해 형성된 지식의 형태로 행사된다고 봄으로써 그 문제를 해결한다. 이러한 그의 주장의 근거는 다음과 같은 배경에서 찾을 수 있다 (한상진, 1981: 196-197).

① 사회생활과 사회제도의 인식론적 기반은 바로 지식에 있다.
② 다른 것과 마찬가지로 지식 역시 역사적으로 형성되고 변천되는 것으로서, 이것은 언어를 말하고 스스로 논쟁하는 행위를 통하여 부단히 재생산된다.
③ 언어는 단순히 말해진 것, 그 자체만을 가리키지 않고 이것이 이해되고 사회적으로 통용되는, 암암리에 이미 전제된 '포괄적 해석체계'를 포함한다.

④ 우리가 종종 언어 뒤에 감추어진 것으로 상상하는 것, 즉 숨겨진 동기, 또는 무의식 등은 밖에서 주어지는 것이 아니라 실제로 언어 안에서 형성된다.

⑤ 따라서 의식적 또는 무의식적인 사회의 인식권은 모두 언어의 흐름 안에서 역사적으로 구성되고 변화한다.

이러한 관점에서 볼 때, 사회적 행위에 대한 새로운 시각과 이해를 가능하게 한다. 그러므로 어떤 사회행동은 맹목적인 이유에서 결정되는 것이 아니라 ① 사회조직 안에 또는 일상생활 안에 이미 당연시된, 그러나 분석적으로 보면 부단히 재생산되고 있는 지식의 세계 안에서 일어나며, ② 이러한 측면에서 지식의 체계는 부단히 인간에 의해 실천의 자원으로 활용되며, ③ 이 지식 안에서 지식의 형태로 권력이 자연스럽게 행사된다고 본다(한상진, 1981: 197).

이와 같이 언어의 조직과 이에 근거한 지식의 생산이 고도의 선택성과 배재성을 띠고 있다는 것은 결국 지식의 흐름 안에 권력이 깊숙이 작용하고 있다는 것을 암시한다. 그러니까 제도화된 지식은 자체의 실천을 통하여 권력을 은폐하거나 합리화해 버린다. 이것은 또한 의사소통이 구조적으로 왜곡됨을 의미하는데, 이 왜곡을 우리가 체계적으로 인식하기 위해서는 경험 안에 주어진 것을 이미 친숙해진 의미차원에서 이해할 것이 아니라 언어의 조직에 작용하고 있는 행위의 선택성과 배제성을 제대로 포착하는 것이 중요하다. 그러한 왜곡의 절차는 현실에서 다음과 같은 두 가지 종류의 과정을 통하여 성취된다. ① 재생산 과정 자체의 왜곡: 사회 내에 제도화된 지식에 근거하여 현상들을 분류·심사·처방하게 되므로 불가피하게 이 지식에 부합하지 않는 다른 요소들을 억압·배제하게 된다. 이 결과 특정한 집단이 지식을 지배하고 기존의 합법적 지식 내에 포섭되지 않은 집단들을 사회적으로 배제하고 통제하게 된다. 그러므로 사회현상의 재생산 자체의 왜곡은 은폐된다. ② 재생산된 결과에 대한 해석상의 왜곡: 그럼에도 불구하고 기존의 왜곡된 사회구조에서 발생되는 수많은 문제들이 있을 수 있다. 그러나 그러한 문제들, 범죄나 정신이상과 같은 문제의 해결방법은 그 책임이 전적으로 개인에게 돌려져서 통제와 관련된 제도 자체에 대해서는 의문이나 비판이 제외된다.

이러한 측면에서 푸코는 커뮤니케이션의 왜곡된 흐름을 밝히기 위한 전략으로서 소위 '재구성적 해체의 전략'을 제기한다. 이것은 지식의 재생산에 작용하는 선택과 배제의 차원 및 규칙들을 엄밀히 분석함으로써, 자연적인 태도 안에서 우리가 쉽게 지나칠 수 있는 왜곡을 인지 가능한 대상으로 재구성하여 왜곡이 더 이상 반복되지 못하도록 이것의 인식론적 근거를 파괴시키자는 것이다. 이러한 그의 구체적 전략의 한 측면을 가장 구체적으로 보여 주는 작업은 그의 『담론의 질서(L'ordre du discours)』에서 찾아볼 수 있다.

3) 담론의 질서

1970년 12월 2일 푸코가 콜레주 드 프랑스(College de France)에서 행한 교수취임 강연이 이듬해 『담론의 질서』라는 제목의 소책자로 간행되었다. 이 강연에서는 푸코가 여태까지 관심을 가졌던 '지식의 흐름'이 구체적으로 어떠한 과정을 통해서 사물과 인간의 삶을 선택하고 배제하게 되는가에 대한 초점을 맞추고 있다. 그는 인간 지식의 역사적 흐름(episteme)이 담론(discours)에 의해 성취되고 생산된다고 본다. 그에게 있어서 '담론'이란 '입으로 말하거나 글로 쓴 것의 총칭'을 말하지만 단순한 말과 글 자체만을 지칭하는 것은 아니다. 관습이나 규범, 사회의 모든 제도, 한 사회의 이념조차도 이것에 의해 규정된다. 그러므로 그는 '담론의 생산'이 사회적으로 통제, 선별, 조직, 재분배되는 절차 또는 그 방식에 대하여 일반적인 수준에서 피력하고 있다. 이와 같이 인간의 자연스러운 일상적인 담론이 인간의 욕구나 선천성에 의해 행해지기보다는 권력과 위험이 깊숙이 내재되어 작동되고 있음을 보여주고 있다. 구체적인 현실의 어떤 것도 그의 관점에 입각하여 통찰을 해보면 현실에

대한 새로운 이해를 획득할 수 있게 해준다. 그의 관점을 정리해 보면 다음과 같다.19)

그는 일상적 담론의 생산이 통제, 선별, 조직, 재분배되는 절차를 다음과 같이 정리하고 있다. 이러한 절차들은 담론의 과정에서 혹시 우발적으로 발생될 수도 있는 담화에 가해질 권력과 위험들을 제거하고, 담화의 지루하고 딱딱한 고정된 형식성을 교묘하게 피하기 위한 것이다.

(1) 담론에 대하여 외부로부터 행사되는 제외의 절차

① 금지: 우리는 '무엇이나' 다 말할 수 없고, '어떤 상황' 속에서나 말할 권리가 없으며, 또 '누구나' 말할 수 있는 것은 아니다. 이와 같이 금지의 절차에는 담론의 대상에 대한 터부, 상황에 의해 제한받는 의식(儀式), 말하는 주체가 갖는 특권 또는 독점권, 이 세 가지가 금지의 유형으로 서로 교차하기도 하고 서로 강화 또는 보완하기도 한다. 과거 어느 사회, 어느 시대에서나 성(性)과 정치적 담론은 오랫동안 터부시되었으며, 대부분의 중요한 담론은 의식을 통해서, 자격을 가진 자들에 의해 이루어졌다. 의식에 참여하지 못하는 자, 자격을 갖지 못한 자들의 담론은 금지되어 왔던 것이다. 북한 사람과의 만남은 금지되어 있으며, 협상 테이블이라는 공식적인 의식을 차려 놓은 가운데서만 만날 수 있으며, 그 테이블에 앉을 수 있는 사람은 제한되어 있다.

② 분할과 배제: 가장 보편적인 예로서 우둔함과 이성의 대립을 들 수 있다. 광인에 대한 중세의 분할 방식이 있었으며, 오늘날에도 새로운 제도를 통해서 예전과는 같지 않은 효과를 산출하며 작동된다. 그러므로 분할이 원래는 필연성 없이 자의적인 것이거나 적어도 역사적인 여러 가지 우발적인 일들을 중심으로 조직된 것이며 분할의 경계선은 끊임없이 변경된다. 관리가 될 수 있는 자격은 어떤 시대에는 고귀한 신분이어야 하고, 어떤 사회에서는 일정 수준의 교육을 받아야 한다.

---

19) 이하의 내용은 푸코의 *The Discourse on Language*(New York: Haper Torch-books, 1972)에 나오는 내용을 필자의 말로 요약하여 정리한 것이다.

또 다른 사회에서는 성이 우둔함과 이성을 가르는 중요한 기준이 될 수 있다.

③ 앎의 의지: 진실과 거짓의 대립에 의한 제외의 절차라고 볼 수 있는데, 그 기준은 앎의 의지에 의존한다. 각 사회 또는 특정의 시대에는 특유의 진실의지가 존재하여 진실의지가 동원하는 형식, 대상의 영역, 의존하는 제반 기술들이 그 시대의 문화를 특징짓는 기준이 된다. 이것 또한 다른 체계들과 마찬가지로 제도적 지주에 의존하여 앎이 형성되는 방식, 앎이 평가되고 분배 할당되는 방식을 결정하게 된다. 그러므로 진실의지는 다른 담론들에 대하여 일종의 압력을, 어떤 구속적인 권력 같은 것을 행사하는 경향을 가진다. 앞의 두 가지 제외의 형태도 궁극적으로는 앎의 의지에 편입됨으로써 그 두 가지는 약화되거나 불확실해진 반면 앎의 의지는 끊임없이 강화되어 왔다. 16, 17세기 이후 발전하기 시작한 근대 자연과학의 발전 또한 앎의 의지의 새로운 모습이며, 여기서 통용되는 법칙들은 '참된 것'으로 자신의 권위를 확보하고 그것을 행사하게 되는 것이다. 그러므로 앎의 의지 자체가 권력과 지식이 뗄 수 없는 관계에 있다는 사실을 은폐한다. 왜냐하면 일상적으로 권력은 앎의 의지라는 논리를 업고 행사되기 때문이다.

(2) 담론에 대한 내부적인 통제의 절차

이것은 담론이 사건(event)이나 우연(chance)이라는 차원에서 발생될 수도 있는 예상 밖의 담론의 방향을 내부에서 통제하는 데 초점이 맞춰져 있다. 담론의 내부에서 담론이 생산되고 분류되며 보급되는 제반 과정, 그리고 분배 등에 수행되는 원칙으로서의 절차들이다.

① 주석: 어떤 사회에서나 사람들이 이야기를 반복하고, 여러 가지로 변주시켜 다르게 말하게 되는 주된 이야기들(recits majeurs)이 있다. 공식, 텍스트, 특별히 정해진 상황들에 근거하여 사람들이 늘 반복하는 담론들이 의식화된 총체가 주석이라고 할 수 있다. 그러므로 이것은 반복과 동일성의 형태를 그 특성으로 한다. 우리의 문화 가운데 그러한 담

론들은 종교적 텍스트나 법률적 텍스트에서 흔히 발견할 수 있다. 끊임없이 변화하는 현실적인 삶을 종교적인 텍스트의 주석을 통하여, 법률적 텍스트의 새로운 해석을 통하여 이해하고 적용하는 것이다. 주석은 한편으로 여러 가지 새로운 담론들을 구성하게 해주지만, 결국 그것은 원래 있었던 것을 마침내 말한다는 것을 의미한다.

② 담론의 무리짓기 원칙으로서 작자: 여기서 작자란 어떤 텍스트를 발언했거나 쓴 개인으로서 작자가 아니라 담론을 무리짓는 원칙으로서, 담론이 갖는 의미들의 통일과 출발로서, 담론의 수미일관함의 중심으로서의 작자를 일컫는다. 과학적 담론의 분야에서 과거 중세에서와 같이 작자의 귀속관계가 반드시 필요했으나 17세기 이래 이러한 경향은 점점 지워지고 있다. 한편, 문학적 담론에서는 오히려 17세기부터 작자의 기능이 끊임없이 강화되어 왔다. 이와 같이 작자가 자신의 이름 밑에 놓여진 텍스트의 통일성을 밝혀 주기를 사람들은 요구한다. 그러므로 작자가 없는 담론들은 주목받지 못하며, 한갓 소문으로 끝나 버리거나 지껄임으로 끝나 버린다. 작자는 바로 그 불안하기 짝이 없는 허구의 언어에다 수미일관한 논리의 매듭과 현실 속으로의 편입 가능성을 제공하게 되는 것이다.

③ 연구분야: 이것은 다루는 대상들의 영역, 방법론들의 총체, 진리라고 간주되는 명제들의 덩어리, 법칙과 정의(定義)와 기술 및 도구들의 조작 등으로 정의된다.[20] 주석과는 달리 재발견되어야 할 어떤 의미도 아니고, 반복되어야 할 정체성도 아닌 새로운 언술들을 조립하기 위한 것이다. 그러나 연구분야에는 진실과 허위가 항상 혼재되어 담론을 제약하게 된다. 한 명제가 어떤 분야에 속하려면 그 명제가 일정한 유형의 이론적 지평(규정된 유형의 개념적, 기술적 도구를 사용)에 포함될 수 있어야 한다. 그러므로 어떤 연구 분야의 밖에서도 진리가 발화될 수 있

---

20) 쿤(T. Kuhn)의 패러다임과 유사한 개념이다. 쿤은 패러다임을 '특별한 과학자 사회가 채택한 일반적인 이론적 가정들과 법칙들 그리고 그것들의 적용에 대한 기술들로 구성된다'라고 정의하고 있다(Kuhn, 1970 참조).

지만, 그것이 연구분야의 규칙 내에 포함되어 활성화될 때만 사회에서 인정되는 진리의 범주에 속할 수가 있는 것이다.

(3) 담론의 말하는 주체에 대한 제한

① 의식(儀式): 의식은 말하는 개인들이 가져야 할 자격을 규정해 준다. 그것은 몸짓, 행동, 상황 그리고 담론에 수반되는 상징들의 총체를 규정할 뿐만 아니라, 심지어 말의 예정된 또는 필연적인 효과와 말이 지닌 구속적 가치의 한계까지 정해 준다. 교사는 일정한 자격을 획득한 이후 학생들 앞에서 강의를 할 수 있으며, 법원에 제출되는 공소장은 일정한 형식이 구비될 때 접수될 수 있다.

② 담화회: 이 단체는 담론을 보존하거나 생산하되, 그 담론이 어떤 폐쇄된 집단에서만 유통되고, 엄격한 규칙에 따라서, 그리고 담화의 보유자가 그 담론의 유통으로 특권을 상실하는 일이 없도록 한다. 오늘날 책, 출판 시스템, 그리고 작가라는 제도화된 틀 속에서 글 쓰는 행위는 분명히 구속력을 지닌 어떤 담화회 속에서 이루어지는 것이라고 할 수 있다.

③ 독트린: 종교적·정치적·철학적 담론들은 제한된 수의 사람들에게 유통되는 것 같다. 그러나 독트린은 널리 유포되는 경향이 있고, 수많은 개인들이 동일한 진리를 인정하며, 유권해석이 내려진 담론에의 일치로써 단일하고 동일한 소속성을 확보한다. 뿐만 아니라 어떤 독트린에 소속되자면 언술뿐만 아니라 동시에 말하는 주체도 문제가 된다. 독트린이란 언제나 그에 선행하는 소속성—계급, 지위나 종족, 국적이나 이해관계, 투쟁, 반항, 저항이나 용인에 있어서의 소속성—의 표상이고 도구라는 점에서, 말하는 주체의 언술은 독트린에 의해 문제시된다.

④ 담론의 습득·운용: 의식, 담화회, 독트린에 따른 그룹 아니면, 교육제도, 사법제도, 의료제도 등과 같은 것들이 모두 말하는 주체들을 서로 다른 유형의 담론들 속에 분배하고 담화를 습득 운용하는 일을 어떤 범주의 주체들에게 맡기는 여러 종류의 장치들이라고 볼 수 있다.

이와 같은 구분은 추상적인 수준에서 그러하다. 현실적으로는 서로 밀접한 관계를 가지면서 말하는 주체를 서로 다른 유형의 담화들 속에 분배하고 담론을 습득·운용하는 일을 어떤 범주의 주체들에게 맡기는 여러 종류의 방대한 장치들을 형성하고 있다. 예컨대 교육제도라는 것도 담화의 의식화(儀式化) 체계이며, 어떤 독트린을 구성하는 체계이며, 담론을 습득하고 분배하는 현실적인 체계인 것이다.

(4) 담론체계를 강화하는 철학

위에서 언급된 담론의 외부 또는 내부에서 담론에 대하여 우리 사회에서 통용되는 철학들이 그러한 통제를 강화하고 있다. 소위 철학은 우선 이상적 진리를 담론의 법칙으로 하고 내재적 합리성을 담화의 전개원칙으로 제시함으로써, 진리 자체와 사고의 합리성에만 절대적 권한을 부여하고 일상적 담론의 현실성을 부인해 버린다. 그러므로 이미 정해진 담론의 외부 또는 내부 절차에 묶이도록 함으로써 현실적 담론에서 제기될 수 있는 것들을 제한하게 된다. 이와 같이 담론의 현실성을 무력하게 하는 구체적인 철학적 테마들은 다음과 같다.

① 설립주체라는 테마: 자신이 운명의 주인인 이성적 주체라는 개념은 담화의 현실성을 생략해 버리도록 만든다(인간은 이성뿐만 아니라 감성을 가진 존재라는 것을 생각해 보라). 설립주체는 자기가 세운 목표에 의해 언어의 비어 있는 형태들에다가 직접 의미를 불어넣는 임무를 맡고 있다. 그러므로 세계에 대한 모든 의미는 설립주체에 의해 포착된 것들이다. 설립주체는 시간을 초월하여 의미지평의 기초를 설정하고, 그 의미의 지평에서 명제들, 과학 및 연역적 결론들의 근거를 찾게 된다.

② 타고난 경험이라는 테마: 경험이 우리의 사고에 의해 정리되기도 전에, 즉 벌써 선행의 의미들이 세계 내에 존재하여 우리 주위에 세계를 배열해 놓고, 애당초부터 세계가 일종의 원초적인 자인(自認) 능력을 갖도록 해준 것이라고 가정한다. 이와 같이 세계와의 원초적인 공모가 우

리들로 하여금 명명하고 판단하고, 결국 진리의 형태로 세계를 인식할 수 있도록 하는 가능성의 바탕을 마련해 준다는 것이다. 사실 이러한 경우 담론이라는 것은 주어진 범주 내에서 혼자 지껄이는 행위에 지나지 않는다.

③ 보편적 명상이라는 테마: 개체적인 특수성을 개념의 차원으로 끌어올리고, 의식이 세계의 모든 합리성을 유감 없이 발휘되도록 하는 이성의 운동이 얼핏 활발한 창조적 담론으로 보일지 모르지만, 이것 또한 결국 이미 말해진 어떤 담론에 지나지 않는다. 이성은 고유한 본질(진리, essence)의 비밀을 모두 드러냄으로써 부지불식간에 담론에 의해 사물들과 사건들이 되어 버린다. 이제 이성은 본질이 아니라 어떤 원리(합리성)로서 우리에게 다가오는 거대한 권력이 되어 버렸다.

이와 같은 푸코의 논의를 통해서 살펴볼 때 모든 담론들은 기호를 이용하는 유희(글쓰기의 유희, 해석의 유희, 교환의 유희)일 뿐이다. 그리하여 담론은 기표(記表, signifiant)의 질서 속에서 현실의 다양한 삶의 내용을 무화시켜 버린다. 이제 이러한 우리의 담론들에 대해 그 조건과 조작, 효과를 분석하고자 한다면 기존의 그러한 담론체계 내에서는 불가능하고 세 가지의 결단을 통해서만 가능하다는 것이다. 그것은 우리들의 진실의지라는 것에 대하여 의심해 보고 문제삼는 일과, 담화의 사건적 특성을 복원하는 일 그리고 마지막으로 기표의 절대권한을 파기하는 일이라고 푸코는 주장한다.

5. 동양사회의 커뮤니케이션관[21]

앞에서 우리는 서구사상의 기반이 되고 있는 기독교적인 세계관과

---

21) 이 절은 1997년 6월 전기 사회학대회에서 「동양사회의 커뮤니케이션관」이라는 제목으로 발표되었던 내용을 다소 수정·보완하였다.

그리스인들의 세계관에서 그들의 언어에 대한 신뢰를 언급하였다. 즉 서양사회에서 로고스로 풀이되는 언어(말씀)는 이성과 동일한 의미로 사용되었다. 그들은 언어와 사유 사이에 밀접한 관계에 대한 통찰을 가지고 이성을 신뢰하듯 언어를 신뢰하였다. 그러므로 서구문화에서는 자연스럽게 논리학과 수사학 그리고 분석적인 과학이 발전할 수밖에 없었던 것이다.[22] 서구사회에서 언어에 대한 회의는 기껏 17세기에 이르러 프란시스 베이컨(F. Bacon)에 의해 비롯되지만,[23] 동양권에서는 고대 사회로부터 언어에 대한 절대적인 신뢰를 항상 경계해 왔다. 노자의 『도덕경』첫 부분은 다음과 같이 시작한다.

道可道 非常道, 名可名 非常名(『老子』1章 體道).

이와 같이 도(道)나 어떤 사물에 대해서 말할 수는 있고 이름 붙여진 것에 대해 설명을 붙여 구분할 수는 있지만, 이미 말해 버리고 그것에 이름을 붙여 정의했을 때는 항상 그렇게 있었던 원래의 도나 그 사물(常道, 常名)이 아님을 경고하고 있다.[24] 이러한 언어에 대한 기본적인 태도의 차이는 서양문화와 동양문화의 근본적인 차이를 낳게 한 중요한 원인인지도 모른다.

이성과 언어를 절대 신뢰했던 서구사회에서는 자연과 인간 삶의 복잡성과 애매성, 미묘함 그리고 그 무궁무진한 변화를 언어(이성)로 설명할 수 있다고 여길 뿐만 아니라, 언어로 설명되어진 그 부분이 자연과

---

22) 물론 이것은 소리글자인 알파벳이라는 문자 미디어의 영향과 더불어 심화된다. 뜻글자인 한문이라는 문자 미디어에 의해 발생할 수 있는 동양과 서양의 문화적 차이 또한 고려되어야 할 사항이다.

23) 베이컨은 1620년 『신기관(Nouvum Organum)』에서 인간의 인식과정에서 네 가지의 우상(Idola)이 참된 지식의 형성에 장애요소가 됨을 지적하고 있다. 네 가지의 우상 중 시장우상이 인간의 언어사용에 있어서 언어의 불완전성, 개념적 약속의 상위 또는 애매함에 의해 초래되는 편견과 혼란에 대하여 이야기함으로써 서구사회의 언어에 대한 태도에 근본적인 회의를 하고 있다.

24) 동양문화에서 항상[常]의 의미는 보편자, 절대자, 이데아로서 변하지 않는 존재라는 의미가 아니라 그저 늘 그렇게 있는 본래적인 것을 의미할 뿐이다.

인간 삶의 전부라고 강요한다. 과학적 법칙에 적용될 수 없는 현상 또
는 사회과학적으로 설명되지 않는 것들은 신비화되거나 없는 것으로 제
외되어 버린다. 이와 같이 분석적이고, 논리적이며, 체계적인 서양의 세
계 이해의 틀은 인류문명의 발전에 커다란 기여를 한 측면이 없지 않다.
그러나 오늘날 사회과학(또는 사회학)의 위기를 들먹일 만큼 사회현상
에 대한 설명력이 떨어지고 새로운 실천적 대안을 제시하지 못하고 무
기력함을 그대로 드러내 보이고 있는 것이 사회과학의 현실이다. 이와
같이 서양의 자연과학마저 자연현상에 대한 새로운 해석과 설명을 찾기
에 동분서주하도록 만든 근본 원인은 인간 삶을 포착하고 그것을 드러
내는 기본적인 방식, 즉 서구문명이 갖는 언어의 틀에서 비롯된 것이라
고 보아야 할 것이다. 이러한 의미에서 동양의 언어에 대한 태도, 즉 인
간은 자신의 체험을 온전히 언어로 드러낼 수 없을 뿐만 아니라 그렇기
때문에 언어로 설명된 모든 것들이 단지 현실의 일부분일 뿐이라는 생
각은 인류문명의 새로운 모색을 위하여 새로운 관점을 제시할 수 있을
것이다.

　　노자는 '보려고 해도 보이지 않고, 들으려고 해도 들리지 않으며, 만
져 보려고 해도 만질 수 없는 어떤 것[25]'으로서 도뿐만 아니라, 일상의
사물(현상)에 대한 이해와 설명에 있어서도 언어화의 한계를 지적하고
있다. 『도덕경』을 시작하는 첫 부분에서 이러한 주장은 우리들을 당황
하게 만들고 있다. 그러면 노자 자신이 생각하는 도의 전달 방식은 무엇
인가, 그의 커뮤니케이션 방식은 어떠해야 한다는 말인가 등의 근본적
인 의문을 제기하게 만든다. 어쩌면 이러한 의문에 대한 해답을 얻지 못
하고서는 한걸음도 앞으로 나아가지 못할 것이다. 노자 주석의 탁월한
견해를 가진 왕필(王弼, 226~249)의 언급을 통하여 그 해답의 실마리
를 풀어 보자.

　　스무 살밖에 되지 않은 왕필이 배휘(裴徽)를 방문하였다. 배휘는 왕필에게

---

25) 『老子』 14장: 視之不見 名曰夷, 聽之不聞 名曰希, 搏之不得 名曰微.

다음과 같이 물었다. "대저 무(無)라는 것은 진실로 만물이 그것에 의하여 생성되는 근본적인 것이다. 그래서 성인(聖人)은 그것을 말로 표현하려고 하지 않는다. 그런데 노자는 그것을 끊임없이 말로 지껄이니 도대체 어떻게 된 것인가?" 왕필이 다음과 같이 대답하였다. "성인은 무를 말로써가 아니라 몸으로써 체득하는 사람이다. 무라는 것은 원래 말로써 해석할 수 없는 것이다. 그러기 때문에 말로 해석한다는 것은 필연적으로 유(有)의 세계에 섭렵된다. 물론 노자와 장자는 유의 세계에서 벗어나지 않는다. 그러므로 그들은 항상 그 부족한 바를 (그러한 상태에서) 해석하고 있다"(『世說新語』, '文學' 第四, 第八條, 김용옥, 1989: 174에서 재인용).

대저 무라는 것은 무로써는 밝혀질 수 없다. 반드시 유의 세계에 의거하여 밝힐 수밖에 없다. 그러므로 항상 유의 물(物)의 극한까지 밀고 들어갈 때 비로소 그것이 기인한 근본을 밝힐 수 있게 된다(夫无不可以无明 必因於有 故常於有物之極而必明其所由之宗也, 『周易』 王韓注, 「繫辭」 上, 九章注, 김용옥, 1989: 175에서 재인용).

궁극[태극], 도(道)라는 것도 현실의 존재에 근거하고 유의 세계에 근거하여 밝힐 수밖에 없는 것도 사실이다. 그러나 유의 세계에 근거한다는 것이 논리적인 언어에 근거한다는 것인가? 유의 세계에 근거한다는 것은 도대체 어떠한 의미를 가지는 것일까? 이러한 물음에 대한 왕필 자신의 해답을 찾아볼 수는 없다. 그러나 불교의 선종의 가르침에서 그 해답의 실마리를 찾아보자.

불교는 중국에 전래된 이후 중국의 토착적 사상체계와 접목되면서 다양한 유파로 갈라지게 된다. 중국 불교종파는 크게 교학(敎學)을 중요하게 여기는 천태종(天台宗), 화엄종(華嚴宗) 등을 대표로 하는 유파와 교외별전(敎外別傳)을 중시하는 선종(禪宗)을 대표로 하는 유파가 있다. 선종이 본격적으로 알려지기 시작한 것은 중국 불교 13종 가운데 가장 늦은 8세기경 6조(祖) 혜능(慧能) 이후이지만 가장 중국적인 특색을 지닌다.26) 그러므로 선종은 기존 불교 각 종파의 사상적 체계를 흡

---

26) 중국의 선종은 達磨를 초조로 하여 慧可, 僧璨, 道信, 弘忍, 그리고 6조 혜능

수하면서 그 교학적 체계가 가진 약점을 비판적으로 융합할 수 있었을 것이다.

선종의 견성성불(見性成佛)의 구체적인 방법은 잘 알려진 바와 같이 '불립문자, 이심전심(不立文字, 以心傳心)'이다. 불립문자의 정확한 의미는 무엇인가? 불립문자의 의미를 대략 두 가지 의미로 이해할 수 있겠다. 첫째, 문자의 불완전성을 전제로 하여 문자에 집착하지 않는다는 의미로서, 문자에만 집착하지 않고 이심전심으로 견성하는 길도 찾을 수 있다는 뜻으로 해석할 수 있다. 둘째, 문자를 완전히 부정하는 것이다. 불교의 궁극적인 목표인 석존(釋尊)의 깨달음 또는 진리에 이르기에는 문자로써는 도저히 불가능한 것이며, 진체(眞諦)는 깊은 체험에서 비롯된다고 보는 입장이다. 그러므로 그것은 "본래부터 한없이 밝고 신령스러워 일찍이 나지도 않았고 죽지도 않았다. 이름지을 길 없고 모양을 그릴 수도 없다(從本以來 昭昭靈靈, 不曾生不曾滅, 名不得狀不得)"(서산, 1978: 19)고 하였다. 불교 본래 종교적인 의미에서 후자의 입장이 타당할 것 같다. 그러나 이러한 구분조차 따지고 보면 언어의 장난이다. 후자의 의미에서도 전자의 의미가 포섭될 수 있다.

후자의 측면에서 선종의 커뮤니케이션적 상황을 좀더 깊이 들어가 보자. 커뮤니케이션은 상대자를 전제하며, 상대자와의 상호 의미공유를 목표로 한다. 불교에서의 커뮤니케이션 상황이란, 목표로 하는 의미공유의 내용이 차원 높은 깨달음·해탈의 경지이며 그 상대자는 무지로 인한 우매한 상황이라는 점에서 일상적인 커뮤니케이션 상황과는 전혀 다르다. 그러므로 일상적 언어로써 최종목표 달성에는 한계에 부딪히지 않을 수 없는 것이다. 그렇다고 하여 언어의 전면적인 폐기를 의미하는 것은 결코 아닐 것이다. 선종이 불립문자를 표방하면서도 다른 어떤 종파보다도 방대한 문헌을 남기고 있다는 사실에서도 쉽게 알 수 있다. 이

으로 이어져 비로소 선종의 체계를 확립하게 된다. 5조 홍인(605~675)의 두 제자 신수(?~706)와 혜능(638~713)에 와서 남북 양종으로 갈라지지만 혜능 계통의 남종선종이 주류를 형성하게 된다.

와 같이 불교적 커뮤니케이션의 상황의 핵심은 일상적 언어형식과는 다른 차원인 궁극적 진리에 대한 설명에 응하는 승의적(勝義的) 언어형식을 어떻게 서로 일치시킬 수 있을 것인가에 있다고 하겠다. 이것의 해명은 반드시 종교적 커뮤니케이션 상황이 아니라 하더라도 우리의 삶에 흔히 있을 수 있는 서로 다른 두 집단(또는 개인)간에 있을 수 있는 커뮤니케이션 장애의 극복에 시사하는 바가 매우 크리라고 기대된다.

이와 같이 동양적 커뮤니케이션관에 대한 충분한 논의는 앞으로의 과제이다. 그러나 우선 동양사상에서 가르치는 커뮤니케이션의 방식으로서 특히 두드러진 것으로 세 가지를 지적할 수 있겠다. 먼저 언어적 형식을 차용하되 그 서술의 형식은 현상을 부정하는 방식이다.27) 중국 선종의 5조 홍인(弘忍, 605~675)은 자신의 의법(依法)을 전수하고자 제자들에게 게송(偈頌)을 짓게 하였다. 학문에 뛰어난 그의 제자 신수(神秀, ?~706)는 다음과 같이 지었다.

身是菩提樹　　몸은 보리수요
心如明鏡臺　　마음은 명경대라.
時時勤拂拭　　부지런히 털고 닦아
莫使惹塵埃　　티끌 일지 않게 하리라.

그러나 불학무식의 혜능(638~713)은 이 글을 보고 이렇게 읊었다.

菩提本無樹　　보리는 본래 나무가 아니고
明鏡亦非臺　　맑은 거울 또한 받침대가 아니다.
本來無一物　　본래 아무 것도 없으니
下處惹塵埃　　어디에 티끌이 있으리요.

홍인은 혜능에게 그의 의발(衣鉢)을 전하였다. 신수의 글은 언어로 섭렵되는 경지이다. 그러나 혜능의 경지는 언어를 뛰어넘는다. 신수의

---

27) 이것은 문장 형식상의 부정문이 아니라 오히려 삶의 단편에 대한 부정을 의미한다.

글은 글로써 전달하는 내용이 전부이며 그 목표를 달성하고 있지만, 혜능의 글은 글로써 전달하지 못하는 부분을 전달하고자 한다. 그는 '부정'을 통하여 언어로써 섭렵될 수 없는 부분을 깨닫게 한다. 물론 현상의 단편을 부정하고 있지만, 실제로는 총체적인 부정이다. 그러나 그렇다고 하여 허무주의에 빠지거나 불가지론적 인식 입장을 취하게 되는 것이 아니라 언어화되지 않은 삶의 내용을 좀더 철저히 성찰하게 되는 계기가 된다는 점에 유념할 필요가 있다.[28] 이러한 예는 노자의 사상에서도 허다하게 발견할 수 있다.

天下皆知美之爲美	천하의 모든 사람이 미의 미됨을 안다.
斯惡已	그것은 추한 것이다.
皆知善之爲善	천하의 모든 사람이 선의 착함을 안다.
斯不善已	그것은 선하지 않은 것이다(『老子』, 제2장 「養身」).

천하의 모든 사람이 아름답다고 하는 것, 선하다고 하는 것, 그것만이 아름답고 선한 것인가? 그렇지 않다는 것이다. 이와 같이 아름다움과 선한 것 자체에 대한 강한 부정을 통하여 우주와 삶에 대한 더욱 깊은 성찰이 가능한 것이다.

둘째, 동양적 커뮤니케이션의 또 다른 특징은 언의의 형식을 차용하면서도 비유의 방식을 취한다. 물론 커뮤니케이션의 방편으로 비유의 사용은 고대 서양사회에서도 흔히 나타났던 방식이었다는 점에서 동양사회에서만 독특하게 사용된 커뮤니케이션 형식은 아니라고 할 수 있다. 확실히 비유는 어떤 사물이나 현상을 직접적으로 지적하지 않음으로써(사실 못하는 것일 것이다) 그것과 관련된 여러 가지 사안에 대한 성찰을 하게 한다는 점에서 진실에 더 접근하게 한다. 아마도 종교적 경전이나 고전들이 인간 삶의 텍스트가 될 수 있었던 것은 더 많은 비유

---

28) 물론 종교로서 불교가 가지는 궁극적인 목표는 완정한 공(空, 열반)의 경지에 이르는 것이지만 부정의 결과는 오히려 삶의 내용을 깊이 성찰하는 계기가 될 수도 있다.

를 사용함으로써 인간 삶에 대한 풍부한 해석을 가능하게 했기 때문일 것이다.

셋째, 동양적 커뮤니케이션에서는 언어의 형식을 빌려 전달할 수 있는 것보다 오히려 체험의 공유를 더욱 강조함으로써 좀더 완전한 커뮤니케이션을 성취할 수 있다고 본다. 공사상에 논리적 기반을 마련해 준 인물로 평가되는 용수(龍樹, 150~250년경)는 그의 사상의 핵심인 '중관적(中觀的) 사유구조'를 그의 『중론(中論)』 초장(初章)에서 다음과 같이 밝히고 있다.29)

생하지도 않고 또 멸하지도 않으며, 늘 있지도 않고 또 끊어지지도 않으며, 같지도 않고 또 다르지도 않으며, 오지도 않고 또 가지도 않는다. 이와 같은 인연법(因緣法)을 말씀하실 수 있다는 것은 모든 희론(戲論)을 소멸하시는 것이니… (不生亦不滅 不常亦不斷 不一亦不異 不來亦不去 能說是因緣 善滅諸戲論…).

이것은 팔부중도(八不中道)의 인연법(因緣法)과 언어세계에 대한 부정으로써 희론적멸(戲論寂滅)의 묘의를 가르쳐 이원적 유자성적(有自性的) 견해의 오류를 지적하고 모든 존재가 무자성공(無自性空)임을 깨우치려는 것이다. 여기서 우리의 관심은 희론적멸인데, 앞에서도 누차 언급되었지만 언어의 속성상(현실을 고정시키고 분리해 내는 속성) 언어에 의해 개념화된 세계는 결국 경직된 유자성적 존재로 고정되고 만다. 이것이 일상적(세속적) 언어의 한계인 것이고, 그러므로 희론적멸의 결론에 이를 수밖에 없는 것이다. 그렇다고 하여 희론적멸이 언어의

---

29) 앞에서도 지적하였듯이 선종은 중국 불교의 발달과정에서 가장 늦게 나타난 것이어서 이전의 모든 불교유파의 사상적 흐름이 반영되었을 것이다. 특히 능가경(楞伽經)과 금강경(金剛經)의 사상이 선사상의 형성에 큰 영향을 주었으며, 그 외에도 화엄(華嚴), 천태(天台), 삼론(三論), 법상(法相) 등의 사상도 반영되었다. 그러나 중국 선종의 기본적 사유구조는 중관적(中觀的) 사유구조와 유식적(唯識的) 사유구조의 기반 위에 구축되었다고 한다. 그러므로 중관과 유식의 사유구조 가운데 그 언어관을 이해함으로써 불교적(특히 선종) 커뮤니케이션을 이해하는 실마리를 찾을 수 있을 것이다.

전적인 파기를 의미하지는 않는다. 용수는 "모든 부처님들은 이체(二諦)에 의하여 중생을 위하여 설법하시니 하나는 세속체(世俗諦)이고 그 다음은 제일의체(第一義諦)이다," "만약 속체에 의하지 않으면 제일의체를 얻을 수 없고 제일의체를 얻지 않으면 열반도 얻지 못한다"고 하였다.

> 공(空)에 집착하는 사람은 경전을 비방함에 곧 문자를 사용하지 않는다고 말하는데, 문자를 이미 쓰지 않는다고 한다면 말도 또한 하지 말아야 할 것이니, 이 말이 곧 문자의 모양이기 때문이다. 또 바로 '불립문자'라고 말하나 곧 이 '불립'이란 두 글자도 또한 문자이다. 사람이 말하는 것을 보고는 곧 그를 비방하여 '문자에 집착한 것이다'라고 하니 당신들은 모름지기 알아야 한다. 스스로 어리석음은 오히려 가하다고 할 것이나 불경까지 비방함이라(執空之人有謗經 直言不用文字 旣云不用文字 人亦不合言語 只此言語 便是文字之相 又云 直道不立文字 卽此不入兩字 亦是文字 見人所說便卽謗他言著文字 汝等須知 自迷猶可 又謗佛經).30)

> 대사께서 말씀하시길 (지금 말한 게송을) 다 모름지기 외워 지니어 의지하여 수행하여 말끝에 견성하면 비록 내게서 천리를 떨어져 있어도 항상 내 곁에 있는 것과 같지만, 이에 말끝에 깨닫지 못하면 얼굴을 맞대고 있어도 천리 떨어진 것이 되니 어찌 부지런히 올 것인가(師言 善知識 總須誦取 依此修行言下見性 雖去吾千里 如常在吾邊 於此言下不悟 卽對面千里 何勤遠來)?31)

입으로 외우면서 마음으로 행하면 바로 이것이 경(經)을 굴리는 것이요, 입으로만 외우고 마음으로 행하지 않으면 바로 이것이 경에게 굴림을 받는 것이다. '언하견성(言下見性),' '언하대오(言下大悟)'라는 말은 육조단경 여러 곳에서 언급되고 있다. 사실 깨달음이란 무에서 얻을 수 없다. 그러므로 끊임없는 배움, 즉 언어에 의해 인도된다는 의미일 것인데, 그러나 누구나 말끝에 견성·대오하지는 못한다. 노자의 도나 부

---

30) 六祖壇經(大正藏, 48卷, 360쪽 中), 박태원(1984)에서 재인용.
31) 六祖壇經(大正藏, 48卷, 355쪽 下), 박태원(1984)에서 재인용.

처의 불법은 언어가 아니라 몸으로 체득한 것이기 때문이다. 여기에 언어의 한계가 있는 것이다.

그러면 도대체 누구는 말끝에 견성하며, 누구는 말끝에 견성하지 못하는가? 말끝까지 따라가, 대오를 이루는 자와 그렇지 못한 자 사이에 놓여 있는 순간적이지만 영원히 건널 수 없는 구릉의 차이는 무엇인가? 견성의 요체는 바로 '경전(經轉)'과 '이심전심(以心傳心)'에서 찾을 수 있다. 아무리 논리적이고 정교한 언어를 늘어놓는다고 하더라도 그것을 마음으로 행하지 않으면, 그것이 내 삶의 일부로 스며들지 않는다면, 즉 하나의 지식으로만 습득하게 된다면 경에게 굴림을 받는 것이요, 깨달음을 얻을 수 없다.

다음은 워즈워스(W. Wordsworth)와 박노해가 자신의 체험을 시로 표현한 것이다.

무지개

하늘의 무지개를 바라볼 때
　내 가슴은 뛰노라.
내 어린 시절도 그러했고
어른된 지금도 그러하니
장차 늙어서도 그러하리니
　그렇지 못하면 죽음과 다름없으리!
… .

그해 겨울나무

1
그해 겨울은 창백했다
사람들은 위기의 어깨를 졸이고 혹은 죽음을 앓기도 하고
온몸을 흔들며 아니라고도 하고 다시는 이제 다시는
그 푸른 꿈은 돌아오지 않는다고도 했다
세계를 뒤흔들며 모스크바에서 몰아친 삭풍은

··· .
그해 겨울,
나의 시작은 나의 패배였다

2
···

절대적이던 남의 것은 무너져 내렸고
그것은 정해진 추락이었다
몸뚱이만 깃대로 서서 처절한 눈동자로 자신을 직시하며
땅은 그대로 모순투성이 땅
뿌리는 강인한 모습으로 변함없는 뿌리일 뿐
여전한 것은 춥고 서러운 사람들, 아
산다는 것은 살아 움직이며 빛살 틔우는 투쟁이었다

3
···

오직 핏속으로 뼛속으로 차오르는 푸르름만이
그 겨울의 신념이었다
···

살점 에이는 밤바람이 몰아쳤고 그 겨울 내내
뼈아픈 침묵이 내면의 종울림으로 맴놀이쳐 갔다
모두들 말이 없었지만 이 긴 침묵이
새로운 탄생의 첫발임을 굳게 믿고 있었다
그해 겨울,
나의 패배는 참된 시작이었다.

이들의 언어를 언어 자체로만 받아들인다면 무미건조할 수 있다. 그
러나 하루하루 자연의 신비와 그것이 주는 감동을 예민하게 포착하고
그것을 즐기는 삶을 체험하고, 또 삶의 무게와 고통, 인간사회의 복잡한
관계에 얽혀 몸부림친 경험을 공유하고 그것을 나의 마음속에 생생히
살려내면서 읽어 갈 수 있을 때 정말 이 시인들이 전달하고자 하는 생
각과 느낌들을 나의 것으로 가질 수 있을 것이다. 문자가 아니라 마음으

로 전달되는 것이다.

나는 지난 4월경 평소의 산책길을 벗어나 인적이 드문 숲을 지날 때, 문득 메마른 옹달샘에 풀쩍 뛰어드는 개구리를 보았다. 그 날 나의 메모장에는 다음과 같이 적혀 있었다.

깊은 산속 옹달샘 개구리 한 마리 첨벙 뛰어드네

그 후 나는 놀랍게도 일본의 유명한 하이쿠(排句, 5-7-5음절로 된 세 개의 연으로 된 시) 시인 바쇼(芭蕉, 1644~1694)의 다음과 같은 시를 만날 수 있었다.

퇴락한 연못
개구리 뛰어들어
물소리 퐁당

김용옥은 이 시에 대하여 이렇게 적고 있다. "적막한 옛 못은 열반이요 죽음이요 여여요 적정이다. 그 적정을 깨뜨리는 개구리의 약동, 너울너울 원을 그리며 퍼져 가는 퐁당, 그 퐁당이야말로 삶의 계기들이다. 적막한 옛 못과 청개구리 퐁당에 또 무슨 차별심이 있으랴마는 이 하이쿠의 맛은 역시 적막한 옛 못에 대한 청개구리 퐁당의 콘트라스트에 있다. 허나 그 콘트라스트의 의미는 궁극적으로 옛 못 쪽으로 가는 것이 아니라, 퐁당 쪽으로 쏠리게 마련이다. 만물이 있는 그대로 비치는 거울과 같은 옛 못 위에 던져지는 삶의 계기, 청개구리 퐁당이 근원적으로 존재하지 않는 적막한 옛 못, 과연 그것이 인간이 추구하는 열반의 궁극적 의미가 될 것인가?"(김용옥, 1998: 411) 신수의 경지이다. 거대한 적막과 궁극에 대조되는 참을 수 없는 인간적 삶의 계기의 반짝이는 찰나를 놓치고 싶지 않은 지극히 인간적인 것의 소중함을 그는 분명 가지고 있는 것 같다.

그러나 바르트가 차라리 한 수 위다. 그는 하이쿠의 커뮤니케이션적 의미를 정확히 지적하고 있으며, 하이쿠라는 형식으로 표현된 선(禪)의 본질에 거의 접근하고 있다. 하이쿠의 '간결성,' '부재'는 오히려 의미의 탐욕성을 암시한다고 그는 명쾌하게 지적하고 있다. 바쇼의 시에서와 같이 숨겨진 의미와 상징을 탐색하고, 단순성에서 풍부한 의미들로 가득 채울 수 있다는 것은 서양의 해석자라면 커다란 성과로 평가하겠지만, 적어도 선에서는 그렇지 않다는 것이다(바르트, 1997: 81-90). 모든 선은 의미의 태만을 위한 전쟁이며, 또한 언어를 중단하기 위한 수련 과정이며, 무언어의 상태를 곧 해탈로 본다면 하이쿠의 평가는 또 다른 시각에서 내려져야 할 것이다. 그러나 바르트는 위에서 인용된 바쇼의 하이쿠를 더 이상 설명하지 못한다.

일본의 많은 하이쿠 가운데 특히 바쇼가 쓴 위의 하이쿠가 많은 사람들의 입에 오르내리는 것은 확실히 선의 경지를 드러내 주고 있기 때문일 것이다. 위에서 언급된 나의 메모는 다음과 같은 소박한 깨달음과 배경에서 이루어진 것이다. 나는 숲을 걸어가고, 개구리는 자기의 길을 가고, 지구의 저쪽 끝 숲 속에서는 원시인이 먹이를 쫓고, 우주의 한 구석 이름 모를 혹성의 어떤 한 바위는 낮은 온도에 못 이겨 갈라지고, 나의 몸속 해충은 부지런히 나의 영양소를 빨아먹고, 방금 뛰어든 개구리 뱃속의 이름 모를 세균은 개구리 위를 갉아먹고 …. 이와 같은 거대한 우주의 질서에 편입되지 못하고 빠져 나온 인간은 계획하고, 고민하고, 갈등하고, 즐거워하고, 외로워한다. 분별심을 버려 보라, 좀더 정확하게는 언어를 버려 보라, 아니 좀더 직접적으로는 짐승같이 사물같이 살아 보라, 그러면 우리가 상상할 수 없는 세계가 펼쳐지리라. 이러한 경지가 에덴 동산의 삶이며, 열반의 세계이고, 신선의 경지이다. 산은 산이고, 물은 물이며, 산은 물이며, 물은 산이 되는 경지인 것이다. 이러한 거대한 깨달음의 체험이 400년 전 일본 땅의 바쇼의 체험과 공유하는 것일지도 모른다.

이와 같이 동양적 커뮤니케이션관은 인간 삶의 본질과 그리고 인간 상호 작용에 대한 깊은 성찰을 바탕으로 하고 있음을 깨달을 수가 있다.

우리의 학문 활동은 결국 언어에 의한 표현 행위이며, 커뮤니케이션 활동이다. 그러나 동양의 커뮤니케이션에 대한 지혜는 언어의 틀에 한정될 수밖에 없는 인간의 한계를 벗어나 언어 자체에 대한 근본적인 성찰을 하게 함으로써 확실히 새로운 인간 인식 지평의 확대라는 전망을 던져 주고 있다고 하겠다.

제3장

미디어와 커뮤니케이션 장

1. 미디어의 사회적 의미

우리는 앞에서 커뮤니케이션 체계의 논의를 통해 사회의 '생산수단'의 발전 정도가 그 사회의 성격을 규정해 주는 것만큼이나 그 사회의 커뮤니케이션을 주도하는 '미디어'의 종류에 따라 그 사회의 커뮤니케이션 체계의 성격, 나아가 그 사회의 성격을 밝히는 데 시사하는 바가 많다는 점을 지적하였다. 사실 면밀하게 따져 보면 인간의 활동 가운데 생산수단보다 미디어는 더욱 기초적인 수단이 된다는 점을 인식할 수 있다. 미디어는 인간이 자신의 삶의 체험(의미)을 다른 사람들에게 전달하기 위해 사용하는 수단이다. 이러한 수단은 몸의 일부를 이용할 수도 있고, 또 어떤 도구를 이용할 수도 있다. 그러므로 말은 인간 자신의 매우 기초적인 의미 전달 수단이라는 점에서 매우 기본적인 미디어의 범주에 포함된다. 또한 인간은 말 자체를 보다 광범위하고 신속하며 효과적으로 전달하기 위하여 문자와 인쇄술 그리고 책이나 신문, 라디오, 텔레비전, 컴퓨터 등의 여러 가지 미디어를 발전시켜 왔다.

한편, 매우 다양하고 복잡하며 미묘한 의미를 포착할 수 있는 말과 글이라는 미디어와는 달리 매우 단순하며 단일한 차원의 의미로 사람들

을 상호 연결시켜 주는 미디어, 즉 화폐, 토지, 자동차 등과 같은 것들
또한 미디어의 범주에 포함할 수 있다. 특히 인간 생존을 위한 생산활동
에 있어서 생산관계를 매개하는 화폐, 토지 등에 의한 사회관계의 형성
은 그 사회 커뮤니케이션 체계 형성에 결정적으로 중요한 작용을 한다
는 점에서 우리가 주목하지 않으면 안 되는 미디어라고 볼 수 있다.[1] 토
지는 커뮤니케이션을 위하여 만들어진 미디어가 아니었지만, 전통 사회
에서 인간들은 그것을 매개로 지배자와 피지배자가 연결된다는 점에서
전통사회에서는 중요한 미디어였으며, 자본주의 사회에서는 자본가와
노동자들이 자본, 즉 화폐를 매개로 상호 의존하고 있으며 나아가 거의
모든 사회적 관계가 화폐관계로 환원되고 있다는 점에서 중요한 미디어
였다.

　인간의 삶은 궁극적으로 자신의 몸을 기초로 한다. 그러므로 인간활
동의 기초가 되는 커뮤니케이션 차원에서도 인간은 자신의 몸(입과 표
정, 손과 발 등)을 이용하여 자신의 의사를 표시하고, 자신의 몸(귀와
눈, 촉감 등)을 이용하여 타인의 의사표시를 수용한다는 두 가지의 상호
과정을 반드시 전제하고 있다. 인간의 몸은 다양한 감각을 가지며, 그것
으로 자신의 삶에 이용한다. 앞을 볼 수 없는 사람의 세계는 아마도 촉
각과 후각, 청각에 의해 만들어지는 세계를 가지게 될 것이다. 이와 같
이 미디어의 사용이란 궁극적으로는 인간의 다양한 감각 사용의 연장인
것이며, 따라서 미디어의 변화는 인간들의 감각의 변화를 의미한다. 그
러므로 맥루언은 "모든 미디어는 인간의 정신적-신체적 능력의 확장이
다"(맥루언, 1977: 49-51)라고 하였다. 그러므로 단지 자신의 몸 전체
또는 말을 이용한 커뮤니케이션이 지배하는 사회와 새로운 미디어로서
문자가 발명되어 인간의 시각이 확장되고 전적으로 시각에 의존한 커뮤
니케이션이 지배하는 사회를 비교해 보면, 그를 통해 인간의 감각 변화

---

1) 매스미디어는 집단에 의해 생산된 어떤 의미들을 많은 사람들에게 전달하기 위
　하여 사용되는 기계적인 도구를 말한다는 점에서 미디어에 개념에 포함되는 하
　위개념으로 구분된다.

는 물론이고 인간 삶의 양식에 미치는 커다란 변화를 충분히 확인할 수 있을 것이다. 이와 같이 어떤 미디어를 사용하는가 하는 것은 그 사회의 성원들이 어떤 감각을 중심으로 삶을 꾸려 나가는가와 관련되어 그 사회 문화의 근본적인 바탕의 차이를 만들어 주는 중요한 요소가 된다. 예컨대 커뮤니케이션에 있어서 우리의 오감을 모두 사용하는 말을 중요한 미디어로 사용하는 사회에서는 주로 눈에 의존하는 문자 미디어 중심의 사회보다 훨씬 다양하고 감각적인 문화를 발달시켜 왔다. 또한 문자사용의 확대는 시각적 감각의 확장이며, 이것은 결국 객관적이며 개인주의적인 성향을 강화시켜 왔던 것이다.

한편, 인간은 자신의 삶을 좀더 완벽하게 표현하기 위하여 다양한 미디어를 만들어 사용하지만 인간은 미디어를 사용하는 즉시 그것에 의해 통제된다. 그러므로 미디어 발전의 의미는 인간의 사회적 관계와 행위의 유형을 다양하게 형성·통제해 가는 모습을 보여 준다는 데에 있다. 미디어에 대한 이러한 아이디어는 특히 동양적 사상 가운데서도 일찍부터 존재하였다.

> 자공(子貢)이 초(楚)나라를 유람하다가 … 한 노인을 만나니, 그 노인은 바야흐로 밭이랑을 일구려고 땅을 파서 우물로 들어가 물동이를 안고 물을 퍼다 붓는다. … 그래서 자공이 물었다. "여기 기계가 있는데 하루에 백 이랑에 물을 댈 수 있습니다. … 당신은 그것을 바라지 않습니까?" … "그것은 나무를 파서 기계를 만든 것인데 … 그 이름을 용두레라고 합니다." 그 노인이 버럭 화를 내다가 곧 웃으면서 말했다. "내가 우리 선생님께 들으니 기계란 것이 있으면 반드시 꾀를 부리는 일이 있게 되고, 꾀를 부리는 일이 있으면 반드시 꾀를 내는 마음이 생기게 되며, … 내 그것을 모르는 바가 아니라 부끄러워 그것을 사용하지 않는 것이네"(장기근·이석호 역, 1982: 290-291).

이와 같이 새로운 기계의 사용, 새로운 미디어의 수용은 그것에 의해 사물에 대한 척도가 달라지고, 감각과 진로의 방향이 달라진다는 것을 의미한다. 이러한 관점에서 보면, 동서양 문화 차이의 궁극적인 원인도 결국 동서양 미디어의 차이에서 찾을 수 있지 않을까 생각한다. 인간의 가장 기초적인 미디어인 말(언어)에 대한 동서양의 태도(동양에서 언어에 대한 불신과 서양에서 언어에 대한 신뢰의 차이)와 소리글과 뜻글을 사용하는 문자 미디어의 차이가 덧붙여져서 동서양 문화의 차이를 낳게 되었다고 볼 수 있을 것이다. 이러한 의미에서 뜻글자인 한문의 영향을 강하게 받으면서도 한글이라는 소리글자를 사용하고 있는 우리 민족의 독특한 문화형성과 그 잠재력도 미디어와 관련하여 충분히 논의해 볼 수 있다. 특히 뜻글자와 소리글자가 가지는 장점을 동시에 이용할 수 있는 우리 민족이 갖는 독특한 문화의 잠재력(물론 이것이 약점으로 작동될 수도 있다)을 잘 이용한다면 오늘날 문화생산의 경쟁시대에 충분히 승산이 있을 것이다. 그러므로 우리 문화발전의 정책방향이라는 것도 우리가 사용하고 있는 미디어의 고유한 특성과 연결지을 수 있는 지혜가 필요한 것이다.

미디어의 가장 일반적인 사회적 의미는 미디어의 사용으로 인간 커뮤니케이션 범위의 확장을 가져왔다는 것이다. 따라서 미디어가 지배의 범위, 지배와 피지배의 역동적인 관계 등을 설명하는 데 중요한 요소로서 고려되어야 할 사항임에도 불구하고 흔히 사회과학에서 배제되어 왔다. 전통사회에서 광대한 제국의 건설은 광범위한 지역을 장악할 수 있는 교통 통신망과 문자의 사용 없이는 불가능하였을 것이다. 19세기 이후 나타나게 되는 제국주의의 출현은 화폐 미디어와 선박과 항해술의 발전 없이는 불가능한 것이었다. 뿐만 아니라 지배층의 지식 독점은 미디어의 독점에 의해 성취된 것이며, 근대 시민사회 이후 피지배층의 커뮤니케이션 범위 확장은 인쇄술의 발전과 깊은 관계를 가지며 새로운 지배구조에로의 변화를 가져왔다. 이와 같이 물질적 생산도구의 발전이 생산력을 변형시키듯, 오늘날 정보(지식)의 생산과정에 개입되는 새로운 미디어의 변화(예컨대 컴퓨터의 출현)는 정보의 확장을 가져옴으로써 자본주의 사회를 근본적으로 변화시켜 가고 있다.

이와 같이 인간의 사회적 관계를 매개하는 수단으로서 미디어는 이제 미디어가 전달하는 메시지의 영향 이전에 미디어 자체가 먼저 인간의 삶을 한계짓는 척도가 되며 인간은 그것에 의해 통제된다. 이처럼 맥루언은 인류 역사의 흐름을 커뮤니케이션 변화의 역사로 보아 다음과 같이 설명하고 있다.

1) 구두 커뮤니케이션 시대: 원시 부족사회

말에 의한 커뮤니케이션은 필연적으로 근접한 공동생활을 요구한다. 그리고 시각, 청각, 후각, 촉각(또는 미각) 등 오감을 동시에 사용하는 커뮤니케이션이므로 복수의 감각을 발달시키고 문화는 복수감각형의 문화가 된다. 그러므로 구두 커뮤니케이션의 세계는 이성보다는 열정과 신비에 싸여 있으며 모든 성원들이 공동참여하는 동시 음향적 공간을 만들어 가는 것이다.

2) 문자시대: 2천 년 전 한문과 알파벳 이후

문자사용은 인간 시각의 확장을 의미한다. 그러므로 인간을 시각형의 인간으로 만들어 감으로 감각균형은 비교적 중립적이고 객관적인 눈의 세계로 인도된다. 그러나 문자 사용자는 사회의 지배층을 차지하는 일부분이며 대다수는 여전히 복수감각형으로 남아 있다는 점에서 전반적인 문화의 주류는 여전히 복수감각의 문화이다. 지식(또는 정보)의 세습이 가능해지므로 거의 고정된 신분체계의 사회가 일반적이다.

3) 구텐베르크 시대: 15세기 활판인쇄술

구텐베르크의 인쇄술이 발명된 이후 문자의 보급이 대중화되면서 사회의 대부분이 시각에 의존하는 커뮤니케이션이 확산된다. 시각에 의존하는 감각은 사물을 객관적으로 파악하도록 하며, 인간의 사고를 선형 또는 연속적인 양상을 띠게 하였다. 이제 대다수의 인간은 비로소 혼자서 읽고 생각할 수 있도록 하여 개인주의에 눈을 뜨게 되고 그것은 민주정치와 자본주의 발전, 그리고 근대과학의 발전과 깊은 관련성을 갖는다.

4) 20세기 전기 미디어 시대

19세기 중엽 모르스의 전신 발명은 인간의 감각을 공간적으로 확장시켜 온 전혀 새로운 감각형태인 전기 미디어의 출현을 의미하였다. 이제 전기·전자기술의 개발로 세계는 내부 폭발로 끊임없이 접촉하며, 인간의 사회적 결합이 확대되고 사회적 밀도가 증대되는 지구촌락의 사회로 나아간다.

2. 중요한 미디어들

1) 말: 미디어 아닌 미디어

말은 인간의 가장 원초적이며 기본적인 의사표현 수단이다. 인간이 광막하고 광대한 현실(자연)로부터 분리될 수 있었던 것은 말에 의해 자신을 확장(소외)할 수 있었기 때문이다. 물론 인간이 이성을 가지고 성찰할 수 있는 순간부터 인간의 대부분 활동들(노동, 춤, 노래, 그림 그리기 등)이 이러한 기능을 가지고 있지만, 말은 인간에게 가장 본질적이며 섬세한 자기 확장(소외)2)과 커뮤니케이션의 방식이다. 그러므로 말은 인간의 모든 감각을 즉시 확장하거나 표출시킨다는 점에서 인간이 가진 가장 창조적이며 다양한, 다른 동물과 구별되는 능력이다. 말은 인간을

---

2) 이때의 소외는 헤겔적 의미의 긍정적 소외이다.

확장하고 증폭하는 동시에 인간의 체험적 내용을 가장 원초적으로 분할한다. 그러므로 인간의 집합체적 의식(意識), 또는 본능적 의식은 말에 의해 상실된다. 즉 의식의 기술적 확장에 의해 원래의 의식을 잃어 버리게 되는 것이다. 결국 인간의 한계는 언어의 한계이다. 인간은 자신의 체험 전부를 언어로써 온전히 드러내 놓지 못한다는 것이다. 이러한 언어의 한계를 일찍부터 깨달은 동양사회에서는 말 잘하는 사람에 대하여 큰 신뢰를 주지 않았던 것이다.

　말은 빠르고 간명하다. 그러므로 그때그때 상황에 따라 반응하게 되며, 자기의 이야기 자체에 대해서도 목소리의 고저와 동작으로 반응하게 된다. 말의 사용은 입과 귀뿐만 아니라 우리의 모든 감각을 드라마틱하게 관여하도록 하며 반응과 행동이 동시에 이루어지도록 한다. 그러므로 말에 의한 커뮤니케이션은 상대방에 대한 굉장한 설득력을 가지는 장점을 가진다. 그 설득력의 반 이상은 말의 논리적 설득력보다는 감정적 호소에 의해 성취된다. 한편 자신의 감정이 대면적 상황에서 표정이나 목소리에 그대로 드러남으로써 상대방을 분노하게 만들 수도 있다. 그러므로 말을 주된 미디어로 사용하였던 고대 사회에서는 논리적이고 합리적인 인간관계보다는 감정적이고 비합리적인 인간관계가 더욱 중요한 사회가 될 수밖에 없었다.

　말에 의한 커뮤니케이션은 시간적·공간적인 제약을 받으므로 대면적 공동체 내에서 가능하다. 그러므로 공동체 내에 형성될 수 있는 사회적 관계 또한 필연적으로 말에 의한 커뮤니케이션이 가능한 범위까지로 한정될 수밖에 없다. 말에 의해 커뮤니케이션이 가능한 이러한 공동체 범위 내에서는 매우 긴밀한 인간적인 유대의 정서를 키워 가게 된다. 따라서 사회집단과 계급은 사회적 조건에 의해 규정되지만 그들의 결속은 원초적으로 말에 의존할 수밖에 없으며, 이러한 측면에서 지배의 범위 또한 지배자의 말이 전달될 수 있는 범위로 한정될 수밖에 없었을 것이다. 그러한 점에서 말이 중요한 미디어가 되었던 원시적 공동체의 사회적 성격을 이해하는 데 있어서는 커뮤니케이션 장의 영역이 가장

중요하였다. 이러한 의미에서 아마도 원시적 공동체의 사회적 구조와
그 과정에 대한 이해는 그 공동체 내의 커뮤니케이션 장의 형성과 커뮤
니케이션 단위들 사이의 관계를 살펴보는 것으로 충분하다.

말에 의한 커뮤니케이션은 인간의 모든 감각을 사용하도록 함으로
써 인간의 다양한 감각을 균형적으로 발전하게 한다. 대면적인 대화에
서는 말을 하는 사람이나 듣는 사람 모두가 시각과 청각·후각·촉각 등
모든 감각을 동원하기 때문이다. 이와 같이 인간의 다양한 감각들이 미
디어의 사용으로 어떻게 변화되어 가는가 하는 것은 전반적인 문화의
다양한 성격을 만들어 가는 데 결정적인 영향을 미치게 된다. 문자문화
에 영향을 덜 받은 문화에서는 문자문화에 강한 영향을 받은 문화와는
다른 형태의 감각을 발전시켜 다른 문화적 가치기준을 가지도록 하였
다. 다음은 문자문화에 덜 젖어 있는 그리스 인의 『여행안내서』에 나오
는 안내 문구의 일부이다.

> … 그리스에 오면 이따금 다른 사람이 당신의 어깨를 두드리거나 포옹하
> 거나 쿡쿡 찌르거니해도 놀라지 않도록. 종래에는 … 애정 깊은 가정의
> 개가 된 것 같은 기분이 들것이다. 이처럼 남의 어깨를 두드리는 버릇은
> 앞서 말한 바와 같이 그리스 인의 몹시 강한 호기심이 촉감으로 확장된
> 것처럼 여겨진다(맥루언, 1977: 112).

문자문화에 덜 젖어 있는 그리스 인들의 호기심은 시각으로써 충족
되지 않는다는 것이다. 사실 이러한 측면은 우리 민족에게도 강하게 남
아 있어 아마도 근래까지만 하더라도 그림 전시회에서 관객이 그림을
만지지 못하도록 안내인이 지키고 서 있거나 줄을 쳐 경계를 만들어야
그림 손상을 방지할 수 있었다. 이와 같이 사물을 파악하는 데 시각에
전적으로 의존하지 않고 다른 감각을 동시에 동원해야 하는 문화는 확
실히 문자문화에 덜 젖어 있는 문화라고 볼 수 있다. 뒤 부분에 가서 문
자 미디어에 의해 커뮤니케이션이 전적으로 시각에 의존함으로써 다른
감각이 쇠퇴하게 됨을 지적하겠지만, 이러한 미디어 사용의 변화는 현

대인들의 감각균형에 문제를 야기시켰다고 볼 수 있다.

2) 문자: 인류 최초의 미디어 혁명

단정적으로 말할 수는 없지만 문자의 발생은 사유재산의 형성과 이와 관련된 다른 사유재산의 수량화를 위한 필연성의 부산물이라는 베링거(B. Bellinger)의 주장은 어느 정도 일리가 있다(이정춘, 1995: 161).[3] 아마도 원시사회에서 일상생활에 대한 지식은 그들의 생활에서 자연스럽게 전달될 수 있었을 것이며, 재산 또한 공유되는 사회였으므로 재산을 특정인에게 물려 주기 위한 어떤 절차도 필요 없었을 것이다. 우선 문자는 인간의 어떤 기억력보다 오랫동안 정보를 저장할 수 있으며, 그러므로 시간과 공간을 넘어서까지 정보를 안전하고 정확하게 전달해 주는 획기적인 미디어였다. 그러므로 문자는 지배의 물질적 결과인 재산을 오랜 세월이 지나도록, 그리고 정확하게 전달하는 최선의 수단이었을 것이다. 이러한 의미에서 과거 인간의 유용한 체험(지식)을 기억에 의존할 수밖에 없었던 시절에는 많은 경험을 가진 영웅이나 현자들이 지배적인 지위에 있을 수 있었겠지만, 인간의 체험 내용(지식)이 문자에 의해 기록되어 저장될 수 있게 되자 문자를 습득하고 저장할 수 있는 집단이 지식을 독점하고 지배층으로 부상하게 되었다.

문자 자체의 특성은 말의 시각적 힘을 분리·확장한 것이다. 이와 같이 문자는 시각만을 분리해 냄으로써 문자에 의한 커뮤니케이션에서는 커뮤니케이션에 참가하는 자들 사이에 다른 감각적·감정적 반응을 요구하거나 반응할 수 있는 기회가 거의 없다. 그러므로 문자는 개인적 체험을 가능하게 하며, 개인적인 사색을 가능하게 하므로 집단적인 삶에서 개인을 분리해 낸다. 부족사회가 문자문화에 침식되면 사회적 공동체와

---

3) 베링거는 B.C. 3000~2900년경 중동지역의 유프라테스 강과 티그리스 강 사이에 살았던 수메르인들에 의해 사원경제의 경영학적인 계산과 목록을 표시한 것으로부터 문자의 기원을 설명하였다.

가족의 상호 관련으로부터 그리고 공동체 또는 가족의 정서와 감정으로 부터 서서히 벗어나게 된다. 말의 문화에 의해 공동체적 삶을 강조하는 부족생활에 매몰되었던 사람들이 문자를 사용하게 됨으로써 부족의 정 서로부터 자유롭게 이탈하여 문명의 혜택을 입는 개인이 된다. 문자가 없었던 부족 문화에서는 개인 또는 자유로운 시민이라는 존재는 생각할 수도 없었다. 그러므로 그들의 공간과 시간의 관념은 연속적인 것도 획 일적인 것도 아니고 서로 감응하는 범위 내에서 짙은 밀도를 지닌 것이 었지만, 이제 시간과 공간은 구획되어 사적인 것과 공적인 것이 뚜렷이 구별된다.

한편, 말에 의한 커뮤니케이션은 그 전달범위가 제한되므로 소수에 대한 지배로 한정되지만, 문자에 의해 말의 시각적인 힘이 확장되므로 써 지배의 범위는 엄청나게 확대될 수 있다. 알파벳에 관한 그리스 신화 에 의하면, 고대 그리스에 표음문자를 갖다주었다고 전하는 페니키아의 카드모스 왕이 용의 이빨을 뿌리자 거기서 병사들이 나왔다는 이야기의 축약된 의미는 다음과 같다. 그러니까 용의 이빨로 상징되는 알파벳은 힘과 권위를 지니고 먼 곳까지 군대를 통솔할 수 있는 힘을 지닌 것이 다. 이빨은 확실히 인간이나 동물들에게는 힘을 대표하듯이 문자는 이 빨이 가지는 붙잡아 무는 힘과 그것의 정밀함을 상징하는 것이다. 사물 은 말에 의해 비로소 붙잡히고 드러나지만, 소리는 잠시 우리의 귓전을 울리고 또 정돈되지 않은 상태로 자신을 나타낼 뿐이다. 그러나 문자는 이빨과 같이 정확하게 그리고 강하게 목표물(사물)을 포착함으로써 그 이빨 자국을 우리에게 오랫동안 남긴다.

이 신화는 또한 지배 집단의 변화를 의미한다. 원시사회에서 지식의 지배는 대체로 종교적 지배자들에 의해 비롯되었지만 습득하기에 용이 한 알파벳과 종이의 사용의 확산으로 사원정치(寺院政治)와 성직자들 의 지식과 권력은 분산되어, 일사불란하게 움직일 수 있는 군인 집단에 게도 권력의 일부를 나누어 주거나 옮겨지게 되었던 것이다. 도시국가 의 붕괴, 세계제국(자본을 근거로 하는 제국주의 이전)의 발흥을 포함한 모든 것들이 모두 카드모스 왕의 용의 이빨에 관한 신화에 표현되어 있다. 이와 같이 광범위한 지역의 지배는 문자에 의해 비로소 가능하였고, 이러한 문자를 통한 커뮤니케이션 기반 위에 광범위한 영토의 정복과 지배를 위해 군인 집단의 지위가 자연스럽게 부상하게 되었던 것이다.

다른 모든 감각을 쇠퇴시켜 버리고 오직 시각적 감각이 강조되는 문자에 의한 사물에 대한 이해는 단편적일 수밖에 없고, 또 그러한 단편적인 차원에서 논리적 일관성에 의해 인간의 사고를 선형적인 것에 가두어 버린다. 인간 삶의 체험은 결코 언어적 과정만은 아니다. 그러나 표음문자를 통하여 우리는 논리와 이성의 표징으로서 추론(推論)의 연속을 좋아해 왔던 것이다. 흄(D. Hume)이 지적하는 바와 같이 어떤 연속에도 자연적 또는 논리적 인과관계는 없으며, 연속은 다만 부가적(附加的)이라는 것이다. 현실이 그럼에도 불구하고 문자문화의 가치 위에 토대를 둔 서구 근대 산업사회는 모든 생산과 제조를 기계화하여 분해적 연속작업의 방법으로 일관작업을 추구해 왔던 것이다.

확실히 소리글자인 알파벳은 독특한 기술이다. 그러나 같은 문자라고 하더라도 상형문자나 중국의 뜻글자는 그것이 갖는 의미와 관념의 세계를 소리글자와 같이 완전히 잃어버리지는 않는다. 뜻글자는 포괄적인 경험의 통일체이며, 소리글자와 같이 감각과 기능을 덜 분석하고 분리해 낸다는 점에서 중국 사회는 여전히 서구와는 달리 가족과 부족이 미묘하게 얽혀 이음매 없는 그물이 되고 있다. 서구인은 알파벳을 사용하였기 때문에 내면적인 감수성의 대부분을 놓치는 대신, 자기 자신의 부족과 가족으로부터 분리됨으로써 개인으로서 자유를 얻을 수 있었던 것이다.

3) 인쇄술과 인쇄물: 근대 시민사회의 씨앗

서구사회에서 기하학과 인쇄된 지도가 없었다면 오늘날과 같은 과학과 기술의 발전을 보지 못하였을 것이라고 한다. 인쇄된 지도와 기하학은 정확하고 반복 가능한 형태로 표현될 수 있으며, 또한 공간 확장에 대한 관념을 가지게 하는 특징이 있다. 물론 과거에는 오늘날과 같이 공간을 연속적으로 이어진 하나의 공간이라는 생각을 하지 못하였다. 중세 때까지만 하더라도 사람들은 각 사물들이 제각기 독자적인 공간을 갖는다고 생각하였던 것이다. 그러므로 과거의 지도는 개인의 여러 가지 체험과 모험의 일기와 같은 것이었다. 그러므로 같은 공간이라 하더라도 개인에 따라 상이한 공간으로 여겨졌으며, 여러 개인들이 공유하는 연속적인 공간개념의 발전은 인쇄술의 발전과 함께 비로소 나타났다고 할 수 있다.

한편, 동일한 언어가 인쇄물로 확산되어 이제는 다양한 부족의 고유한 언어가 아닌 공통의 언어를 통하여 커뮤니케이션을 함으로써 부족이 더욱 철저하게 파괴되기 시작한다. 그러므로 과거에 분리되어 있던 세계를 하나의 공간, 시간을 연속된 차원에서 이해하게 된다. 하나의 사물이 독자적인 시간과 공간을 차지한다고 생각하고 다른 시간과 공간에 대해서 신비화하거나 무지하였던 시대는 지나가고, 모든 공간과 시간이 합리적인 연속체로 이해되어짐으로써 자연의 세계는 물론 권력의 세계마저 탈신비화되어 갔던 것이다.

물론 초기의 목판인쇄는 서투른 느낌을 줄 뿐만 아니라 촉각적이고 조각적인 성질에 가까운 경향으로 오히려 구어적 성향을 더 지닌다고 맥루언은 지적한다. 그러나 기계인쇄가 지닌 최대의 특징은 적어도 인쇄된 것은 그것이 존속하는 한 정확하게 그리고 무한히 되풀이할 수 있는 시각적인 표현을 드러낸다는 것이다. 그것은 인쇄기계가 가지는 반복성과 획일성의 특징이다. 이것은 또한 시각적 표현이 시-공간적으로 확산되는 특성과 함께 세계적인 규모로 대화를 가능하게 하였다. 그러므로 문자 미디어가 권력의 세습화를 가능하게 하였지만 이제 기계인쇄술의 발전으로 지식의 공유를 확산시켰다. 지식의 분산은 자연스럽게 권력의 분산을 촉진시켜 전통사회에서와 같이 지식의 세습으로 인한 신분적 질서의 유지를 어렵게 하였던 것이다.[4]

1466년에 구텐베르크(J. Gutenberg, 1398~1468)가 인쇄술을 발명한 이후 지배층에 의한 문자 미디어의 독점화가 허물어지고 문자 사용의 보편화가 성취되면서, 문자 미디어 자체가 개인을 집단으로부터 분리해 내는 힘에 의해 개인주의의 발생은 보편화된다. 이것은 종교적으로는 종교개혁과 더불어 신앙을 전적으로 개인적인 문제로 여기는 프로테스탄트의 발생으로, 정치적으로는 개인의 존엄과 평등을 강조하게 되는 민주정치로, 경제적으로는 개별 자본가의 사적 경영과 자유로운 경쟁을 보장하는 자본주의 경제로, 학문적으로는 공동체의 신앙과 형이상학이 아닌 개인의 경험을 중요한 인식의 근거로 삼는 경험론의 발생이라는 양상으로 나타난다. 또한 개인에 대한 자각은 자기 민족에 대한 자각으로 이어져 민족주의 의식이 자연스럽게 형성되었고, 이것은 자본주의의 발전과 결합하여 제국주의의 출현을 가능하게 하였다.

인쇄물이 갖는 특성은 인간들로 하여금 비밀착성과 비관여성을 갖게 하는 데 있다. 이제 인간은 감각에 있어서 더욱 시각에 의존함으로써 사고와 감정을 분리하여 반응을 나타내지 않고 행동하는 힘을 가지게 되었다. 그러므로 인쇄 문화적인 계몽사회의 과학적·스콜라적 성격의 상징은 '냉담하다'라는 말로 표현된다고 맥루언은 이야기한다(맥루언, 1977: 195). 이것은 베버가 자본주의시대 영웅적 자본가들의 특색을 형식주의적이면서도 엄격하고 냉정한 성격의 소유자로 표현했던 것과 일치한다(Weber, 1980: 384)[5] 이러한 점에서 문자를 지배하고 문자문화에 젖어 있었던 중세의 수도사들이나, 조선조 사회의 지식인층들은 피지배층들보다 냉철하고 객관적인 생활태도를 가질 수 있었던 것이다.

한편 인쇄물이 갖는 이러한 감각의 분화에 의한 분화의 힘과 분석의 힘은 거의 모든 영역에서 진행되었다. 인쇄술에 의한 문자보급의 확산

---

4) 물론 전통사회에서 신분의 세습은 대부분 혈통에 의한 세습이었다. 그러한 신분적 지위를 보장해 주는 구분되는 삶의 양식과 신분적 명예는 보통 사람들이 가질 수 없는 지식의 독점(교육 또는 문자의 독점)에 의해 확보되었다.

5) 베버는 그러한 성격의 근원을 신의 은총에 의한 완전성에 대한 감사(프로테스탄트 윤리의 실천)에서 찾고 있다.

으로 나타나는 분화의 현상을 가장 정확하게 파악하고 있었던 셰익스피어는 그의 작품 『리어왕』에서 다음과 같이 이야기한다.

> 유보하는 것은 다만
> 왕이라는 이름과 그것에 따른 것
> 주권, 수입, 그 밖의 모든 권력은
> 사랑하는 너희에게 주는 것이다
> (맥루언, 1977: 197에서 재인용).

리어왕이 지적한 이러한 권력의 위임은 문자의 분화하는 힘에 의해 사회의 모든 영역들이 분화하게 될 것이라는 정확한 통찰이었다. 인간과 자연, 인간과 인간, 인간과 신은 분리되고, 권력과 지식의 세계 또한 단편화되는 것이다. 이제 분할하여 지배하는 방법은 서구문화의 중요한 권력조직의 형태가 되어 버렸다. 근대 관료제의 발달은 바로 이와 같은 문자와 인쇄술의 결합에 의해 진행된 인간의 사고 틀 속에서 싹틀 수 있었던 것이다.

확실히 활판인쇄는 복잡한 손의 일을 기계화한 것이다. 이것에 의해 동일한 인쇄물이 대량으로 생산되자 활판인쇄는 모든 대량생산 기계의 원형이 된다. 대량생산에 익숙한 오늘의 우리에게는 그것이 별로 중요한 것이 아닌 것 같지만 사실 그것은 인간에게 사회적인 심리적 영향을 미쳐 종래의 인간 삶의 형태를 완전히 바꾸어 버린다. 이러한 측면을 맥루언은 다음과 같은 예에서 밝히고 있다.

> 미드(M. Mead)는 태평양의 어느 섬에 같은 책 몇 권을 가지고 갖는데, 원주민들이 크게 놀랐다고 보고하고 있다. 그들은 책을 본 적은 있으나, 한 권의 책은 어디까지나 그것 하나뿐이라고 생각하였던 것이다. 몇 권이나 되는 책이 똑같다는 사실에 대한 그들의 놀라움은 인쇄와 대량생산의 가장 마술적이고 강력한 측면에 대한 자연스러운 반응이었다(맥루언, 1977: 196).

이와 같이 인쇄술이 가질 수 있는 대량생산의 영향으로 기계화와 산업화가 촉진되고, 생산물의 상품화가 가능하게 되었으며, 그것은 소비시장의 거대화를 가져오게 했다. 한편, 서적의 대량 보급은 교육의 보편화를 더욱 촉진시켰으며, 교육의 보편화는 지식의 독점을 불가능하게 하였다. 이제 인쇄술에 의해 문자문화가 일반적으로 보급된 사회에서는 보편화되어진 지식으로써는 더 이상 지배의 중요한 자원으로서 기능하기 어려워지고 오히려 자본(부)이 가장 중요한 자원으로 부상하기 시작하였던 것이다.

우리 나라의 인쇄술은 매우 오래 전부터 시작되었다. 그럼에도 불구하고 우리 민족은 덜 문자적이다. 우리나라의 경우 목판인쇄 또는 금속활자 인쇄는 여전히 사람의 잔손질에 의해 인쇄되었을 뿐만 아니라 완성품의 책으로 만들어지지 않음으로 말미암아 시각을 완전히 분리해 내지 못하였다고 볼 수 있다. 특히 조선시대의 목판 또는 금속활자로 인쇄된 책들은 거의 제첨(題簽, 책표지의 제목)을 인쇄하지 않고 책의 주인이 자신의 글씨로 최종적으로 책을 완성하도록 되어 있다. 그러므로 다소 무리한 주장일는지 모르나 조선의 책은 결코 같은 책이 한 권도 없다고도 할 수 있는 것이다. 한편 인쇄 그리고 문자 미디어가 지배층에 의해 독점되었듯이 인쇄 미디어 역시 지배층에게 독점되어 기껏 수십 권에서 200여 권 정도로 인출함으로써 기계적인 인쇄의 효과를 기대할 수 없었던 것은 당연하다.[6] 우리 나라에서 기계인쇄술의 시작과 인쇄물의 보편적 수용에 의해 인쇄 미디어의 힘이 발휘되기 시작한 것은 거의 한말 이후라고 보아야 할 것이다.[7] 그렇다고 하더라도 소리글자가 기계

---

6) 고려 고종 21년(1234) 우리 나라에서 최초의 금속활자로 인출했다는 『古今詳定禮文』은 28부 인출된 것으로 기록되어 있고, 태조 4년(1395)에 목활자로 인출한 『대명률직해』는 100여 본을 인출한 것으로 기록되어 있다(金斗鍾, 1981: 134-136).

7) 근대식 기계인쇄술에 의한 서적의 간행은 1880년 프랑스의 리델(F. C. Ridel) 신부에 의해 최지혁이 쓴 글자를 자본(字本)으로 한 연활자로 일본 요코하마에서 『한불자전(韓佛字典)』이 처음 간행되었다. 그러나 우리 나라 사람에 의해 주도된 기계인쇄술은 조선조 말 개화파에 의해 새로운 문물의 수입과 세계 정세를

인쇄술과 결합하는 서구사회에서는 시각의 분리가 극대화되어 갔지만 뜻글자가 기계인쇄술과 결합하는 우리 문화에서는 여전히 시각적 문화의 극대화를 완화하는 힘이 작동되고 있다고 보아야 할 것이다.[8]

4) 신문: 최초의 미디어 공공영역

세계에서 최고(最古)라고 알려진 신문(주간)은 1609년에 발간된 ≪스트라스부르그(Strasburg)≫와 ≪아우크스부르그(Augsburg)≫이다. 유럽 대부분의 나라에서는 17세기 중엽 이전 주간신문들이 발행되었는데, 신문의 내용은 상인 또는 정치가의 편지에서 뽑은 것, 여행자들에게 질문한 것들로 채워졌다. 1666년 최초로 발행된 일간지 ≪라이프치히(Leipzig)≫ 신문은 '전쟁이나 세계의 동정에 관한 새로운 보도'를 표방한 것으로 보아 당시 일간신문들은 국내문제보다는 외교문제가 많았으며, 진기한 것(궁정에 관한 사건 등), 축제에 관한 것, 세계의 지리와 역사 등에 관한 기사들로 채워졌다고 한다.

그러므로 신문 자체의 특성은 각종의 정보를 한 지면에 모자이크식으로 배치하여 공공의 참여를 촉진하는 집단적 고백의 형태를 띤다. 이러한 의미에서 하버마스는 자본주의의 발달과 더불어 공개적 영역의 확대에 신문의 역할이 매우 컸음을 강조하고 있다. 아마도 이러한 집단 고백적 형식은 과거에는 경험하지 못했던 매우 획기적인 커뮤니케이션 변화이다.[9] 그러므로 책이 저자의 입장에서 서술된 사적 고백의 형태라고 하면, 신문은 활동하고 있는 사회의 집단적인 이미지를 제공하는 것이

소개하기 위한 정기적 간행물과 서적을 인쇄하기 위하여 1883년 박문국을 설치하여 운영한 것에서 시작되었다(金斗鍾, 1981: 462-465).

8) 이것은 충분히 우리 나라의 인쇄술이 세계에서 가장 발전하였음에도 불구하고 서구와 같은 변화의 길을 걸을 수 없었던 여러 가지 이유 가운데 하나가 될 수 있다.

9) 이러한 의미에서 매스미디어는 정보를 대량생산하여 대중들에게 전달한다는 특성 이전에 집단(조직)에 의해 정보가 생산된다는 특징이 더 중요하다.

라고 하겠다.10) 신문에 공표된 사실들은 개인적인 견해가 해소되어 버
린다. 그러므로 자신이 어느 정도 사회를 위하는 사람인 것처럼 선전하
고자 하는 사람들은 누구나 신문을 이용하기 원하며, 사욕을 위하여 대
중을 조종하려는 사람도 신문에 자신의 의견과 동일한 의견을 공표하게
함으로써 개인적인 견해를 은폐한다. 이러한 의미에서 대부분 매스미디
어의 공통된 성격이지만 신문에 의한 평가를 사회에 통용되는 현실로
인정하게 된다. 뿐만 아니라 대량의 구독자에게 매일 전달된다는 점에
서 근대 시민사회에서 신문이 대중에 대하여 가지는 힘은 대단하다. 그
러므로 신문은 오늘날 대중의 정치적 성향과 여론에 영향을 받는 정치
나 대중의 소비성향에 의존하는 시장경제라는 상황에서 정치적 엘리트
나 자본가들이 가장 지배하고 싶은 표적이 될 수밖에 없다.

　　신문의 출발이 그러하였던 것처럼 신문에 실린 것들은 기이한 내용
이나 나쁜 뉴스들이다. 더욱이 신문은 핫(hot) 미디어이기 때문에 지면
의 친밀도를 높이고 독자의 참가를 요청하기 위해서는 나쁜 뉴스를 필
요로 한다고 맥루언은 지적하고 있다.11) 어쨌거나 서적이 개인적 체험
의 뒷이야기를 만들어 내는 것처럼 신문은 사회의 뒷이야기를 제공한
다. 그러므로 신문이 사회의 어두운 면을 파헤칠 때 그 기능이 가장 잘
수행되는 것처럼 보이는 것도 바로 그러한 이유에서이다.

　　한편 자본주의 시장에서 전기 미디어의 발전으로 정보의 처리와 이
동이 중요한 비즈니스가 되자 기업의 광고는 다른 어떤 기사보다 훌륭
한 뉴스가 된다. 이와 같이 신문에 오르내리는 기사들은 사회의 온갖 부
정부패로 얼룩져 있지만, 광고는 깨끗하고 상쾌하며 건강하고 희망적인

---

10) 이러한 의미에서 신문은 커뮤니케이션의 주체가 집단, 또는 조직이라는 매스미
　　디어의 중요한 특성을 갖춘다.

11) 맥루언은 미디어를 핫(hot) 미디어와 쿨(cool) 미디어로 구분하는데, 쿨 미디어
　　는 전달하는 정보의 정세도가 낮아서 수용자의 높은 참가도를 요구하는 매체로
　　써, 텔레비전·전화·만화 등은 쿨한 것이고 인쇄물이나 영화는 핫한 것이라고 본
　　다. 물론 쿨과 핫을 구분하는 기본 원리인 정세도와 참가도의 기준은 상대적인
　　것이다.

이미지들로 가득 차 있다. 그러므로 지면 효과의 균형을 회복하고 또 좋은 뉴스를 팔기 위해서는 많은 나쁜 뉴스가 필요한 것이라고 맥루언은 주장한다. 자본주의 사회에서 광고가 신문사의 중요한 경제적 수입원이라는 측면에서 보면 신문에서 좋은 뉴스란 나쁜 뉴스이다. 그러므로 부패한 정부나 부도덕한 기업에게는 불리할 수밖에 없고, 그렇기 때문에 정부나 기업은 신문을 더욱 통제하고 싶어한다.

한편, 인간은 자신의 개인적인 경험을 공공적인 것으로 재인식할 때 즐거움을 가지며, 미디어에 의해 재생된 경험은 이전의 의식을 즐거운 것으로 재생시켜 준다. 이것은 다른 매스미디어에 의해 성취될 수도 있지만 특히 신문의 모자이크식의 기사편집에 의해 더욱 많은 사람들로 하여금 관심을 기울이도록 만든다. 그러므로 신문 구독자는 사회의 여러 가지 현실에 능동적으로 참여하도록 만들며, 이것은 전통사회에서 백성들이 자신의 일에만 몰두하고 모든 일을 국왕과 소수 지배층에게 결정권을 위임해 버렸던 과거와 비교해 보면 매우 다른 상황으로 변화되었다. 그러므로 신문은 근대 시민사회의 민주화 과정과 불가분의 관계를 가질 뿐만 아니라, 혁신적인 사회운동에도 중요한 역할을 맡기도 한다. 신문에 실려 있는 기사를 읽게 되면 그 사건에 대하여 관심을 가지게 되고, 그것에 대한 자신의 의견을 가지게 되며, 그러한 의견은 자신의 행동으로 표출하게 되는 것이다. 이러한 의미에서 레닌은 신문을 "집단적 선전자이며, 선동자일 뿐만 아니라 집단적 조직자이다"라고 하였던 것이다.

신문은 있는 사실들을 수집하여야 하며, 더구나 모인 사실들을 편집하지 않으면 안 된다. 사실 신문에 실린 것만 뉴스이며 그렇지 않은 것은 뉴스가 아니다. 제한된 지면에 다루어질 수 있는 사건은 무한히 많으며, 그 가운데서 무엇을 선택할 것인가는 전적으로 신문을 만드는 사람에 달려 있다. 이것은 신문 자체가 집단적 태도를 형성하고 밝혀 가지만, 그 과정에 있어서 개인주의적인 기법을 이용하고 있다는 모순을 포함하고 있다. 이러한 의미에서 신문이 어떠한 사회적 관계와 사회적 배경에서 생산되는지를 모르고 만들어진 기사 자체에 현혹되어 그것을 온전한 현실로 인식한다는 것은 어리석은 일이 아닐 수 없다.

물론 신문의 기사 내용이 진기한 것, 외국의 지리와 역사, 전쟁 등에 대한 내용들로 주로 구성되어 있었다고 하지만, 따지고 보면 진기한 것이라는 것도 대부분 당사자들에게는 일상 생활의 일부이다. 이러한 점에서 우리 주위의 일상사들이 활자화될 수 있고, 정보가 되며, 상품이 된다는 것은 획기적인 사건이라고 할 수 있다. 자본주의 사회의 상품생산은 필연적으로 소비자인 대중에 대한 정보를 필요로 한다는 점에서 주위에서 발생되고 있는 사건에 대한 정보의 공개화를 통해 소비자 대중에 대한 정확한 정보를 얻을 수 있기 때문에 신문은 자본주의의 발전과 밀접한 관련성을 갖는다.

5) 라디오: 원시의 북소리

라디오의 발명은 전기의 발전이 축적되면서 가능하였다. 1896년 마르코니에 의해 무선전신이 발명되고, 1906년 도흐레에 의해 삼극 진공관이 만들어지는 등 기술 축적이 진전되면서 1920년 미국의 웨스턴하우스 전기회사에서 최초로 라디오 방송국이 설립되었던 것이다. 문자 발명 이래 표음문자와 활자의 마술적인 힘은 폐쇄적인 부족사회의 기능을 단편화하고, 개방사회로 나아가게 하였지만, '전기의 힘'은 여태까지의 외부 확산의 힘을 오히려 내부 확산으로, 개인기업을 인간 유기체 조직으로, 확장되는 제국을 하나의 공동시장으로 변화시킬 수 있는 순간적인 정보 전달의 체계로 바꾸어 버렸다. 라디오도 바로 이러한 전기 미디어의 한 종류로서 그 특성을 갖는다. 전기 미디어가 나오기 이전까지 모든 미디어들이 커뮤니케이션 범위의 확장을 꾀해 왔지만 여전히 시간과 공간의 제약을 받을 수밖에 없었다. 그러나 전기의 힘에 의존하는 라디오는 거의 시간과 공간의 제약을 받지 않고 광범위한 지역의 사람들에게 메시지를 동시에 전달하는 획기적인 미디어였다. 더구나 라디오는 말과 결합됨으로써 문자 미디어에 의한 커뮤니케이션이 불가능한 문맹자들에게까지 커뮤니케이션이 가능하게 하였다.

한편 문자문화에 의해 인간의 감각이 단편화되고 사회분화가 촉진되었던 것이 이제 라디오에 의해 청각 이미지가 갖는 전체 포괄적이며 전면 관여적인 힘을 회복하게 된다. 라디오는 말하는 사람과 듣는 사람 사이에 말 없는 커뮤니케이션의 세계를 만들어 주므로 많은 사람들에게 대면적인 커뮤니케이션을 할 때와 같은 친근한 효과를 준다. 라디오 역시 매스미디어이기 때문에 수많은 사람들에게 메시지를 전달하지만, 마치 나에게 직접 속삭이듯 다가온다. 그러므로 고대 부족의 경험이 그러하였듯 라디오는 인간의 마음과 사회를 하나의 감동의 소용돌이 속으로 밀어 넣는 힘을 회복하고 있는 것이다.

> 1936년 3월 4일, 뮌헨에서의 라디오 연설에서 히틀러는 "몽유병자의 확신을 가지고 내 길을 간다"고 말하였는데, 그의 피해자도 그를 비판하는 사람도 마찬가지로 몽유병자였던 것이다. 그들은 라디오라는 부족의 북에 맞춰 황홀하게 춤을 추었다. 라디오는 사람들의 중추신경 조직을 확장하여 잃어버렸던 과거의 감성을 불러일으켜 모든 사람들을 깊이 관여시키고 마는 것이다(맥루언, 1977: 310).

히틀러가 정치적인 인물로서 부상하게 된 직접적인 원인은 라디오 미디어의 힘이 컸다. 시각문화에 의해 확장되던 다른 유럽의 열강에 비해 상대적으로 시각적인 문화에 덜 젖어 있던 독일인들은 1차 대전의 패전에 의해 다른 선진 자본주의 국가들이 가졌던 시각적 문화를 청산하고 오히려 스스로 내면의 소리에 귀를 기울이는 방향으로 회귀하려 했기에 라디오는 그것에 매우 적합한 미디어가 되었다. 이제 라디오는 부족적 감수성을 부활시키고 사람들로 하여금 혈연의 그물 속에서 배타적으로 관여하도록 유도하게 된다. 더구나 감정이 섞인 채 들려오는 목소리는 친근하게 그리고 열정적으로 사람들을 감동 속으로 휘몰아 갔던 것이다.

라디오의 청각적 이미지가 갖는 전체 포괄적이며 전면 관여적 힘은 우리에게 여러 감각의 작용을 요구한다. 특히 우리의 상상력을 동원하게 하여 내면의 세계, 추상의 세계에 호소한다. 그러므로 라디오는 심각하며 진지하다. 따라서 쿨한 인물, 쿨한 사건, 쿨한 미디어에서 각광받는 프로그램은 적합하지 않다. 그러므로 히틀러의 날카로운 인상과 진지한 표정 그리고 체계적인 웅변은 텔레비전보다 라디오가 훨씬 효과적이었던 것이었다.[12]

전기에 의해 정보의 전달 속도는 빨라졌으며, 그것은 다른 미디어의 변화 속도를 빠르게 하는 원인이 되고 있다. 이제 라디오는 세계를 촌락의 규모로 축소하여 세계 구석구석의 사건들을 이웃의 이야기와 같이 관심거리가 되었다는 점에서, 미디어의 획기적인 전환을 가져왔다고 할 수 있다. 그러나 라디오는 세계를 공간적으로 촌락의 차원으로 압축하고 있지만, 그 촌락화된 지역을 동질화하지는 않는다. 사적 체험을 가져다주는 라디오는 필연적으로 군중 속에서도 자기만의 세계를 만들려고 트랜지스터 라디오를 귀에 꽂고 다니는 사람들을 만들어 내며, 여러 나라에서 묵은 모국어가 부활되고 지방의 사투리가 살아나는 예에서도 확인된다.[13] 이와 같이 모든 전기 미디어의 경우처럼 라디오도 분산화·다원화의 힘이 발휘되는 것이다.

표음문자 문화의 시각적·선형적·획일적인 구조를 바탕으로 하는 문화에서 처음 라디오의 이용은 다분히 중앙집중적 패턴을 모방하였다. 그러나 텔레비전의 출현으로 이러한 중앙집중화의 짐이 벗겨지자 곧 자

---

12) 1960년 미국의 대통령 선거 후보자 토론에서 라디오를 청취했던 사람들은 논리적이고 체계적인 언변을 보였던 닉슨이 압도적으로 우세하게 보였다. 그러나 텔레비전을 통해 당시 대통령 후보 토론을 처음으로 시청했던 유권자들은 무명이었지만 젊고 패기 있으며, 또 친근한 인상을 준 케네디에게 폭발적인 지지를 보냈던 것이다.

13) 문자에 의한 사적 체험은 인쇄 미디어에 의해 핫한 체험, 즉 동일한 체험을 가져다줌으로써 동질화의 방향으로 끌고 가지만, 라디오에 의한 사적 체험은 쿨한 체험으로, 체험의 내용을 개인이 만들어 간다는 점에서 체험의 내용이 다를 수밖에 없다.

유로이 분산화하여 지역적이며 한정적 커뮤니케이션의 방송을 시작하게 된다. 그러므로 이제 라디오는 개인적 이용의 형태로 바뀌어 침실, 목욕탕, 부엌, 자동차, 호주머니 등과 같은 다양한 장소에서 이용될 뿐만 아니라 프로그램도 개인적인 이용에 맞도록 편성된다. 그러므로 이제 라디오는 오락용이 아니라 정보 시스템인 것이다. 뉴스, 교통정보, 주식정보, 시장정보, 일기예보 등은 라디오 본래의 힘을 최대한 발휘하도록 하여 사람들을 서로 관여하게 하는 것이다. 더구나 라디오는 핫 미디어이기 때문에 다른 일을 하면서도 즐겨 들을 수 있다는 장점을 가진다. 그러므로 라디오는 텔레비전의 등장으로 일시적인 침체를 겪었지만 기술의 발전과 경제적 풍요로 인하여 모든 개인들이 언제 어디서나 사적으로 즐길 수 있는 미디어로 변화하였다.

6) 텔레비전: 이미지의 회복

텔레비전은 1925년 베어드(J. L. Baird)에 의해 영국에서 공개실험한 후 1937년 조지(George) 왕의 대관식을 처음으로 영국에서 방영하게 되었고, 미국에서는 1939년 뉴욕의 박람회 개회식이 실황 방영되면서 널리 보급되기에 이른다. 텔레비전의 영향력은 텔레비전을 시청하는 어린이들의 모습에서 쉽게 관찰된다. 텔레비전은 아이들로 하여금 모든 감각을 통해 몰두하게 하고, 탐색토록 하며, 몸을 구부려 깊이 관여하도록 한다. 그러므로 이루어진 것보다는 그 과정을 제공하는 것을 좋아한다. 이러한 텔레비전의 영향은 대중들의 정치참여 욕구를 증대시키고, 의식의 부활, 상징시와 추리소설을 성행하게 하는 계기가 되었다. 문자문화는 획일적이고 중앙집중적인 특성으로 인하여 개인의 정치적 견해를 무의미하게 하지만, 텔레비전의 등장으로 일반인의 정치적 견해를 피력할 수 있는 장(場)이 많아지고 대중의 여론 수집이 짧은 시간에 가능하다는 점에서 대중의 정치참여와 관심이 고조되고 있다. 정치가들에게 있어서 좋은 정치를 만들어 국민들에게 선물하는 것보다 국민들로 하여금 같이 정치에 참여하여 토론하고 결정할 수 있게 하는 것이 더욱 중요한 일로 변한 것이다.

대상에 깊이 참가하고자 하는 새로운 경향이 특히 문자문화에 덜 접했던 젊은이들을 풍부한 제식음악(祭式音樂)에 둘러싸인 종교적 체험으로 강력히 몰아가고 있는 것이다. 그러므로 문자문화에 익숙한 어른들은 오늘날 젊은이들이 스타를 숭배하고 대중 가수들의 노래에 열광하는 이유를 이해하지 못한다. 뿐만 아니라 가장 검소한 프로테스탄트 종파에서도 엄숙한 성가와 제복이 등장하여 예전의 의식적 종교행사를 회복하고 있다. 애드가 앨런 포(Adgar Allan Poe)는 미디어의 세계에 나타난 전기에 의한 모자이크의 의미를 재빨리 포착한 작가이다. 상징시나 추리소설은 독자들로 하여금 불완전한 이미지 또는 과정을 제시함으로 창조적인 과정 가운데 '스스로 참가'하도록 한다. 텔레비전에서의 참여는 라디오에서와 같이 내면의 세계로 눈을 돌린 자유로운 상상이 아니라, 이야기의 줄거리에 참여하여 같이 풀어 나가는 것이다.[14]

맥루언이 지적하듯 텔레비전은 쿨 미디어이기 때문에 영화와 같이 완벽한 작품을 수동적으로 수용하도록 하지 않고, 오히려 참여하여 반응하도록 한다. 그러므로 텔레비전은 주변의 일상에 관한 드라마가 인기를 끌 수 있으며, 다큐멘터리 같이 끝까지 시청자가 주제에 참여하도록 하는 프로그램과 어울린다. 지난 80년대 <남북 이산가족 찾기> 프로그램이나, 최근 <체험 삶의 현장>에 대한 프로그램들이 시청자들에게 많은 인기를 끌 수 있었던 것도 텔레비전 미디어의 성격과 일치하기 때문이었을 것이다. 이러한 점에서 텔레비전의 연기자들은 영화배우와 같이 완벽한 얼굴, 강한 개성보다는 최불암, 최진실과 같이 평범한 얼굴을 가지고도 인기를 누릴 수 있는 것이다.

텔레비전의 영상은 문자문화적인 감각생활로 인하여 쇠락되었던 여러 감각을 하나로 통합시키는 힘을 발휘한다. 이러한 통일된 감각과 상

---

14) 핫 미디어인 영화의 인기배우가 매우 개성적이거나 잘생긴 얼굴이어야 한다는 것과 대조된다.

상력을 갖춘 생활은 오랫동안 유럽의 예술가들(시인, 화가 등)에게 있어서 꿈이었다. 인쇄 미디어의 통합적인 행위를 부분화하고 단편화하는 힘은 삶을 통합된 하나의 묶음으로 이해하려는 예술가들에게는 치명적인 해독이었다. 전기 미디어의 힘은 루이스 캐럴(L. Carroll)이 『이상한 나라의 앨리스』에서 예견한 것과 같이 문자문화의 사람들에게 친숙한 시간과 공간의 획일적이며 평면적인 유클리드적 세계를 비연속의 환상적인 비유클리드적 세계가 펼쳐지도록 만들었다. 전기 미디어에 익숙한 세대는 아인슈타인(A. Einstein)의 시간과 공간이 어색하지 않으며, 피카소(P. Piccaso)의 그림이 그렇게 어렵지 않다. 문자문화가 지배하는 일상 생활에서는 선형적인 것들(인사계열, 당의 방침, 마중 나온 행렬, 스타킹 줄)이 선호되지만, 이제 이러한 취향들은 서서히 사라지고 오히려 일상의 생활도구들(방, 물건 등)조차 다목적으로 이용되는 방향으로 나아가고 있다.

사실 문자문화의 동질화의 과정은 미국의 자연적 조건이나 사회적 조건에서 가장 필요한 것이었고, 실제적으로 교육, 산업, 정치 영역에서 이를 가장 잘 활용하여 수준 높은 산업화와 민주주의의 발전을 얻을 수 있었다. 그러나 텔레비전의 출현으로 문자문화의 획일성과 반복성은 쇠퇴하고, 여태껏 간과되어 왔던 모든 종류의 사소한 사건과 진기한 것에 대해 관심을 가지기 시작하였던 것이다. 주문생산과 개성의 강조, 지방자치의 강화는 전기 미디어의 출현에 의해 이미 준비된 문화의 내용이었다. 우리 나라의 경우 해방 이후 모든 국민들이 겨우 문맹에서 벗어날 즈음 라디오와 텔레비전이 널리 보급되기 시작하였다. 그러므로 문자문화가 정착되기도 전에 전기 미디어가 확산되기 시작함으로써 동질화·획일화의 과정과 분산화·개성화의 과정이 혼재되기 시작하여, 문자문화에 익숙한 기성세대와 지배층은 중앙집권적 동질화의 문화를 선호하고, 감각적인 텔레비전 미디어에 더욱 익숙한 청소년층과 피지배층은 독립적인 자율성과 분산화를 더 선호하고 있다.

맥루언이 "단안경(單眼鏡)과 카메라가 인간을 사물로 바꿔 버리는

경향이 있다"(맥루언, 1977: 208)고 지적하였듯이 텔레비전 또한 마찬
가지로 인간의 활동을 사물로 바꿔 버리는 경향이 있다. 우리는 텔레비
전의 화면을 통하여 아무리 심각한 상황이 전달되어도 아무렇지 않게
화면을 들여다보고 재미있어 한다. 물론 생생한 현장을 전달함으로써
사태의 심각성을 전달하고 인간들로 하여금 성찰의 계기를 줄 수도 있
지만, 지난 1989년 발발되었던 걸프전쟁을 안방에서 가족이 둘러앉아
담소해 가며 마치 컴퓨터 전쟁놀이처럼 즐긴 경험이 있지 않은가? 이와
같이 오늘날 인간들이 다양한 미디어에 자신의 삶을 의존하는 정도가
심할수록 인간 삶의 실체에 대한 소외감은 가중된다. 보드리야르가 지
적하듯, 대부분의 인간 삶은 시뮬레이션으로 대체되고, 자신의 몸을 던
져 살아가는 삶은 잃어버리게 되는 것이다.

7) 사진: 시간을 멈추는 마술

언어와 문자가 갖지 못하는 현실에 대한 시각적 리포트의 방법이 사
진이다. 이것은 현상을 있는 그대로 '전부'를 포착하고자 하며, 그것을
오래 간직하고자 하는 인간의 욕구를 충족시켰다. 이러한 점에서 사진
은 문자적 시각에서 화상적 시각으로의 전환을 이룩하였다. 사진에 의
해 가장 큰 영향을 받게 된 영역은 무엇보다 전통적 예술분야에서이다.
예술가들의 실물에 가까운 묘사는 더 이상 그 필요성을 잃게 되어 예술
에 있어서의 내적 창조의 과정을 표현하는 방법으로, 또는 자신의 주관
적 관점을 표현하는 방법으로 전환되었다. 특히 서양의 화가들은 사실
주의적 경향이 퇴조하고 인상주의와 추상주의에 몰입하게 되었다. 한편
시인과 소설가들 또한 사건의 홍미진진함에 몰두하여 현상을 정교하게
묘사하기보다는 현실을 통찰하거나 자신과 자신의 세계를 만들어 가는
정신의 내면 과정에 관심을 갖게 되었다. 이러한 점에서 전통적으로 사
실적 그림보다는 관념적 그림을 선호했던 동양의 예술가들에게는 사진
의 출현이 서양에서만큼 충격적이지는 않았다.

확실히 사진은 인간의 시각적 감각을 더욱 철저화하였다. '본다'는 것은 확실한 증거이기에 사진은 어느 것보다 확실한 증거이다. 우리들이 무엇에 대해 들었지만 의심스러울 때, 기록을 보았지만 자세하지 않을 때, 그에 대한 사진을 보게 되면 그 실재가 증명된다. 파리 경찰당국이 1871년 파리 코뮌에 가담했던 일당 중에서 살인범을 색출하는 데 이 방법을 사용했다고 한다(손타그, 1982: 197). 그러므로 사진은 사람을 통제하고 감시하는 데 이용될 수 있다. 그러므로 현대인들이 누군가에 의해 감시받고 있다고 생각하거나, 감시받을 수 있다는 불안은 사진의 출현과 밀접한 관련성이 있는 것이다. 사실 국가라는 거대한 권력이 국민들을 완벽하게 통제할 수 있는 것은 얼굴을 찍은 사진을 국가가 수집하여 통제할 수 있음으로써 가능하다.

더욱이 사진은 전 세계를 이미지의 집합체로 포착할 수 있으므로 세계를 더욱 가깝게 만들었으며, 이제 세계의 여행은 더 이상 과거처럼 미지세계의 모험이 아니라 자신이 잘 아는 곳을 방문하여 확인하는 정도에 지나지 않는다. 사진은 자신의 여행의 가장 확실한 증거이면서 그 여행의 즐거움에 대한 생생한 기억을 담아 보존해 주므로 현대적인 활동의 특징적인 것 가운데 하나인 관광여행과 함께 발전하였다. 여행자들은 새로운 것, 흥미로운 것을 발견하면 항상 사진을 찍어 두어야 한다고 생각한다. 왜냐하면 사진을 찍어 두는 것이 가장 믿음직한 일이며, 그 즐거웠던 추억이 오래 간직된다고 생각하기 때문이다.

사진의 출현 이후 자신의 동작은 물론, 인간의 정신적 자세에 대한 관심을 기울이게 되었다. 우리가 사진을 찍을 때 자신의 포즈를 가다듬고 위치를 바꾸는 것과 마찬가지로 표정이나 메이크업에까지 신경을 쓰는 것은 우리 스스로 자의식을 발전시키기 때문이다. 거울은 순간적인 자신 모습의 소외이지만 사진은 영원한 자신의 모습의 소외여서 자신에 대한 성찰을 강화했다. 문자에 의해 인간의 소리와 동작이 탈취당하였으나 사진에 의해 인간의 동작을 회복할 수 있었던 것이다. 사진으로 말미암아 이제까지 볼 수 없었던 '동작의 시대,' '마임(mime)의 시대,' '댄스의 시대'로 되었다고 한다(맥루언, 1977: 213). 뿐만 아니라 융(K. Jung)과 프로이트가 활약했던 시대도 바로 사진의 시대였던 것이다. 사진에 나타나는 뚜렷한 '자세'의 세계에 대한 인식으로 말미암아 그들은 꿈과 일상생활의 행위에 나타나는 개인적인, 집단적인 '자세'와 '동작'의 언어에 대해 관심을 불러일으킬 수 있었던 것이다.

사진은 시간의 흐름 가운데서 하나의 '순간'을 분리해 낸다는 점에서 시감각과 이미지 구성의 즉각성에서 모든 가치를 획득한다. 극적인 장면을 포착함으로 예술성을 강화하고, 새의 나는 순간 순간을 포착하여 분석함으로 새의 비행원리를 발견할 수 있었다. 전기 미디어에 의해 시간과 공간이 정복되고 있지만, 특히 사진은 시간을 무시한다. 사진은 순간적으로 포착된 이미지로써 국경과 시대, 문자와 말의 장벽조차 초월하여 모든 인간들의 커뮤니케이션을 가능하게 한다.

사진은 사물을 변형하는 강한 힘을 지닌다. 특히 인간의 '혼'을 빼앗아 사물로 바꾸어 버린다. 사진은 인간의 이미지를 마치 대량생산의 상품처럼 복제하고 대량화하여 가격을 매긴다. 오늘날 대중의 스타들은 사진 덕분에 대중의 것이 되고, 돈으로 살 수 있는 것이 되어 버렸다. 그러므로 맥루언은 사진을 '벽이 없는 창부의 집'이라고 했던 것이다. 또한 사물화된 이미지는 마음대로 축소 또는 확대되기도 하며, 절단되거나 수정된다. 그러므로 텔레비전의 경우 수동적인 사물화의 체험을 갖게 하지만, 사진의 경우 개인적으로 능동적이며 극단적인 사물화를 경험하도록 한다.

가정이 핵가족화되어 가는 현대 산업사회에서 사진은 가족의 성원들에 대한 기억을 영속화시켜 주는 유일한 의식(儀式)이 되어 가고 있다. 카메라는 가정생활과 밀접한 관계를 가지면서 그들의 혈연적 유대를 증명해 줄 수 있는 이미지를 담고 있는 것이다. 그러므로 모든 가정에서는 사진기를 가지고 자신들의 모습, 즉 그들의 혈연적 연대를 증명할 수 있는 이미지들을 찍어 사진첩을 만든다. 아직도 제사와 명절에 친족들의 공동의식(共同儀式)과 공동체의식(共同體意識)이 남아 있는 한국의 가정과 달리, 서구의 가정에서는 허깨비와 같은 흔적에 불과한 사진이 가족 성원에 대한 기억을 환기시킴으로써, 가족생활의 존속과 확장을 겨우 이어왔다고 볼 수 있을 것이다.

8) 화폐: 미다스 왕의 손

화폐도 처음에는 귀한 '물품'으로서의 의미밖에 없었다. 원시사회에서는 물품이 자연스러운 미디어가 되고 있음을 우리는 쉽게 발견할 수 있으리라고 생각한다. 어떤 집단에서나 곡식, 면(綿), 가축, 생선, 소금, 모피, 어떤 도구 등 생활을 꾸려 가는 중요한 물품이 필요하게 됨에 따라 서로의 필요에 의해 교환될 수 있었던 것이다. 이때 교환되는 물품에는 일, 정보 또는 기술 등이 포함되어 전달되는 것이다. 그러므로 화폐는 바꾸고 싶어하고, 교환하고 싶어하는 인간의 욕구가 외면화되고 시각화된 것이다. 그러므로 화폐가 주위의 다른 물품을 교환하고 중개하는 역할을 맡게 되자, 다른 먼 지역에 있는 물품에까지 그 파악력은 확대되기 시작한다. 사회의 참여가 없으면 화폐는 그 의미를 상실한다. 그러므로 화폐의 파악력이 미치는 범위는 화폐에 의해 매개되는 커뮤니케이션 단위를 형성한다. 사회적인 메타포, 다리, 번역자 등의 역할을 하고 있는 화폐는 문자와 마찬가지로 교환의 속도를 증대시키고 사회에서 상호 의존성을 강화시켜 준다. 이것은 화폐가 하나의 일을 다른 일로 바꾸는 것이며, 그러므로 인간 일의 전문화와 기능의 분할을 가능하도록 하였던 것이다. 이러한 기능 분할의 힘은 특히 노동을 다른 여러 가지 사회적 기능들로부터 분리하여 저장하고 사용할 수 있도록 해준다. 그러므로 화폐를 사용하지 않는 사회에서는 필연적으로 자급자족적인 삶을 엮어 가지 않을 수 없었을 것이다. 노동뿐만 아니라 인간의 기술과 지식, 시간까지 압축하여 저장한 화폐가 자본주의 사회에서 인간 커뮤니케이션의 핵심적인 미디어로 부상하면서 사회의 중요한 지배의 자원으로 등장하기에 이른다.

그리스 신화에 자신의 손이 닿는 모든 것을 황금으로 바꾸어 버리는 미다스 왕의 이야기는 두 가지 의미를 갖는다. 첫째, 미다스 왕의 손이 모든 사물을 황금으로 바꾸어 버리듯 화폐는 모든 가치를 동일한 차원의 가치로 변화시킨다. 화폐의 황금빛 손이 닿는 순간 모든 가치들, 심지어 인간의 가치마저 황금의 가치로 바꾸어 버린다. 그러므로 화폐가 중요한 교환의 수단으로 사용되는 사회에서는 신분이나 명예가 더 이상 고유한 가치를 지니면서 사회의 중요한 가치로 행세할 수 없게 되었다. 서구 사회의 신분제의 몰락이 그러하였고, 조선조 사회의 신분제의 와해도 시장경제의 발달에 따른 화폐사용의 확산과 무관하지 않다. 둘째, 부에 대한 끊임없는 욕망을 상징하고 있다. 모든 것을 황금으로 만들고 싶은 욕망, 자신의 모든 행위와 사회적 관계가 돈으로 환원되기를 바라는 욕망은 결국 자신을 황금의 노예로 만들어 버리게 된다. 이제 화폐는 모든 사회적 관계를 물상화, 나아가 물신화(物神化)시키고 자신을 그것에 얽매이도록 한다. 오늘날 화폐가 황금이 아닌, 끝이 없는 숫자로 축적됨으로써 인간의 욕망은 더욱 바닥 없는 함정으로 떨어지게 되었다.

문자 미디어에 의해 폐쇄적인 부족사회에서 개방된 사회로의 변화는 전통적인 금속화폐로부터 지폐 사용으로 변화됨으로써 특히 경제적인 폐쇄로부터 여러 지역의 자유통상과 시장의 개방을 완성하였다. 사실 이러한 태환지폐의 사용은 그 가치에 대한 강력한 집합체의 보증이 필수적이며, 따라서 근대적 국가형성을 부추기는 계기가 되었다. 전통사회에서 명목적 가치를 가지지 않는 화폐가 사용되기도 하였지만 그 사용의 한계를 드러내게 되었던 것은 국가에 의해 그 가치가 강력히 보증되지 않았기 때문이다. 이와 같이 인쇄기술과 더불어 나오기 시작한 태환지폐는 상품화폐 또는 금괴와는 다른, 국가가 보증하는 '신용'을 배경으로 한 것이었다.

이러한 공적인 신용이 출현한 이후 비로소 광범위한 지역에 걸쳐 한 문화에서 다른 문화에 걸쳐 연결되고 변환하는 힘을 발휘하게 된 것이다. 그러므로 화폐는 모든 일과 일 사이의 전달과 그것을 촉진하는 역할을 활발하게 수행하게 되었다. 정보가 움직이는 속도가 빨라지고, 화폐의 변환능력이 더욱 촉진되면서 자본주의 사회의 생산을 둘러싼 사회적 관계의 속도와 범위는 엄청나게 빨라지고 확장되었다. 상품은 더욱 먼 곳까지 교환할 수 있게 되었으며, 일의 분업은 더욱 세분화되어 갔다. 따라서 이와 같이 빠르게 변화되어 가는 사회에 대한 정보와 광범위한 지역에 대한 정보의 필요성이 증대되어 갔다. 이전에 부(富)가 정보와 명백한 관계를 갖지 않았던 당시에는 기술에 우연히 변화가 생겨서 부가 생기면 한 집단이 그것을 완전히 독점하는 것이 가능하였다. 그러나 이제 지구가 전기에 의해 순간적으로 상호 의존관계에 놓이는 새로운 상황에서 지폐로써의 화폐는 일과 기술을 추적하고 교환하는 속도가 필요에 미치지 못하면서 미디어 수단으로서의 그 기능이 점점 떨어지고 있다. 전자에 의한 오토메이션은 물리적 노동이라기보다 프로그램화된 지식이 작동되는 것이다. 일이 정보의 움직임 자체에 의해 대체되는 것처럼 일을 축적하는 것으로서의 화폐는 크레디트 카드라고 하는 정보의 형태로 바뀌어 버렸다. 이것은 정보의 이동 자체가 상업활동이 되는 방향으로 착실히 향하고 있음을 나타내는 것이다.

9) 컴퓨터: 인류의 바벨탑

아마도 맥루언이 컴퓨터 미디어를 만났다면 그도 분명 컴퓨터를 새로운 혁명적 미디어라고 하였을 것이다. 컴퓨터는 발명된 지 불과 50년 사이에 다른 미디어들과 쉽게 연결되어, 오늘날 세계의 경제를 재편하고 작업장의 일의 내용을 바꾸어 놓고 있으며 새로운 생활양식과 태도들을 강요하고 있다. 더구나 컴퓨터는 기술·경제적인 문제뿐만 아니라 정치적인 문제, 즉 권력의 구조를 변화시키고 또한 시간과 공간의 개념을 확연히 바꾸어 놓았다.[15] 과거도 그러하였지만 오늘날 컴퓨터에 의한 커뮤니케이션에 대한 지배는 거의 완전한 권력의 원천이 되고 있는 것이 사실이다.

컴퓨터 자체의 첫번째 특성은 엄청난 양의 정보를 저장할 수 있고, 빠른 시간에 저장된 정보를 검색, 가공할 수 있다는 점이다. 이것은 과거 도서관·박물관의 기능은 물론 정부 기구의 일부를 대체하는 것이다. 아마도 과거 대학의 권위는 지식을 생산하고, 대학의 도서관을 통하여 지식을 저장하는 중요한 기능을 가지고 있었기 때문에 존중되었을 것이다. 물론 오늘날 대학 도서관의 중요성이 여전히 간과될 수 없는 상황이지만, 지식의 생산과 저장을 대학이 독점하던 사회적 상황이 바뀌고 있다는 점에서 오늘날 대학 위상의 추락과 밀접한 관련성을 갖는 것이다. 얼마전 빌 게이츠는 세계 유수한 박물관의 유물과 미술품들에 대한 정보를 독점하고 상품화하기 위하여 각 박물관과 독점적 계약을 준비한다는 외신이 있었다. 과거 직접 박물관과 미술관을 찾아가지 않으면 기껏 사진으로나 구경할 수 있었던 유물과 미술품들을 이제는 컴퓨터 모니터를 통하여 직접 찾아가서 구경하는 것보다 더 많이 마음대로 볼 수 있게 되는 것이다.16)

이러한 컴퓨터 자체의 특성이 가지는 사회적 영향을 크게 두 가지 측면에서 논의해 볼 수 있다. 컴퓨터의 많은 양의 정보저장 능력과 빠르게 검색·가공·교환할 수 있는 특성으로 인하여 자본주의 발전의 궁극적 이상향이었던 전 지구의 시장화가 가능해진 것이다. 물론 이것은 기본적으로 수많은 상품들이 신속하게 전달될 수 있는 교통의 발전이 수반되어야 가능하지만, 기업가들이 세계의 각 지역에 대한 정보와 지식을 충분히 수집하고 빠른 결정을 내릴 수 있도록 하는 지원체계는 오늘날 컴퓨터와 연계된 통신의 발전에 의해 비로소 가능한 것이었다. 다른 한편, 초대형 컴퓨터의 운용에 의해 개인의 통제가 더욱 정교하게 행해질

---

15) 물론 시간·공간 개념의 변화는 컴퓨터 외에도 교통·통신의 발전과 결합되어 비롯된 것이다.

16) 유명한 오케스트라의 연주는 직접 가서 듣거나, 아니면 레코드 판, 레코드 테이프, CD라는 것으로 상품화된다. 자본주의 사회에서 새로운 미디어 컴퓨터는 이와 같이 새로운 상품화의 촉진에 엄청난 힘을 발휘하기도 한다.

가능성이 높아지고 있다. 우리 나라 정부에 의해 지난 87년부터 행정전
산망 종합계획을 확정하여 91년까지 모두 5,023억 원을 들여 36개 행
정기관(공안·국방기관은 별도)의 전산화를 추진해 왔고, 2단계 사업으
로써 95년까지 금융·행정·공안·국방·교육 연구망을 서로 연결하여 전
산정보를 서로 공동 활용한다는 계획을 세웠다고 한다(≪한겨레신문≫
1991. 2. 5: 8). 이제 자신도 모르는 사이에 나 자신에 대한 정보가 평가
되고 조정되게 된 것이다.

컴퓨터의 두번째 특성은 매우 복잡하고 엄청난 양의 계산을 신속하
게 처리하고, 복잡한 프로그램을 실행할 수 있는 능력이다. 이러한 컴퓨
터의 능력으로 인하여 인간의 육체적인 노동과 숙련된 기술이 중시되던
공장제 공업으로부터 컴퓨터에 의해 개발된 프로그래밍의 세련의 정도
가 중요시되는 사회로 변화하였다. 이러한 측면에서 생산의 개념에 있어
서 이제부터는 과거와 같이 물질적 생산물 자체보다는 지식(정보)이 이
제부터는 더 중요하게 되었다. 이제 사회에 필요한, 또는 교환가치 생산
의 담당자는 육체적인 노동을 할 수 있는 성인남자뿐만 아니라 과거 노
동에서 배제되었던 청소년과 여성들까지 포함할 수 있게 되었다. 그러므
로 컴퓨터에 의해 지배되는 사회는 지식이 가장 중요한 생산수단으로
변화해 가고 있다. 컴퓨터에 의해 지식은 자본과 노동으로의 전환능력을
확보하게 된 것이다. 한편, 컴퓨터에 의해 성취된 상당한 정도의 노동력
대체로 말미암아 블루칼라 노동자뿐만 아니라 화이트칼라 노동자들의
실업이 예상된다. 이것은 새로운 기술의 출현에 의한 새로운 직종의 생
산이나 산업구조의 조정으로 해결할 수 있는 정도의 것이 아닌 매우 심
각한 것이다. 이와 같이 오늘날 컴퓨터의 발전이 노동현장의 근본적인
변혁을 주도하고 있다는 점에서 인간노동에 대한 새로운 성찰과 대책이
요구된다.[17)

세번째 특성은 컴퓨터가 다른 미디어들을 매개하고, 결합 또는 융합

---

17) 제레미 리프킨은 컴퓨터에 의한 대량실업에 대한 대책으로 노동시간의 공유와
    제3부문인 비시장경제의 강화라는 대안을 제시하고 있다(리프킨, 1996 참조).

함으로써 새로운 커뮤니케이션 양상을 만들어 가고 있다는 것이다.[18] 컴퓨터가 위성통신, 광섬유통신, 인터넷 등과 결합됨으로써 가지게 되는 중요한 커뮤니케이션 양식의 혁신은 과거 매스미디어에 의해 일방적 커뮤니케이션 양식에서 쌍방적 커뮤니케이션으로의 변화이다. 쌍방적 커뮤니케이션이라 하더라도 과거 직접적인 대면에 의한 쌍방적 커뮤니케이션이 아니라 컴퓨터를 통한 간접적인 쌍방적 커뮤니케이션이다.

매스미디어에 의해 대중 집단의 중요성이 부각되었듯, 컴퓨터에 의한 새로운 커뮤니케이션의 양식으로 인하여 과거 1차 집단(또는 공동체 집단), 2차 집단(이해 집단)과는 다른 3차 집단(정보 집단)으로 분류될 수 있는 새로운 집단이 부각되고 있다. 이러한 3차 집단의 첫번째 특성은 무엇보다도 1차 집단과 2차 집단과 같이 커뮤니케이션의 물리적 공간을 필요로 하거나, 성원들의 상호 직접적인 커뮤니케이션에 의해 하나의 커뮤니케이션 단위로 형성되는 것이 아니라 전적으로 컴퓨터와 그것에 부가된 다른 미디어들의 도움을 통하여 간접적 커뮤니케이션에 의해 형성된다는 것이다. 그러므로 커뮤니케이션 당사자들은 공간적으로 산재하여 고립되어 있다.

둘째로, 그들을 연결해 주는 매개적인 가치는 1차 집단에서와 같이 혈연이나 지연도 아니고, 2차 집단에서와 같이 서로의 이해관심도 아니다. 3차 집단에서 성원들의 중요한 매개적 가치는 동일한 취미 또는 가치관이나, 아니면 우연에 의해 형성된다. 환경파괴에 대한 우려와 자연보호와 같은 가치관에 의한 결합과 같은 것은 건전한 사회발전을 위한 사회운동으로까지 승화될 수 있다. 그러나 최근 컴퓨터에 의한 3차 집

---

18) '컴퓨터로 매개된 커뮤니케이션'은 컴퓨터가 단지 매개단자 역할만 하는 커뮤니케이션 양식으로서 컴퓨터 통신이 그 예이다. '컴퓨터와 결합된 커뮤니케이션'은 컴퓨터가 여타의 커뮤니케이션 수단과 결합하여 이루어지는 커뮤니케이션 양식으로서 통신과 방송이 결합된 형태의 VOD(Vedio on demand)가 그 한 예이다. '컴퓨터와 융합된 커뮤니케이션'은 문자, 오디오, 비디오는 물론 가상현실을 통한 체감에 이르기까지 인지 및 행위과정 전체가 컴퓨터에 의해 융합되는 다면체적 커뮤니케이션 양식을 말한다(정진홍, 1996: 72-107).

단의 경우, 동일한 취미를 가진 사람들끼리의 커뮤니케이션에 의한 소비·소모적인 집단 형성의 경향으로 나아가는 조짐이 보이기도 한다.

셋째로, 3차 집단에서 커뮤니케이션은 전적으로 그러한 것은 아니지만 커뮤니케이션 당사자에 대한 정보를 가지지 않은 채 이루어지고 있으며, 또한 그 커뮤니케이션은 지속적이지 않고 일시적인 성격을 갖는다. 그러므로 이러한 커뮤니케이션에 의해 교환되는 정보에 대한 신뢰성의 문제는 커뮤니케이션 당사자가 판단해야 하는 부담을 가진다. 그러므로 이러한 커뮤니케이션이 앞으로 어떤 방향으로 전개될지 아직은 속단할 수 없으나, 현재까지는 채팅(chatting), 즉 한갓 지껄임에 지나지 않는 것으로써 진지한 내용의 전달과는 거리가 있다.

넷째로, 커뮤니케이션의 궁극적인 목표가 인간의 물리적 행위의 상호 교환이라고 볼 때, 3차 집단의 커뮤니케이션은 행위교환이 배제되어 있다. 어떤 의미에서 가상의 현실에서 자신의 삶이 다르게 전개되는 것이다.

마지막으로, 컴퓨터에 의한 쌍방적 커뮤니케이션은 공공영역의 변화를 초래하였다. 과거 매스미디어에 의한 공공영역에서는 참여자가 제한되어 있을 뿐만 아니라 일방적인 의견의 제기에 머무는 수준이었으나, 컴퓨터에 의해 제공되는 새로운 공공영역에서는 대량의 참가자들(세계적인 규모까지)이 서로의 의견을 상호 교환할 수 있는 방법으로 커뮤니케이션이 가능하게 되었다. 이러한 점에서 지배 집단이 매스미디어의 통제를 쉽게 할 수 있을지 모르나, 일단 컴퓨터에 의해 제공되는 공공영역이 자유롭게 허용된다면 인류사에 있어서 가장 확장된 자유로운 공공영역의 확보라는 새로운 국면을 맞게 됨으로써 사회과정의 합리화는 더욱 많이 확보될 수도 있을 것이다.

3. 커뮤니케이션 장

인간이 자신을 표출하고자 하는 원초적 욕망이 미디어의 발전을 가져왔고, 결국 인간은 그것에 의존하게 된다. 그러므로 미디어의 성격은 그 사회의 커뮤니케이션 체계를 규정하게 되고, 결국 미디어는 그 사회의 성격에 중요한 영향을 미치는 요소가 됨을 앞에서 간단히 언급하였다. 그러나 인간 커뮤니케이션의 기초적인 형태는 대면적인 커뮤니케이션의 형식이다. 오늘날 아무리 간접적인 커뮤니케이션이 확대되고 있다고 하지만 중요한 지배관계와 사회적 관계의 형성은 대면적 커뮤니케이션 위에 기초한다. 일상생활의 과정에서 가지게 되는 커뮤니케이션의 묶음들은 시간과 공간 내에서 한계를 가질 수밖에 없는데, 이러한 한계는 곧 여타의 커뮤니케이션 묶음들과의 차이를 나타내는 커뮤니케이션 장 내에서 형성되는 것이다.

더욱이 인간의 말을 통한 커뮤니케이션뿐만 아니라 인간의 직접적인 접촉의 독특한 성격은 인간의 감정적인 유대와 공동체적 의식을 강화하는 경향이 있다. 문자 미디어가 나타나면서 간접 커뮤니케이션이 가능하게 되지만, 전기 미디어의 출현 이전까지만 하더라도 상호 의견이 즉시 교환될 수 있는 커뮤니케이션은 거의 대면적 커뮤니케이션에 의해서만 가능하였다. 더구나 다양한 미디어가 발전하지 않았던 수렵이나 농경의 시기에는 거의 대면적 커뮤니케이션의 범위에 의해 커뮤니케이션 공동체의 단위가 결정되었고, 이것은 전체 사회의 모습을 구성하는 기본적인 단위가 되었다. 대면적 커뮤니케이션은 필연적으로 상호 커뮤니케이션을 가능하게 하는 시간적·공간적 장을 필요로 한다. 물론 오늘날 컴퓨터의 발전으로 말미암아 다수의 사람들이 간접적이지만 자신들의 상호 의견을 즉각적으로 교환할 수 있는 새로운 커뮤니케이션 장이 출현하였다는 점에서 사회의 새로운 변화 조짐으로 읽혀질 수 있다.19) 이와 같이 시공간적으로 제한된 영역에서 형성된 커뮤니케이션 장 내에서 인간의 가장 기초적인 사회관계(협동, 갈등 등)가 발생된다는 점에서 커뮤니케이션 장에 대한 이해는 전체 사회의 커뮤니케이션 체계를 파악하는 데 미디어의 이해만큼이나 중요한 요소가 된다.

그러므로 다양한 방식으로 시간과 공간상에 뻗쳐 있는 커뮤니케이션 장의 형성 과정과 그것의 성격, 그리고 커뮤니케이션 장에서 생산되는 지식(정보)의 내용은 중요한 사회적 의미를 가지며, 그것의 사회적·역사적 조건에 따라 다양한 모습의 사회가 출현되어 왔던 것이다. 물론 이러한 커뮤니케이션 장들이 맺는 그 사회의 미디어 발전 정도 또는 지배관계와 밀접한 관계를 가지게 되며, 또한 한 사회에서 형성된 다양한 커뮤니케이션 장 사이의 관계의 성격에 따라 동일한 커뮤니케이션 장이라 하더라도 서로 다른 커뮤니케이션 장의 특성을 가질 수 있다. 그러므로 커뮤니케이션 장의 개념은 역사상 어떻게 지리적 공간이 구성되고 재구성되었는가를 밝히는 데 통찰력을 제공해 줄 수 있다. 도시와 촌락의 형성, 교통망, 시장권, 마을의 동제(洞祭), 국가의 경계 등에 관한 연구에서 미시적 분석 단위와 거시적 분석 단위들의 상호 관련성을 통하여 각 분석 단위간의 역동적인 관계를 설명하는 단서를 제공하게 되는 것이다.

아마도 소규모의 사회들, 즉 수렵·채취의 사회나 또는 정착된 자급자족적 농경사회에 있어서는 커뮤니케이션 장이 시간·공간의 제약을 강하게 받는 것은 물론 커뮤니케이션 장의 형성 기반은 주로 혈연, 종교, 생산활동, 그리고 행정 단위와 관련되어 나타났다. 예컨대 전통사회에서 종교 의식(儀式)의 장소는 공동체의 모든 (지배층과 피지배층을 포함한) 성원들이 커뮤니케이션의 기회를 갖는 중요한 장(場)이었다. 지배층은 지배층대로 피지배층은 피지배층대로 상호 정보를 공유할 수 있는 장이 될 뿐만 아니라, 지배층은 피지배층에게 자신들의 지배의 정당성과 지배 이데올로기를 피지배 집단에게 전달하는 장소가 되며, 피지배층은 자신들의 불만을 서로 나누어 가지고, 그들의 불만을 지배층에게

---

19) 커뮤니케이션 장은 시간의 묶음도 항상 연계되는 것이지만 여기서는 다만 공간적 범위에 한정하여 사용하고자 한다.

전달하는 장소가 되기도 하였다.

특히 전통사회에서 피지배층은 고립적으로 분산되어 있을 뿐 아니라 미디어 또한 지배층에게 독점됨으로써 그들이 서로 결속할 수 있는 커뮤니케이션의 기회를 거의 가질 수 없었다는 점에서, 종교적 의식의 장소는 피지배층들에게는 매우 소중한 커뮤니케이션 장이 될 수 있다. 물론 종교적인 의식은 일시적인 것이다. 아마도 그것은 피지배층들에게 장기간의 커뮤니케이션 기회를 제공하는 것이 지배층에게 결코 유리하지 않았기 때문일 것이다. 이러한 사실들로 볼 때 전통사회에서 지속적인 커뮤니케이션 장의 소유, 또는 유지는 지식과 권력 생산의 원천이었다. 종교적 엘리트들이 종교기관을 중심으로 모이게 되고 또한 세속적인 지식과 함께 신성한 지식을 생산함으로써 자연스럽게 권력을 생산하는 장소가 되었을 것이며, 그럼으로써 전통사회에서 그들은 사회의 지배적인 위치에 설 수 있었을 것이다.

마찬가지 원리로, 전통사회에서 도시라는 공간은 권력생산의 중심지가 되었다. 기든스는 도시가 상이한 문화적 배경을 가진 개인이나 집단들이 모이는 집합장소였으며, 또한 도시는 종교적 장엄함이나 궁전의 웅장함이 집중되는 곳으로서 과학적·지적 연구의 중심지를 형성하였다고 한다(기든스, 1991a: 206). 그러므로 전통사회에서 도시는 물질적 생산이 거의 없는 소비의 공간임에도 불구하고 권력을 생산하는 중요한 장소가 될 수 있었던 것이다. 이와 같이 전통사회에서 도시는 '권력 저장소'였기에, 도시-농촌의 관계는 지배-피지배라는 사회적 기본틀을 형성하고 있었다. 물론 이러한 도시-농촌의 지배관계는 지배의 중요한 자원이 생산과 관련된 것이 아니라 신분과 관련되어 있기 때문이었을 것이다. 그러나 자본주의 사회의 도시화는 단지 시골생활의 희생에 의한 도시의 확대를 의미하는 것이 아닐 뿐만 아니라, 이는 새로운 총체적 사회형태로서의 자본주의에 의해 야기된 구조적 변화와 관련된다. 자본주의 사회의 도시는 전통사회의 소비적 도시와는 달리 물적 생산의 중심지이며, 도시생활의 창출된 공간(자연적인 공간이 아니라)이 만들어지는 장소이다. 자본주의 사회에서는 더 이상 전통사회에서와 같이 도시-농촌의 관계가 지배-피지배의 관계로 이해되지 않는다.

한 가지만 예를 더 들어 보자. 자본주의 사회에서 공장이라는 공간은 매우 독특한 커뮤니케이션 장이다. 자본주의 이전의 사회에서는 사람들은 한정된 공간에서 일한 경험이 거의 없었다. 그러나 자본주의 사회에서 노동이 분업적 협업을 바탕으로 하고 있지만 자본가들은 노동력의 통제를 위하여 노동자에 대한 임금고용의 형태를 취해야 할 뿐만 아니라 또한 작업장에서 감시에 의한 노동훈련을 강화해야만 했다. 공장이라는 일정한 공간은 바로 이러한 노동 통제의 매력을 자본가들에게 제공하였던 것이다. 한편, 아이로니컬하게도 공장이라는 일정한 공간은 피지배층인 노동자들에게 커뮤니케이션 장을 제공하게 되고, 피지배층이 결속하여 지배층에 저항할 수 있는 힘의 원천이 되었다.

과거 공간적으로 고립되고 자급자족적인 생산에 몰두할 수밖에 없었던 농민들은 서로의 결속을 광범위하게 매개할 수 있는 커뮤니케이션 장을 거의 가지지 못함으로써, 근본적인 불평등의 문제를 체계적으로 제기할 수 있는 커뮤니케이션의 기회를 가질 수 없었다. 그러나 이제 공장이라는 제한된 공간을 통하여 고립된 다양한 지역에서 몰려온 노동자들이 자신의 체험과 수집된 정보를 나눌 수 있게 된 것이다. 이와 같이 공장이라는 커뮤니케이션 장을 중심으로 노동자들이 서로 접촉할 수 있게 됨으로써 그들의 단결력을 확보할 수 있었고, 나아가 현대 산업이 만들어 낸 미디어의 발전과 그것의 자유로운 이용은 수많은 지역의 노동자들을 결속하게 하는 계기가 되었던 것이다.[20]

현대 산업사회의 분업화는 필연적으로 다양한 커뮤니케이션 장의 분화를 가져왔다. 커뮤니케이션 장의 분화라는 커다란 변화의 줄기 가운데서도, 특히 전통사회와는 비교할 수 없을 정도로 피지배층의 커뮤

---

20) 맑스는 중세시대의 시민이 옹색한 도로를 가지고 수백 년의 기간을 거쳐 달성한 미약한 단결 수준을 현대 노동자들은 철도에 힘입어 수년 내에 그 이상으로 끌어올렸다고 언급하였다(Marx & Engels, 1971: 73).

니케이션 장이 많이 확보되고 있다. 전통사회에서 특히 피지배층은 가족, 친족, 또는 마을 공동체적 농업생산활동, 마을 공동제사 등을 통하여 가지게 되는 제한된 공간의 커뮤니케이션 장에서 크게 벗어날 수 없었다. 가끔 있을 수 있는 시장은 피지배층이 마을을 벗어나 다른 집단의 사람들과 만날 수 있는 유일한 커뮤니케이션 장이었으리라고 추측된다. 그러나 근대사회에 이르러 위에서도 언급된 다양한 기업체의 출현에 의해 노동자들이 접촉할 수 있는 장소가 제공되었는가 하면, 과거 귀족들에 의해 독점되었던 교육기관이 보통 사람들에게도 개방되어 교육의 장은 피지배층에게 새로운 커뮤니케이션 장으로 부상되었을 뿐만 아니라 새로운 지배층으로 이동할 수 있는 통로의 구실도 하였다. 더구나 근대사회에서 다양한 이해와 욕구의 분출은 다양한 사교 집단과 취미 집단 또는 이해 집단이라는 새로운 커뮤니케이션 장을 출현시켰다. 물론 근대사회에서 정보 공개의 원칙을 제기하고 미디어 독점을 제한하며 다양한 공적·사적 집단의 공개화를 강조하는 가운데서도, 지배층은 자신들의 독점적 커뮤니케이션을 위하여 새로운 커뮤니케이션 장의 확보에 관심을 집중시키고 있다.

한편, 근대사회에서 미디어의 발전은 커뮤니케이션 장의 범위를 엄청나게 확장시키고 있다. 공간상 상호 행동의 확대와 시간상의 장애를 극복한 접촉에서 나타나는 오늘날의 변화는 탁월한 시·공간적 수렴의 일부임이 분명하다. 오늘날 사회적 행동들이 전 세계적으로 동질화되어 가는 경향은 공간적 거리를 감소시키는 새로운 매체의 발명과 함께 진행되었다. 물론 전화나 텔레비전의 기술은 대면적인 만남에서 볼 수 있는 상대방과의 직접적인 대면에 의한 완전한 접촉을 성취하지는 못하고 있지만, 그래도 이와 같은 기술들은 공간 거리상의 장애를 극복하고 시간 접촉의 즉시성을 가능하게 하였다. 더구나 오늘날 컴퓨터와 위성통신 기술의 발전은 사이버 공간이라는 새로운 커뮤니케이션 장을 만들어 새로운 사회의 사회적 관계를 만들어 가고 있다.

이와 같이 '커뮤니케이션 장'은 '미디어'의 개념과 유사하면서도 미디어와는 다른 개념으로서 '커뮤니케이션 체계'를 이해하는 데 '미디어' 만큼이나 중요하게 고려되어야 할 항목인 것이다. 인간 역사에 있어서 중요한 커뮤니케이션 장으로서 기능하였던 공간들은 국가기구, 사원, 학교, 시장, 군대, 의회, 자본가 기구(예컨대 전경련), 노동조합, 사교클럽 등 여러 가지를 열거할 수 있겠으나 여기서는 몇 가지만 살펴보도록 하겠다.

1) 국가기구

일반적으로 국가는 일종의 행정기구라고 할 수 있다.[21] 국가기구는 일정한 지역 내에서의 질서를 확보하기 위해 감시와 통제를 행하며, 전문적으로 행정기능을 수행할 수 있는 관리들로 구성된다. 국가기구는 다양한 강제력을 보유하면서 그 사회의 사회질서를 최종적으로 확보하고 존속시키기 위해 필요한 존재일 것이다. 국가기구가 사회의 성원들을 기존의 질서에 순응할 수 있도록 통제할 수 있는 권력을 가진다는 점에서 국가기구에 소속된 담당자들은 자연스럽게 합법적인 권력을 행사하게 된다. 그러므로 비트포겔(K. A. Wittfogel)의 주장과 같이 중앙집권제 국가에서는 국가기구를 장악하고 움직이는 사람이 지배 계급을 형성하며, 그 밖의 주민들은 지배 계급의 전제적 통치에 복속하도록 되어 있다(Wittfogel, 1957: 302-303).[22] 이러한 점에서 국가기구는 전통사회에서나 오늘날 사회에서 지배층의 중요한 커뮤니케이션 장이 된다.

지배와 관련된 연구에서 행정기구의 조직과 그 지배의 방식에 대한

---

21) 이때 행정기구의 의미는 전통사회에서 지방 행정관리가 지방의 행정사무뿐만 아니라 군사·입법·사법에 관련된 일을 모두 처리하듯, 국가가 구성원들을 감시 통제하기 위해 가지게 되는 모든 국가적 업무를 통틀어 일컫는 개념이다. 물론 이러한 다양한 행정기구들 또한 역사적 전개 과정에서 의회라든가, 군대조직, 사법기관 등과 같이 독특한 커뮤니케이션 장을 형성하는 경우 새롭게 조명될 필요가 있는 커뮤니케이션 장들이라는 것은 사실이다.

22) 물론 국가권력이 지배 계급의 형성과 관련된다는 측면에서는 경제적 불평등의 차원에서 논의할 수 있는 계급의 개념을 엄밀하게 적용할 때 문제는 있다.

연구는 흔히 있었지만, 행정기구 자체가 지배와 관련하여 중요한 커뮤니케이션 장이 되며 커뮤니케이션 장으로서 행정기구의 변화가 전체 사회의 변화와 어떤 관련성을 가지는가에 대한 관심은 거의 없었다고 할 수 있다. 처음 행정기구는 다양한 집단과 지역의 출신들에 의해 충원됨으로써 그 사회에서 가장 광범위한 커뮤니케이션이 교환될 수 있는 장소였을 것이다. 한 사회의 합법적인 강제력을 확보하고 있는 행정기구는 다양한 집단과 지역 출신의 사람들이 모이는 장소가 되며, 이것은 광범위한 커뮤니케이션을 가능하게 하는 장소가 될 수 있었다. 이러한 의미에서 행정기구 자체에 많은 정보가 자연스럽게 모이게 되고, 또한 행정기구는 광범위한 지역에 대한 지배를 목적으로 조직됨으로써 각 지역의 정보를 능동적이며 체계적으로 수집하는 장소가 될 뿐만 아니라 행정기구들간의 체계적인 커뮤니케이션이 가능하도록 조직되었던 것이다.

행정기구로서 커뮤니케이션 장은 성원들에게 그 조직이 관장하는 업무를 통하여 감독과 통제의 힘을 발휘하도록 할 뿐만 아니라 지속된 커뮤니케이션을 통하여 습득된 정보와 지식, 인연 등으로 말미암아 그곳을 떠난다 하더라도 지속적인 커뮤니케이션을 가능하게 한다. 그러므로 그곳에서 합의된 상호 이해와 지식을 중요한 지배의 자원으로 이용할 수 있도록 상호 협조하게 되는 것이다.

예컨대 재경원(과거 경제기획원과 재무부)은 우리 나라의 재무·금융·경제정책을 결정하는 막강한 부서이다. 자본주의가 발전하면서 국가의 경제정책이 기업인들에게 미치는 영향력이 엄청나게 확대되고, 더구나 우리 나라와 같이 거의 국가의 주도로 경제발전을 도모해 왔다는 것을 감안한다면 재경원이 갖는 영향력은 엄청나다. 그러므로 재경원과 관련된 금융감독기관(은행감독원, 증권감독원, 보험감독원 등)과 국책은행, 일반은행, 제2금융권(보험사, 증권사, 투자금융회사, 종합금융회사, 리스, 신용금고 등)에는 물론 최근 기업에도 재경원 출신들이 대거 진출하여 과거 재경원이라는 커뮤니케이션 장에 소속된 인연을 과시하고 있다.[23] 이들은 정부의 금융·경제정책에 깊숙이 개입하기도 하며,

자기가 소속된 새로운 커뮤니케이션 장의 이익을 대변하기도 한다.

이와 같이 다양한 정보가 교환될 수 있는 행정기구라는 커뮤니케이션 장에 편입되는 성원들은 지배층을 형성하게 되는데, 피지배층에서와 같이 제한된 공동체라는 좁은 커뮤니케이션 장에 묶여 있는 것과 비교해 보면 이들은 공동체적 삶으로부터 벗어날 수 있는 기회를 더욱 많이 가지게 된다. 다양한 정보의 수집, 공동체적 삶으로부터 조금이나마 벗어날 수 있는 기회 등은 행정기구에 소속된 성원들로 하여금 피지배층과의 관계에 있어서 보다 유리한 입장을 획득하게 해준다. 이러한 측면에서 특히 전통사회의 행정기구는 지배층의 매우 기초적인 커뮤니케이션 장으로서 기능하게 된다. 전통사회에서 소수의 지배층이 다수 피지배층을 지배하는 것이 가능했던 것도 지배층의 미디어 독점뿐만 아니라, 광범위한 커뮤니케이션을 가능하게 하는 커뮤니케이션 장을 지배층이 확보하고 있었기 때문이라고 보아야 할 것이다.

전통사회에서 행정기구는 거의 사적인 차원에서 기능이 수행되었고, 근대사회에서 행정기구는 공공적 차원에서 그 기능이 수행되었다. 이러한 측면에서 행정기구라는 커뮤니케이션 장 내의 커뮤니케이션 양식 또한 사적 커뮤니케이션에서 공적 커뮤니케이션으로 변화되어 갔다. 전통사회의 국가기구 내에서 형성되는 사회적 관계는 거의 전통이나 카리스마에 근거하지만, 그 구체적 내용은 인격적 관계이다. 그러므로 그러한 사회적 관계에서는 친밀성과 비합리성이 내재되어 있으며, 이러한 사회적 관계 내에서의 커뮤니케이션은 권위주의적이며, 일방적이고 폐쇄적인 특성을 가지게 되었던 것이다. 이와 같은 의미에서 베버가 지적한 근대적 관료제의 발전은 커뮤니케이션 양식의 변화라는 차원에서도 살펴볼 수 있다. 근대사회의 국가기구의 공공화는 근대적 관료제에서와 같

---

23) 1995년 12월 1일 현재 재경원 출신 인맥들은 은행에 153명, 증권계 98명, 보험계 43명, 단자 종금 상호신용금고 17명, 신용카드 리스 신용평가 기술금융에 47명 등 358명이 금융계의 고위직에 앉아 있다(≪뉴스플러스≫ 1996. 6. 20: 40-42).

이 합리적인 규칙(법)의 존재에 의해 확보되는 것이 사실이다. 이러한 이유로 인하여 근대 시민사회의 국가기구 역시 성원들을 감시하고 통제하기 위한 강력한 권력을 가지지만, 전통사회와 비교할 때 그 커뮤니케이션의 형식은 탈권위적이고 쌍방적이며 공개적인 특성을 상대적으로 많이 나타낸다.

2) 시장

오늘날 경제학에서 시장은 어떤 공간을 지칭하는 것이 아니라 어떤 상품에 대한 수요와 공급에 관한 정보가 수요자와 공급자 사이에 교환되고, 그 결과로 상품이 매매되는 매개체라고 매우 추상적인 수준에서 정의되고 있다(조순, 1979: 232). 사실 교통·통신이 고도로 발전하고 정보들이 자유로이 교환되는 오늘날 국제 외환시장에서 세계 각국의 수요자와 공급자가 자유롭게 연결될 수 있는 상황에서는 이와 같은 정의가 시장 상황의 현실과 근사한 측면을 보인다. 그러나 현실적으로 상품의 교환이 물리적·공간적 장애를 받지 않을 수 없는 여태까지의 상황에서, 시장은 상품이 교환되는 공간적 장소가 되며 이것을 위해 다양한 사람들이 모이는 장소가 된다는 점을 중시하지 않을 수 없었다. 이러한 점에서 시장이 갖는 커뮤니케이션 장으로서 의의를 살펴볼 수 있는 것이다.

자급자족적인 경제가 지배하는 사회에서 생산된 생산물의 교환은 거의 불가능하였다. 그러나 잉여생산이 가능하게 되면서 잉여생산물을 교환할 수 있는 장소가 필요하였고, 잉여생산물을 교환하는 장소로서의 시장은 비로소 혈족과 공간을 중심으로 형성된 공동체를 벗어난 커뮤니케이션을 가능하게 하였다.[24] 농업생산을 중심으로 하는 전통사회에서 생산 담당층 대부분은 자급자족적 생산활동을 함으로써 교환을 위한 시장의 필요성이 그렇게 절박한 것은 아니었을 것이다. 다만 지배층이 필

---

24) 고대사회에서 혈연과 공간을 중심으로 한 공동체를 벗어난 대규모의 커뮤니케이션 양식은 전쟁이 유일하다.

요로 하는 물품을 공급하기 위해 소수의 상인들과 제한된 규모의 시장
이 존재하였을 뿐이었을 것이다. 그러므로 전통사회에서는 주로 농업적
생산의 노동에서 제외된 사람들이 모여 있는 도시에서 시장이 발생할
수밖에 없었다.

그러나 전통사회에서 시장이라는 커뮤니케이션 장에서는 새로운 커
뮤니케이션 경험을 맛보게 한다. 시장에서의 커뮤니케이션은 전적으로
수평적인 커뮤니케이션이며, 오직 설득을 통해서 원래의 목적인 교환을
성취하게 된다. 이와 같이 시장에서의 커뮤니케이션의 특징은 필연적으
로 커뮤니케이션을 공개화하고, 인간관계를 합리적으로 조정할 수 있는
관계로 만들어 간다는 점에 있다. 전통사회에서 이러한 경험은 공동체
의 이념 또는 지배층의 가치관에 매몰되어 있던 피지배층에게 사회와
자신에 대한 성찰의 기회를 줄 수 있었다. 이러한 측면에서 서구 자본주
의의 발전과정에서 자본가의 성장은 시장의 발전과 매우 긴밀한 관계를
갖는다.[25]

한편 전통사회에서 시장은 판매자와 소비자가 물건을 사고 팔기 위
해 모이는 단순한 기능만 가진 것이 아니었다. 수많은 사람들이 시장에
모이게 됨으로 자연스럽게 많은 정보가 집결되는 장소가 되었으며, 또
한 서로의 정보를 교환하기 위해 모이는 커뮤니케이션 장이 되었다. 뿐
만 아니라 상품교환을 위한 시장은 필연적으로 상인들에 의해 타시장과
조직적으로 연결된다. 이러한 측면에서 시장의 발달은 커뮤니케이션 장
의 확대를 가져오게 된다.

그러므로 과거 후기 조선시대의 시장은 특히 마을 단위로 커뮤니케
이션 범위를 제한당할 수밖에 없었던 피지배층의 커뮤니케이션 확장에
거의 절대적인 역할을 하였다. 따라서 조선시대 시장은 여성들보다 남

---

25) 물론 초기 조선조 사회에서 국가에서 허용하는 시장, 즉 어용시장에서는 서구
사회에서와 같이 시장을 통한 피지배층의 커뮤니케이션의 확대와 시민 계급의
성장을 부추기는 방향으로 작동되지 않았다. 이처럼 동일한 커뮤니케이션 장이
라 하더라도 다른 커뮤니케이션 집단과 어떤 관계에 놓여 있는가에 따라 전혀
다른 방향으로 작동될 수 있는 것이다.

성들이 즐겨 찾는 장소였다. 실제로 우리의 전통사회에서 최초로 지배층에 대한 피지배층의 조직적이며 지속적인 저항이었던 18세기 중엽에 발생된 진주민란도 한글사용의 확대, 새로운 종교의 보급과 더불어 시장의 발전에 의하여 피지배층이 광범위한 커뮤니케이션 확장을 확보한 후에야 가능한 것이었다.26)

한편, 근대 시민사회 이후 자본주의 발전에 따라 시장은 많은 사람들이 몰려와 다양한 정보를 교환하고 결속하는 장소로서의 의미는 축소되어 전적으로 상품과 상품정보가 교환되는 장소로 변하였다. 이와 같은 현상의 변화는 자본주의 사회의 지식과 정보의 교환이 시장이 아니라 하더라도 다른 커뮤니케이션 장 또는 미디어에 의하여 충족될 수 있었기 때문일 것이다. 그러나 오늘날 자본주의 사회에서는 소비자들을 일정한 장소에 모으는 것이 상품판매의 중요한 요건이라는 점에서 문화·오락의 기능을 확충한 공간을 확보함으로써 소비자들에게 커뮤니케이션 장을 제공하는 데 주력하고 있다. 과거 상품의 교환장소가 다양한 정보를 교환되는 장소로 이용되었지만, 오늘날에는 오히려 정보교환의 장소를 상품판매의 장소로 이용하고자 하는 것이다. 특히 오늘날 백화점에서 편의시설과 문화강좌를 개설하여 소비자들에게 커뮤니케이션 장을 마련해 주고 자신의 상품을 슬쩍 끼워 파는 전략은 바로 이러한 흐름에 재빨리 편승한 좋은 예라고 하겠다.

---

26) 사실 조선 후기 시장이 발달하기 이전, 지배층에 의해 미디어가 독점되고, 중요한 지배 커뮤니케이션 장이 지배층에 의해 장악된 상황에서 피지배층들은 분산·고립된 커뮤니케이션 단위를 형성할 수밖에 없었다. 그러므로 피지배층의 지배층에 대한 대부분의 저항은 역시 고립·분산된 저항일 뿐이었다. 18세기 후반 이후 향시의 발전은 『동국문헌비고』(1770)에 1,064개소, 『만기요람』(1808)에 1,061개소, 『임원경제지』(1830)에 1,052개소, 『조선요람』(1909)에 849개소가 설치된 것으로 보아 이미 18세기 중엽에는 3~7일(거의 5일장) 간격으로 전국에 걸쳐 지방의 향시가 개설되었음을 알 수 있다. 조선 후기 피지배층의 커뮤니케이션 장이 확대되는 과정에 대한 좀더 자세한 내용은 윤병철(1992)을 참조할 수 있다.

3) 교육기관

전통사회에서 학교교육은 당연히 귀족과 성직자들이 받을 수 있는 특권이었다. 생업에 열중해야 하는 대부분 피지배층들에게 학교교육이란 사치스러운 것이며, 따라서 불필요하다고 생각하였다. 사실 생활에 필요한 지식은 자연스럽게 가정에서 또는 들판에서 부모들로부터 살아가면서 배우게 되며, 그것으로 그들의 삶에 충분한 것이었다. 한편 전통사회에서 지배층은 그들의 지배의 정당성을 흔히 일반인들이 갖지 않는 지식의 소유에서 구했다. 그러므로 지배층이 지배의 유지·계승을 위해 그것이 신성한 지식(종교적 지식)이든, 세속적인 지식(라틴어 또는 한문의 해독능력이나 과학적 지식)이든 지식을 전달할 수 있는 장으로서 교육기관은 자연히 지배층의 중요한 커뮤니케이션 장이 되었다.

커뮤니케이션 장으로서 학교는 피지배층과의 관계에서 유리한 커뮤니케이션 위치를 점할 수 있도록 하는 주요한 기관이었다. 전통사회에서 기본적으로 커뮤니케이션의 장애를 극복할 수 없었던 피지배층과는 달리 지배층은 다양한 지역의 지배층 자녀들을 학교라는 교육기관에 불러모아 커뮤니케이션 기회를 제공함으로써 결속하게 함은 물론 지배의 자원으로서 지식을 공급하였던 것이다. 이와 같이 전통사회에서 학교는 지배층을 재생산하는 장소였을 뿐만 아니라 지식을 지배층이 독점적으로 이용할 수 있도록 지식을 생산·저장·관리·분배하는 중요한 기능을 담당하였다. 이러한 점에서 지식이 지배의 중요한 자원이 되었던 조선조 사회에서는 지식의 생산을 둘러싼 사회적 관계의 긴장과 갈등이 사회변동의 중요한 요인이 되었던 것이다. 조선조 전기에는 국가에서 운영하는 향교를 중심으로 지배층이 생산되었으나 중기 이후 사적으로 운영되는 서원을 중심으로 커뮤니케이션 장이 형성되면서 조선사회의 지배층은 서원을 중심으로 형성되었던 것이다.

그러나 근대사회로 들어서면서 신분적 질서가 허물어지고 새로운 가치관이 형성되면서 새로운 사회질서에 적응할 수 있는 인간교육의 필요성이 대두되었다. 더구나 산업화와 더불어 새로운 기술교육에 대한 사회적 요구로 인하여 특정 집단의 교육독점은 타파되고 오늘날과 같이 사회의 모든 성원들에 대한 공공교육이 실시되었다. 그러나 지식의 공유화가 허용된 현대사회에서도 여전히 지배 집단은 지식을 체계적으로 수집·생산·저장하는 제도나 기관을 더욱 정교하게 운용함으로써, 겉에서 보기에는 지식의 불평등한 분배가 합리적으로 이루어진 것처럼 보인다. 오늘날 중등교육과 기술교육이 일반적으로 시행되고 있지만, 그러한 교육의 내용들은 현대사회의 일상 생활질서를 유지하거나 아니면 사회의 한 역할을 담당하는 데 필요한 지식 또는 정보이지 그것이 지배의 자원으로 전환될 수 있는 정도의 것은 아니다.

시민사회 이후 지식 생산이 폭발적으로 확산되어 분배되고 제도적으로 지식의 독점이 허용되지 않는 상황에서, 전반적인 지식의 평가절하가 현저히 진전된 것은 사실이다. 그러나 아직도 고등교육기관으로서 대학은 여전히 전문지식을 제공함으로써 지배 자원으로서 전환 가능한 지식 생산과 관련을 가질 뿐만 아니라, 여전히 지배층을 생산하는 장소가 되고 있다.[27] 더구나 대학 가운데서도 매우 효과적으로 지배층의 생산 장소로서 위치를 확보하고 있는 곳도 있다. 우리 나라의 서울대학교나 미국의 아이비 리그의 대학들, 영국의 옥스브리지(옥스퍼드 대학과 케임브리지 대학)와 같은 대학들은 단순히 대학의 과정에서 지식을 전수하는 곳일 뿐만 아니라, 잠재적 지배층을 모아 상호 커뮤니케이션을 통하여 동일한 가치관을 공유하고 서로의 결속을 보장하는 장소인 것이며, 사회적인 진출 이후에 있어서도 여전히 커뮤니케이션을 유지하도록 하는 연결고리인 것이다.

지난 1996년 4월, 15대 국회의원 총선에서 피선된 299명의 국회의원 중 서울대학교를 졸업한 사람은 모두 118명에 이른다. 여기에다 서울대학 대학원을 졸업한 11명의 의원과 행정대학원·경영대학원 등에 부

---

27) 물론 우리 나라와 같이 대학 진학률이 매우 높은 경우, 모든 대학을 일반적으로 지배층의 생산 장소라고 할 수는 없다.

설된 6개월 단기과정을 수료한 의원 38명까지 서울대학교라는 커뮤니
케이션 장 공간에 소속된 경험을 가졌던 자를 모두 합하면 무려 167명
(전체 의원 수의 약 56%)에 이른다. 그리고 고려대 출신의 국회의원 40
명, 연세대 출신의 국회의원은 15명으로, 이들 3개 대학 출신 국회의원
이 전체 국회의원에서 차지하는 비율은 약 74%에 이른다(≪주간조선≫
1996. 11. 7: 22). 한편 정치권의 엘리트라고 볼 수 있는 국회의원뿐만
아니라 법조계·재계·행정계의 엘리트 또한 대부분이 특정 대학의 커뮤
니케이션 장에 소속되었던 자들에 의해 장악되고 있다. 법조계에서 검사
장급 이상 검찰 간부와 지법원장 이상의 법관 총 74명 중 서울대 출신이
62명(약 84%)에다 고려대 출신이 5명, 연세대 출신이 3명으로 합하면
약 94%에 이른다. 재계에서 50대 그룹회장과 매출액 순위 30대 기업의
사장급 이상 128명 중 서울대 출신 43명(약 34%)과 고려대 출신 13명,
연세대 출신 14명을 합하면 55%에 이르고 있으며, 행정부는 정부부처
1급 이상 관료 255명 중 서울대 출신 124명(약 49%)과 고려대 출신 86
명, 연세대 출신 29명을 합하면 무려 95%에 육박하고 있다(≪신동아≫
1996. 10: 257-270). 이와 같은 사실은 오늘날 한국사회에서 소위 일류
대학이라는 커뮤니케이션 장이 지배층을 재생산하고 그들에 의해 지배
적인 지식과 이데올로기가 재생산되고 있음은 물론, 그들이 대학이라는
커뮤니케이션 장을 떠난다 하더라도 지속적인 커뮤니케이션을 유지하면
서 협력하고 있음을 보여 주는 것이라 하겠다.

4) 전국경제인연합회: 자본가 집단의 커뮤니케이션 장

자본주의 사회에서 자본가들은 지배 집단의 일부로서 매우 중요한
위치를 차지하고 있다.28) 이들은 이윤을 위하여 상호 경쟁하는 관계이

---

28) 자본주의 국가의 국가 관리는 여전히 정치-행정 담당자들에 의해 수행되고 있
   으며, 군사적 긴장이 고조되고 있는 국가에서는 군사적 엘리트 또한 중요한 지
   배 집단으로 부상된다는 점에서, 비록 자본가들이 지배동맹을 형성하여 국가적

며, 자본주의 발전에 따른 자본의 사회적 분화(자본과 경영의 분리) 등
에 의하여 집단의 응집력을 가질 수 없는 관계라는 주장도 있다. 이와
같이 자본가 집단이 분열되고 갈등하는 것처럼 보일 수 있지만, 사실은
고도의 응집력과 통일성을 확보하고 있기 때문에 자본주의 사회에서 자
신들의 기득권을 유지할 수 있고 지배를 지속적으로 재생산할 수 있는
것이다. 더구나 밀스(C. W. Mills)나 돔호프(Domhoff)와 같은 학자들은
경제적 엘리트 집단뿐만 아니라 지배 집단 전체가 상이한 이해와 갈등
을 초월하는 공통의 이익과 목표를 위하여 상호 연대하고 협력하고 있
다고 주장하였다. 우리의 관심은 넓게는 이러한 다양한 지배 집단의 상
호 연대와 협력이 어떠한 커뮤니케이션 체계 가운데서 발생되고 있느냐
하는 것이지만, 여기서는 자본가들이 어떤 커뮤니케이션 장에서 응집력
이 매개되는가에 관심을 갖는다. 이들의 응집을 매개하는 커뮤니케이션
장이 사회에 따라 자본주의 발전의 정도에 따라 다양하게 나타날 수 있
지만, 예컨대 우리 나라의 '전국경제인연합회(전경련)'는 특히 대자본가
(재벌)들의 계급적 이해를 보호하고 대변하기 위하여 모인 대표적인 커
뮤니케이션 장이라고 할 수 있다.29)

우리 나라의 역사적 과정에서 자본주의의 발전에 따라 업종을 초월
하여 자본가들의 이익을 반영하기 위해 결집되는 초기의 장소로서 '상
공회의소'가 있었다. 상공회의소는 19세기 말 상인자본가들의 결집 장
소였던 '상무회의소'가 산업자본가를 중심으로 결속하는 장으로 발전되
었던 것이다.30) 이후 자본가들의 활동은 상공회의소뿐만 아니라 중소기

기구를 자신들의 영향 아래 두고자 하는 노력을 한다고 하더라도 여전히 지배
집단 내의 한 분파일 수밖에 없다.

29) 1996년 현재 30대 재벌은 다음과 같다.
현대, 삼성, 엘지, 대우, 선경, 쌍용, 한진, 기아, 한화, 롯데, 금호, 두산, 대림, 한
보, 동아건설, 한라, 효성, 동국제강, 진로, 코오롱, 동양, 한솔, 동부, 고합, 해태,
삼미, 한일, 극동건설, 뉴코아, 벽산.

30) 1895년 상인들의 자발적인 조직인 객주회, 신상회(伸商會), 상의소 등에 대하
여 의무와 형식을 규제하는 내용의 상무사장정이 공포되면서 체계적인 조직으
로 등장하게 되었다.

업협동조합중앙회, 무역협회 등을 중심으로 협력과 결집을 도모하였다. 그러나 이러한 류의 단체들은 국가 경제정책의 틀 내에서 가능한 자본가 집단의 커뮤니케이션 장이라는 측면에서 정치-행정 엘리트 집단과의 관계에서 수동적인 입장에 처할 수밖에 없었다. 그러나 자본주의적 사회구조가 확대되고 지배 집단 내 자본가 집단의 영향력이 강화되면서, 대자본가 집단은 자신 집단의 상대적 자율성을 확보하고 나아가 다른 지배 집단과의 좀더 효율적인 협력을 위해서 자신들의 이해를 공유하고 조정할 수 있는 강력한 커뮤니케이션의 장을 필요로 하게 된다.

1961년 1월에 설립된 전경련의 다음과 같은 사회경제적 설립 배경은, 소위 대자본가들의 커뮤니케이션 장으로서의 전경련의 의의를 확인하는 중요한 단서를 제시한다고 볼 수 있다(홍덕률, 1993: 66-67). ① 1950년대 말 비록 낮은 수준이지만 경제력 집중과 독점이 진행되었으며, 이것은 대자본과 중소자본의 분화에 의한 별도의 조직을 필요로 하게 되었음을 의미하는 것이었다. ② 4·19혁명 직후 대자본가의 자본축적의 위기, 나아가 생존의 위기상황을 대처해야 했었다. ③ 4·19혁명에 의한 억압적인 국가기구의 와해로 대자본가들은 생존적·체제적 위기 상황을 스스로 협력에 의해 타개하지 않을 수 없었다. ④ 이러한 상황 가운데서도 대자본가 내부의 분열은 심각한 상황이었다. 이와 같이 대자본가 이해의 분화, 내부의 갈등 조정, 외부 환경(국민적 억압)의 조정뿐만 아니라, 특히 5·16 쿠데타를 거치면서 경제활동에 대한 억압적인 국가의 개입이 더욱 확대되면서 효과적인 정치-행정 엘리트 집단과의 협조와 이해의 조정이 필요하였으며, 1960년대 말부터 미약하나마 일기 시작한 노동운동에 대한 집단적인 대응 등의 필요로 대자본가들의 커뮤니케이션 장으로서 전경련은 대자본가 집단의 응집의 구심체 역할과 대자본가 집단의 정책수립의 역할을 하는 매우 중요한 조직이 되지 않을 수 없었다.[31]

---

31) 1960년대 말 노동운동의 확대에 대처하기 위하여 전경련이 모태가 되어 1970년 7월 한국경영자총협의회가 발족되었다. 전경련의 대자본가 응집 구심체로서

전경련은 정례적으로 열리는 회장단회의에서 기본정책의 골격이 마련되고,[32] 전경련의 세부 정책과 문제제기 및 정책 조정을 하는 각종 상임 및 특별위원회가 있으며, 주요한 현안이 발생될 때에는 주요 그룹의 기조실장회의를 주선하는 등 서로의 관심과 이해를 충분히 나누어 가질 수 있는 커뮤니케이션 장으로서 역할을 충분히 수행하고 있다. 그 외에도 다양한 토론회와 초청 간담회, 세미나, 강연회 등을 개최함으로써 대자본가들 상호간, 그리고 그들과 정부관료 및 전문가와 커뮤니케이션 기회를 마련함으로써 자신들에게 유리한 정책을 개발하거나, 개발된 정책을 확산하는 기회로 이용한다.

이와 같이 자본주의가 발전하면서 전경련과 같은 자본가들의 커뮤니케이션 장은 그들의 이해를 관철하기 위하여 매우 다양하게 발생되게 되며,[33] 그러한 커뮤니케이션 장들은 다른 커뮤니케이션 장들과 복잡하게 얽히게 된다. 특히 1980년대 말 이후 대자본가 집단이 급속히 성장하는 가운데 과거와 같이 정부의 지배력이 약화되고, 노동자 집단의 저항이 강화되면서 전경련은 정치적·행정적 엘리트 집단과의 협력과 간섭 배제라는 양면적인 전략을 구사함으로써 대자본가 집단의 이해를 관철시키기 위하여 노력하고 있다.

의 역할과 대자본가 집단의 정책수립의 역할에 대한 좀더 상체한 논의는 홍덕률(1993: 76-99)을 참조.

[32] 전경련의 초기에는 회원들이 윤번으로 참여하는 운영위원회와 사무국 중심으로 운영되었으나, 1970년대 중반 이후 회원사인 대자본가들 사이에서도 자본 규모의 뚜렷한 분화가 발생되면서 상위 거대자본가들로 구성되는 회장단 중심으로 전경련이 운영되기 시작하였다.

[33] 전경련 외에도 한국에서 자본가들의 커뮤니케이션 장으로서 한국경영자총협회(경총)·중소기업협동중앙회·상공회의소·무역협회·은행연합회 등이 있으며, 최근 1980년대 말 노동자의 강력한 저항과 국가권력의 이완에 의한 자본가 집단의 위기에 대처하기 위해 1989년 12월에 위의 경제 6단체와 주요 업종별 협회, 지역경영자 협회를 망라한 경제단체협의회(경단협)라는 커뮤니케이션 장을 만들었다.

5) 노동조합

위에서 우리는 자본주의 사회의 공장이라는 커뮤니케이션 공간이 가지는 커뮤니케이션적 의미에 대하여 간단히 언급하였다. 자본주의적 생산의 공간을 공장이라는 커뮤니케이션 장 내에서 가짐으로써 여태껏 전혀 경험하지 못했던 사회적 관계가 형성되고, 무엇보다 새로운 지배 관계에서 피지배층이라고 할 수 있는 노동자들이 결속할 수 있는 커뮤니케이션 장이 마련된 것이었다. 이것은 매우 중요한 의미를 가지는데 과거 농업생산이 중심이었던 봉건사회에서 농업생산 활동 자체의 자급자족적 성격도 그러하려니와 공간적으로 흩어져 있었을 뿐만 아니라 상호 커뮤니케이션할 수 있는 미디어를 가지지 못함으로써 피지배층들은 고립될 수밖에 없었지만, 자본주의 사회에서 공장이라는 공간과 공장이 몰려 있는 도시라는 공간은 자본주의 사회의 피지배층들에게 자연스럽게 생산의 현장에서 그리고 주거의 공간에서 커뮤니케이션의 기회를 제공하고 스스로 결속하여 자신들의 권리를 주장할 수 있는 커뮤니케이션 단위를 만들게 되었다.

초기 자본주의 사회에서 자본가들의 심한 착취에 저항하는 과정에서 노동자들이 결속하는 구체적인 커뮤니케이션 장으로서 노동조합이 탄생하게 되었다. 17세기 말엽에 이르면 이미 영국의 노동자들은 그들의 노동조건과 생활의 유지·개선을 위해 고용주에 대항하여 자신들의 요구를 관철시키기 위한 조직으로서 노동조합의 수가 상당히 확장되었다. 신흥 자본가는 정부에 압력을 가해 1799~1800년에 단결금지법을 만들어 노동자들의 이러한 단결을 막고자 하였다. 그러나 비밀단체였던 노동조합은 '형제의 맹세'나 의식으로 결속을 강화하고, 전국적인 규모의 지역 결합과 다양한 직종간의 연대를 도모하였다. 1811~1826년에는 전국의 면업지대에 노팅엄을 시발로 '기계파괴운동(Luddites Movement)'이 파급되는 등 노동자들의 저항이 드세게 일어남으로써 결국 노동자들에 대한 단결금지가 사실상 유명무실하게 되고, 1824~1825년에는 단결금지법이 폐지되게 된다.

이와 같이 영국에서 합법적 조직으로 보장받은 노동조합이 모든 직종의 노동자를 전국적으로 결집했을 무렵, 1832년에 선거법이 개정되었다. 선거법 개정으로 선거권을 얻지 못한 것에 분노한 노동자들은 로버트 오웬(R. Owen)의 지도하에 전국노동조합 대연합으로 결집하였고, 이후 1837년부터 차티스트운동(Chartist Movement)을 전개하였다. 이 운동은 표면상으로는 선거권을 중심으로 한 6개조의 '인민헌장(People's Chart)'의 실현을 위한 의회개혁운동이라고 볼 수 있지만 내용상으로는 노동자 집단의 권력확보를 위한 최초의 조직적 운동이었던 것이다. 이러한 운동의 영향으로 노동법·탄갱법·공장법 등 사회법의 성과를 올렸던 것이다. 1840년대 이후 영국의 자본주의 경제가 거듭 발전하여 세계를 제패하고 노동자들의 실질임금도 상승하자, 노동자들의 사고방식에 커다란 변화가 있었다. 전투적이고 불안한 초기의 산업별 노동조합을 대신하여 전국적 규모의 강력한 직업별 노동조합이 1851년에 만들어졌고, 직업별 노동조합은 자본주의를 긍정하는 가운데 임금·노동조건의 개선에 주력하였다. 1868년에는 마침내 직업별 노동조합의 전국회의로서 영국노동조합회의(TUC)가 소집되었다. 1900년 TUC는 독립노동당, 사회민주연맹, 페비언협회의 대표들을 결집하여 노동자 대표를 의회에 진출시키기 위한 노동대표위원회를 결성하고, 1906년에는 노동당(Labor Party)으로 명명하였다. 노동당은 1906년의 선거에서 29명을 의회에 진출시키고, 노동쟁의법을 제정하여 조합이 쟁의행위로 인한 손해배상의 책임을 지는 것을 면제받게 하고 피켓 시위도 합법화시켰다.

물론 이러한 노동자들의 중요한 커뮤니케이션 장으로서 노동조합의 발전과정이 그 사회의 산업발전의 정도나 여건, 국가기구와 자본가 집단과의 관계, 문화적 차이 등에 의해 매우 다른 모습으로 발전될 수 있다. 그러나 노동자들이 결속할 수 있는 것은 생산관계에 있어서 그들이 처한 동일한 객관적 조건이나 그들의 열악한 생활환경보다도, 그들이 서로 커뮤니케이션을 통하여 자신들의 사회적 위치를 확인하고, 자신들의 권리를 획득하기 위하여 자본가 집단에게 저항할 수 있는 전략을 교환하고, 또 단결할 수 있는 노동조합이라는 커뮤니케이션 장이 존재하였기 때문에 가능했던 것이었다.

그러므로 노동자 집단이 노동조합이라는 커뮤니케이션 장 내에서 어떻게 조직화해 나가는가는 자본주의 사회 전체의 역동적 과정에서 매우 중요한 부분이 될 수 있다. 맑스가 커뮤니케이션에 대한 탁월한 통찰력을 가졌음에도 불구하고 그가 자본주의 사회의 몰락에 대한 섣부른 판단으로 자신의 이론에 약점을 드러낸 것도 자본주의 사회의 중요한 커뮤니케이션 장이 되고 있는 자본가들의 커뮤니케이션 단위들에 대한 세심한 관찰과 노동자 집단의 커뮤니케이션 장이 되고 있는 노동조합에 대한 세심한 성찰의 결여에서 나온 것이라고 볼 수 있다.

6) (사교)클럽

어떤 사회에서나 공통의 이해와 관심에 의해 서로 친밀하게 지내며 친교를 유지하는 집단이 존재하며, 그들은 서로의 이해와 관심에 대한 지식(정보)을 교환하고 협조하기 위하여 일정한 커뮤니케이션 장을 가지게 되는데, 일종의 (사교)클럽이다. 클럽은 전적으로 사적인 커뮤니케이션 장으로서 자유로운 커뮤니케이션이 가능한 장소이다. 근대사회 이전까지만 하더라도 피지배층은 자신들의 생업에만 전념할 수밖에 없었고, 지배층에 의해 미디어가 독점되어 피지배층이 가질 수 있는 커뮤니케이션 장은 물리적 공간에 고립적으로 제한될 수밖에 없었다. 그러나 전통사회에서 (사교)클럽을 지배층에서만 가졌던 것이 아니었다. 비록 다양한 미디어의 사용이 박탈되었던 피지배층이라 하더라도 근접한 공간에서 상호 접촉할 수밖에 없는 사람들끼리 가질 수 있는 친교의 클럽은 존재할 수 있다. 클럽은 그 집단의 성원들을 배타적으로 구성하는 경우와 구성원의 자격을 엄격히 제한하지 않는 경우로 나누어 볼 수 있다. 배타적인 클럽의 경우 그 클럽의 성격과 목적에 따라 전체 커뮤니케이션 체계에 큰 영향을 미칠 수도 있다.

우리 나라의 경우 전통적으로 존재해 왔던 '계'는 특히 피지배층이 자신들의 다양한 관심에 따라 조직하고 상호 커뮤니케이션을 통하여 그들의 이해를 관철시키며 협동하는 장이었다고 할 수 있다. 아마도 영국과 같은 나라에서는 거의 마을마다 하나씩 있는 '펍(pub)'이 마을 사람들이 하루의 일과를 마치고 그들의 관심을 자유롭게 교환할 수 있는 장소였을 것이다. 이와 같은 의미에서 하버마스는 자본주의 사회의 발전이 17세기 이후 커피숍과 살롱 그리고 탁자사회의 발전과 더불어 나타나게 되는 공개적 커뮤니케이션 장의 형성과 밀접한 관련성을 가진다는 데 주목하였다. 18세기 중엽 이후 조선조 사회에서도 '시사(詩社)'를 통하여 중인과 서얼 그리고 사대부들까지 신분을 초월하여 사적인 모임을 가지는 서클이 나타나기 시작하였다.[34] 당시 부패한 지배층의 횡포와 신분적 한계에 대한 좌절과 박탈감을 가진 서얼, 중인, 일부 사대부층들이 한양을 중심으로 형성된 시사에 몰려들었다. 이러한 시사운동을 문학사적으로 그 의의를 기록할 수도 있겠지만, 커뮤니케이션이라는 측면에서 자유로운 커뮤니케이션이 가능한 피지배층 서클의 형성이라는 의의로 재조명할 수 있는 사건이라고 볼 수 있다.

일반적으로 지배층은 정부기관이나 종교기관, 학교와 같은 제도적으로 형성된 커뮤니케이션 장을 이용하여 자신들의 이해와 관심을 공유하고 결속하게 된다. 그러나 대개 피지배층에서는 클럽과 같은 커뮤니케이션 장을 통하여 그들의 이해와 관심을 나누어 가지고, 때로는 그들의 권리를 주장하는 통로로 삼게 된다. 역사적 변화의 이면에는 항상 이러한 배타적인 서클에 의해 상호 이념과 목적을 나누어 가진 결속된 커뮤니케이션 장이 존재하였다.

한편 한 사회의 강고한 기득권은 지배층의 제도적인 커뮤니케이션 장을 통하여 관철되기도 하지만, 지배층 내의 사적 서클에 의해서 지켜

---

34) 시사(詩社)운동과 관련된 내용은 윤병철(1997)과 정옥자(1988) 참조.

진다. 이와 같은 예를 우리의 역사에서 쉽게 찾아볼 수 있다. 지난 80년
대 언론의 주목을 받았던 우리 나라 군부대 내의 '하나회'와 같은 서클
은 전자의 예로 들 수 있으며, '재경회'와 같은 서클을 후자의 예로 들
수 있다.35)

---

35) '재경회'는 과거 재무부 관료 출신들만의 사적 모임이었던 '재우회'가 김영삼
정권시 정부조직 개편으로 재무부와 경제기획원이 통합되어 재경원으로 바뀌면
서, 양쪽 부서의 관료로 활동했던 사람들이 사적으로 결속하고 상호 부조하는
모임으로 바뀐 것이다. 좀더 자세한 자료는 ≪뉴스플러스≫ 39(1996. 6: 40-42)
참조

제4장
■ ■ ■ ■
자본주의와 매스커뮤니케이션

1. 현대사회에서 매스커뮤니케이션의 의의

인간은 자신의 환경을 떠나서는 살아갈 수 없다. 이러한 환경의 매우 근원적인 토대로서 공간과 시간으로 형성되는 자연환경, 그리고 다른 사람과 더불어 살아가면서 만들어 가는 사회적 환경이 그것이다. 물론 자연환경과 사회적 환경은 별개의 것이 아니고 상호 밀접한 관련성을 갖는다. 이러한 사회적 환경이 만들어지는 메커니즘은 바로 인간들 사이의 커뮤니케이션에 의해서 형성된다. 그러므로 한 사회의 인간들이 어떠한 형태의 커뮤니케이션을 가지는가 하는 것은 그 사회의 사회적 환경을 결정하는 데 중요한 요인이 되는 것이다. 커뮤니케이션 체계의 형태에 영향을 미치는 요인들로서 미디어와 커뮤니케이션 장의 역할에 대하여 앞에서 언급하였다.

사실 오늘날 미디어의 발달은 사회적 환경을 엄청나게 변화시켰을 뿐만 아니라 자연적 환경에 대한 인간의 감각마저 바꾸어 버릴 정도이다. 오늘날 중앙정부는 국민들의 사소한 일상생활마저 감시하고 통제할 수 있으며, 정부의 사소한 결정도 개인에게 철저하게 영향을 미치는 사회환경으로 바뀌어졌다. 또한 교통, 통신과 매스미디어의 발전으로 말미암아 과거와 비교할 수 없을 정도로 지구가 좁아진 것 또한 사실이다. 우리는 지금 지구 반대편 세계의 재난이 우리의 환경에 영향을 미치는 사회에 살고 있는 것이다.

이와 같이 미디어의 발전으로 멀리 떨어져 있는 사람들과 연결됨으로써 서로 상호 작용이 가능하게 되었고, 그것은 각자의 생산활동(나아가 생활내용)을 전문화시킬 수 있는 바탕을 마련해 주었다. 이러한 분화는 사회 여러 영역에 구조적 분화라는 변동을 가져다주었다. 자본주의의 발전에 의한 이러한 분화의 확대는 개인들을 기능면에서 상호 의존적 관계로 만들어 가면서도, 다른 한편으로는 개인적인 욕망의 추구와 개인화의 증대로 다원화된 개인과 집단을 조정하고 통제하는 기능과 영역을 필요로 하게 되었다. 자본주의의 발전에 의한 국가 역할의 확대는 이러한 조정과 통합의 영역을 기능적으로 담당하게 된 것과 무관하지 않으며, 또한 매스커뮤니케이션은 사회의 공공화된 정보를 개인들로 하여금 공유하게 함으로써 개별화된 인간 체험의 단편성을 극복하게 만들었다고 볼 수 있다.

한편, 사회의 다원화는 필연적으로 다양한 정보의 생산을 가능하게 하였으며, 다원화된 영역에서 생산된 정보는 전통사회에서와 같이 일원적인 커뮤니케이션 체계에 의해 독점될 수 없게 되었다. 그러므로 현대사회에서는 다원화된 영역에서 물질적 생산 자체도 중요하지만 물질적 생산에 관련된 정보와 정보의 이동·분배도 또한 중요한 것으로 간주됨으로써 산업구조는 물론이고 정치·문화 등등에 이르기까지 그리고 국제적인 질서(상호 의존적인 질서)까지 바뀌게 되었다.

한편, 이와 같은 매스미디어의 발달로 인하여 인간의 사회적 환경은 직접적인 커뮤니케이션에 의해 만들어지는 것이 아니라 대부분이 매스커뮤니케이션에 의해 생산되어지고 있다. 그러므로 오늘날 매스커뮤니케이션은 우리의 사회화를 담당하는 중요한 영역이 되어 버렸다. 과거에는 가정에서 대부분의 기초적인 사회화로부터 사회적 생산을 위한 교육까지 담당해오다가 이후 교육기관에서 사회화의 중요한 일부를 담당하였던 것이, 오늘날에는 가정이 핵가족화되고 식구들 사이의 대화가 매스미디어에 의해 침범당하며 학교에서 인간 삶 자체에 대한 교육보다는 단편적인 지식이나 기능교육을 하는 장소가 되어 버림으로 말미암아 매스미디어에 의한 사회화의 비중이 더욱 커지게 되었다.

그러므로 오늘날 인간 삶의 대부분이 매스커뮤니케이션에 의존하여 살아간다는 의미에서 문화 또한 새로운 양상으로 전개된다. 이와 같은 새로운 문화의 성격을 대중문화라고 이름 붙일 수 있을 것이다. 과거에는 지배층과 피지배층 사이에 일방적으로 지배의 내용을 주고 받는다는 의미 외에 여타의 커뮤니케이션이 단절됨으로써 문화의 내용 또한 단절되어 있었다. 지배층들은 귀족문화를 향유할 수 있었고, 피지배층들은 자신들의 삶 자체에서 생겨난 민중문화(서민문화)를 가졌던 것이다. 그러나 매스미디어의 발전으로 말미암아 지배나 피지배와 상관없이 동일하게 전달되는 매스미디어 문화에 의해, 광범위한 지역에서 전 영역에 걸친 계층이 공유할 수 있는 문화가 생성되게 된다. 이러한 대중문화는 매스미디어 자체의 일방적 전달의 성격으로 말미암아 결국 정치적, 경제적, 종교적 그리고 모든 문화적 엘리트에 의해 만들어진 문화를 수동적으로 수용하게 된다. 이것은 자본주의 발전과 더불어 상업주의적 성격을 강하게 띠게 되어 문화 자체가 상품화되고, 상품은 소비자들에게 팔려야 되기 때문에 대중의 욕구에 아부하게 되어 다분히 저질스러워질 가능성을 가지게 된다. 그러나 매스미디어의 발전으로 인한 대중문화의 출현이라는 것이 전적으로 비관적인 것만은 아니다. 새로운 미디어의 발전은 새로운 예술의 가능성을 열고 있다. '바보상자'로 통하던 텔레비전이 비디오 아티스트들에 의해 새로운 예술의 장르가 개척되는가 하면, 컴퓨터 그래픽의 활용으로 과거에는 상상할 수 없었던 정교함과 스피드를 이용한 예술이 가능하게 된 것 등은 인간에게 새로운 문화 창조의 가능성을 보여 주고 있는 것이라 하겠다.

한편, 전기와 무선통신 기술을 기초로 한 매스미디어는 지구를 하나의 촌락으로 만들었다고 할 정도로 이제 세계는 가까운 이웃으로 변하였다. 세계 구석구석에서 발생되는 사건들은 곧 우리 주위의 사건들처럼 즉각적으로 알려진다. 이러한 세계 각처에서 발생되는 사건의 즉각적인 전달로 말미암아 이제 아무리 멀리 떨어진 곳의 사건이라 할지라도 우리의 환경으로 인식하게 된다. 그러므로 핵의 문제, 환경파괴의 문제, 인권의 문제 등등은 세계의 관심거리가 되며, 그것에 대해 의견들을 개진하고 영향력을 행사하려 한다. 또한 매스미디어에 의한 동시성은 동질화된 문화로 수렴된다. 세계의 젊은이들이 누구나 청바지를 즐겨 입고 코카콜라를 즐기며, 억압적 정치체제를 싫어하고 자유시장 체제를 당연한 것으로 받아들이는 등 여러 가지 측면에서 삶의 내용들이 동질화되어 가고 있다. 이러한 현상들은 문화 침탈 또는 문화 제국주의에 대한 심각한 우려를 낳고 있다.

2. 매스커뮤니케이션의 특징과 기능

1) 매스커뮤니케이션의 특징

매스커뮤니케이션(mass communication) 역시 커뮤니케이션(communication)의 한 형태이다. 우리들의 일상적인 커뮤니케이션은 대체적으로 특정한 상대와 더불어 이루어지지만(이것을 퍼스널 커뮤니케이션[personal communication]이라고 한다), 매스커뮤니케이션은 그렇지 않다는 점에서 매우 독특한 커뮤니케이션 방식이라고 할 수 있다. 매스커뮤니케이션은 자본주의 사회에서 상품 생산이 자신의 욕구를 충족시키기 위한 것이 아니라 타인의 욕구를 충족시키기 위하여 생산되는 것과 유사한 형식을 취한다. 매스커뮤니케이션에서는 자신을 특정한 타자에게 드러내 보이고 그 반응을 수용함으로써 소외(헤겔적인 의미에 있어서)를 통한 자기지양을 성취하는 커뮤니케이션 원래의 의미가 쇠퇴되고, 나의 욕망과 무관한 다만 소비 가능성이 있는 정보를 불특정 다수에게 일방적으로 전달하게 된다. 그러므로 매스커뮤니케이션에 있어서는 상품 생산에서와 같이 끊임없는 정보의 생산만 있을 뿐이며, 대중은 소비만 할 뿐 (일방적인 커뮤니케이션) 커뮤니케이션에 의한 자기성찰의 기회는 거의 가지지 못한다. 이러한 의미에서 매스커뮤니케이션의 특징을 좀더 구체적으로 정리해 보면 다음과 같다.

첫째, 매스커뮤니케이션의 주체는 개인이 아니라 '집단 또는 조직'이라는 특징을 가진다. 이러한 양상은 과거의 커뮤니케이션 양상에서는 거의 나타나지 않았던 것이다. 자본주의 사회에서 상품이 개인의 필요 또는 욕구와 무관하게 대량생산되어 개인을 압도하듯이, 커뮤니케이션에 있어서도 개인의 의사와는 무관한 정보가 조직에 의해 대량생산되어 개인의 사고와 의견이 매스미디어에 의해 생산된 정보(지식)에 의해 압도되어 버린다. 이와 같은 대량생산을 위해서 매스커뮤니케이션은 고도의 기술과 장비, 그리고 다양한 전문성을 가진 인원, 그리고 그 장비와 성원들을 체계적으로 움직일 수 있는 조직의 운영 등이 대규모적으로 가동되어야 한다. 이러한 물량과 인원, 그리고 조직이 움직여지기 위해서는 필연적으로 대규모의 자본을 필요로 한다. 그러므로 매스미디어는 자본주의 국가의 경우 자본가의 통제에서, 사회주의 또는 전체주의 국가에서는 국가나 당(黨)의 통제에서 벗어나기 힘들다.

둘째, 매스커뮤니케이션 조직에 의해 다양한 정보들이 대량으로 생산되어 유통된다는 특징을 지닌다. 개인이 하루 종일 아무리 많은 사람들을 접촉하고 돌아다녀 봐야 획득할 수 있는 정보의 양은 제한되어 있다. 그러나 매스미디어는 다양한 소비자들의 욕구에 맞는 정보를 생산해야 하므로, 다양한 생산자에 의해 대량으로 생산된다. 그러므로 개인의 필요에 의해 생산되어진 정보와 비교해 볼 때 비교할 수 없을 정도로 다양하고 엄청나게 많은 양의 정보를 우리들에게 순간순간 가져다준다. 더구나 분화된 사회에서 개인들은 계속해서 다른 영역의 정보가 일상생활에서 매우 필요하게 됨으로써 더욱 정보에 대한 욕구가 늘어나게 되는 것이다. 정보생산 자체가 한정된 물질적 자원을 필요로 하지 않고,

정보의 소비는 한계효용체감의 법칙이 적용되지 않는다는 점에서 정보에 대한 욕구는 무한정 촉발될 수 있다. 이러한 점에서 매스커뮤니케이션에 의한 정보생산의 양적 팽창은 엄청나게 확장되게 되어 있다.

셋째, 매스커뮤니케이션은 정보를 특정한 사람이나 집단에게 전달하려는 것이 아니라 익명의 대중에게 전달하려 한다. 대중집회의 강연과 같은 것을 통한 대중과의 커뮤니케이션이 있을 수도 있으나, 매스커뮤니케이션에서 대중은 우선 그 규모면에 있어서도 엄청나게 많으며 또한 공간적으로 밀집된 대중이 아니라 흩어져 있는 대중이다.[1] 이러한 측면에서 매스커뮤니케이션은 아무런 대상도 없이 내뱉는 어느 집단의 독백과도 같은 것이다. 그러나 매스커뮤니케이션의 대량전달이라는 특성은 민주주의 정치에서 모든 국민의 정치적 참여를 유발하기 위하여 다수 국민들의 여론을 수렴하고, 국민들의 정치적 관심을 충족시켜 줄 수 있다는 점에서 오늘날 정치의 필수적 요소가 된다. 다른 한편, 발전된 자본주의 사회에서 상품의 대량생산은 필연적으로 대중 소비자들에게 상품에 대한 선전을 필요로 한다. 그러므로 매스커뮤니케이션은 대량 소비자들에게 효과적으로 상품을 선전하고 전달함으로써 자본주의 발전에도 중요한 기능을 하게 되는 것이다.

넷째, 매스커뮤니케이션의 메시지 전달방식은 거의 일방적인 전달방식이다. 매스커뮤니케이션의 수용자가 분명히 있는 것은 확실하지만

---

1) 워드(L. Wirth)는 대중을 다음과 같이 정의한다. 대중은 ① 대량의 인간으로 형성되어 있고, ② 지구상에 널리 분산되어 있으며, ③ 계층이나 지위, 직업 등에 있어서 이질적인 성원들로 구성되며, ④ 익명의 여러 개인들이며, ⑤ 무조직적이며, ⑥ 여러 개인의 행동을 지배하는 공통의 관습, 전통, 제도, 규칙을 갖지 않으며, ⑦ 서로 상호작용하지 않는 개인들로 구성된다고 하였다(Wirth, 1938: 3-24 참조). 아마도 전통사회에서 이렇게 정의된 집단은 아무런 의미를 가지지 않을 것이다. 그러므로 전통사회에서는 '대중'이라는 용어조차 필요치 않았다. 그러나 현대사회에서 '대중'은 정치적·경제적 측면에서 중요한 의미를 갖는다. 즉 정치적 측면에서 대중들은 누구나 선거권을 가지고 자신들의 대표자를 선출할 수 있는 권한을 가지며, 경제적인 측면에서는 상품의 대량소비자라는 의미에서 현대사회에서 대중이 갖는 힘은 막강하다.

독백이 그러하듯 매스커뮤니케이션 역시 수용자의 관심이나 취향·반응·비판을 전혀 고려하지 않고 자신의 메시지를 내뱉을 뿐이다. 그러므로 매스커뮤니케이션이 대중들의 정서나 취향, 또는 정치적 성향에 맞지 않은 내용이라 하더라도 무시하고 반복적으로 전달함으로 대중을 조작하게 되는 힘이 바로 여기에 있는 것이다. 전통사회에서 종교기관이 신성한 지식을 독점하고 피지배층에 대하여 지배층의 이데올로기를 일방적으로 전달하는 중요한 이데올로기적 국가기구로 작동되었듯이, 오늘날 매스커뮤니케이션 역시 국가의 중요한 이데올로기적 기구로 부상하여 일방적으로 대중에 대한 정보환경을 만들어 가고 있다. 물론 최근 매스커뮤니케이션이 독자나 시청자의 증감, 또는 그 반응을 모니터하는 제도의 도입이나 시청자(또는 독자) 조사 등으로 대중의 반응을 포착하려는 노력을 하고 있지만, 그것은 일시적이고 소극적일 뿐이며 또한 상품판매의 목적을 위한 것일 뿐이다.

다섯째, 매스커뮤니케이션에 의해 생산된 정보는 누구나 접근할 수 있도록 공개되어 있다는 특성을 지닌다. 사적인 커뮤니케이션에 있어서는 같은 정보라 하더라도 전달될 수 있는 사람과 그렇지 않은 사람으로 구분하지만, 매스커뮤니케이션에서는 공개되지 않아야 할 정보는 생산되지 않는다. 매스커뮤니케이션의 바로 이러한 측면이 사회의 공개적 영역을 갈수록 확장시켜 왔던 것이다. 근대 시민사회의 발전이 매스커뮤니케이션의 의한 공개적 영역의 확보와 관련된다는 사실을 우리는 하버마스의 논의에서 검토하였다.[2]

---

2) 오늘날 매스커뮤니케이션은 매스미디어의 발전에 의해 비로소 가능하였다. 그러므로 매스커뮤니케이션은 근대 과학의 발전과 대중에 대한 대량정보 전달의 필요성에 의해 나타나게 된 것이었다. 이러한 의미에서 본다면 조선시대 나타났던 '통문'은 공중의 의견을 모아서 다수의 사람들에게 전달되었다는 점에서 전통사회에서 가지기 힘든 매스커뮤니케이션의 요소를 상당히 가지고 있지만, 정보의 기계적 생산에 의한 대량생산이 이루어지지 않았을 뿐만 아니라 수신자가 특정한 집단에 한정되었다는 점에서 근대적 의미의 매스미디어의 범주에 포함할 수는 없겠다. 그러나 조선조 시대에 통문이라는 미디어가 갖는 사회적 의미는 충분히 논의해 볼 가치가 있다.

2) 매스커뮤니케이션의 사회적 기능

앞에서 지적하였듯이 현대사회에서 매스커뮤니케이션이 갖는 사회적인 의미는 엄청나게 크다. 아침에 일어나면 신문에는 어제 밤 사이 일어났던 세상 소식이 가득 실려 있고, 텔레비전을 통하여 일기예보를 보며 우산을 챙긴다. 출근길 자동차를 몰며 라디오를 통해 들려오는 교통정보를 듣고 그 날의 출근길을 택한다. 회사에서는 잠시 쉬는 시간을 이용하여 신문의 경제난을 읽으며 자신이 투자한 주식시세의 추이를 판단하고, 자산의 운용방법에 대한 기사를 세심히 읽고 미래의 투자에 대한 설계도 해본다. 신문의 정치기사를 읽고 오늘 저녁 있을 회식에서 대화에 소외되지 않도록 준비한다. 문화면에는 이번 주말 유명한 외국 가수의 공연 소식이 있다고 하니 아들녀석 생일 선물로 공연 티켓이나 예매를 해야겠다고 생각해 본다. 퇴근 후 회식으로 좀 늦게 집에 오면 아내는 등돌리고 앉아 텔레비전 드라마를 보느라고 정신이 없다. 지친 몸을 소파에 던지고 텔레비전 앞에서 아내와 함께 채널을 이리저리 돌려가며 보다가 마감뉴스를 끝으로 잠자리에 든다. 아마도 산중에서 면벽수도를 하거나 수도원에서 완전히 세상과 단절하고 사는 사람이 아닌 이상, 오늘날 매스커뮤니케이션이 전달해 주는 정보에 의존하지 않고 살아가기는 그렇게 쉽지 않을 것 같다. 이러한 의미에서 오늘날 매스커뮤니케이션이 갖는 사회적 기능이 무엇인지 정확하게 파악하는 것은 중요하다고 생각한다.

물론 오늘날 매스커뮤니케이션의 기능이라는 것이 어느 사회에서나 똑같을 수는 없다. 그것은 사회마다 발전의 정도, 체제의 차이, 지배구조의 차이, 역사적 상황의 차이 등에 따라 각각 상이한 양상을 나타내기 때문이다. 즉 선진국과 후진국,[3] 자본주의 국가와 공산주의 국가 간에

---

3) 러너(D. Lerner)에 의하면 개발도상국에서 매스커뮤니케이션에 특별히 요구되는 기능으로 다음과 같은 다섯 가지의 기능을 제시하고 있다. ① 개발 분위기 조성, ② 국민의식 앙양, ③ 욕구와 희망의 향상, ④ 새로운 지식(기술)의 보급, ⑤ 국

는 매스커뮤니케이션의 기능이 뚜렷하게 차이를 나타내고 있으며, 또한 같은 자본주의 사회라 하더라도 미국과 한국의 매스커뮤니케이션은 그 역사의 내용이나 정치적 권력구조의 차이에 의해 그 기능에서 차이를 보인다.

그럼에도 불구하고 일반적으로 매스커뮤니케이션이 현대사회에서 공통적으로 수행하는 기능을 라스웰(H. Lasswell)은 세 가지, 즉 ① 환경감시, ② 환경에 대응한 사회 여러 부분의 연결, ③ 세대에서 세대로 사회적 유산의 전달로 들고 있으며(Lasswell, 1948: 37-51), 라이트(C. W. Wright)는 위에서 제시한 라스웰의 세 가지 기능에다 오락의 기능을 하나 더 첨가하고 있다(Wright, 1952: 16-23). 한편, 라자스펠트(P. F. Lazasfeld)와 머튼(R. K. Merton)은 ① 지위부여, ② 사회적 규범의 강제, ③ 마비적 역기능을 들고 있다(Lazasfeld & Merton, 1960: 492-512). 앞에서도 언급하였듯이 현대사회에서 매스커뮤니케이션이 차지하는 사회적 위치가 매우 중요하다는 점에서, 위에서 언급된 기능들 외에도 더 많은 기능을 열거할 수도 있을 것이다. 위에서 언급된 학자들이 제기한 현대사회의 매스커뮤니케이션의 기능을 좀더 보강하여 정리해보자.

① 정보전달과 환경감시의 기능: 라스웰의 환경감시라는 말은 재미있는 두 가지의 의미를 가진다. 원시사회에서 부족들이 높은 곳에 망루를 세우고 자신들을 둘러싸고 있는 환경을 감시하듯, 매스커뮤니케이션은 그러한 기능을 한다는 것이다. 멀리서 적이 쳐들어오면 재빨리 종을 치고 북을 울리며 적이 침입했다는 정보를 부족에게 알린다. 이와 같이 적에 대해 감시하고 정보를 알려 부족들로 하여금 정보의 내용에 따라 판단하고 경계하게 하듯, 매스커뮤니케이션도 국민들과 사회에 위협이 될 만한 것을 감시하고 그것에 대한 정보를 제공하여 국민들로 하여금

민의 동원(Lerner & Pevsner, 1958 참조).

새로운 환경과 위험한 환경에 대비하게 하는 기능을 한다.

특히 오늘날처럼 사회가 다양하게 분화되고 민주화된 사회에서 권력의 행사가 정교하게 행사되는 것을 감시하고 경계하기 위한 매스커뮤니케이션의 기능은 더욱 중요시된다. 그러므로 카터(D. Cater)는 매스커뮤니케이션이 수행하는 기능을 중요시하여 입법·행정·사법과 함께 제4부라고까지 하였다.

한편, 정확한 정보의 제공 자체가 사회를 개방적인 사회로 유도하고 사회를 투명하게 하는 측면이 있지만, 정보의 생산 자체는 새로운 사회환경을 만들어 간다고 볼 수도 있다. 그러므로 매스커뮤니케이션은 또한 끊임없이 국민들로 하여금 새로운 사회환경에 적응할 수 있도록 정보를 제공하는 기능을 갖는다고 볼 수 있다.

② 사회적 합의 및 여론조성의 기능: 고도로 전문화되고 분화된 현대사회에서 매스커뮤니케이션은 사회성원들에게 자신이 종사하고 있는 분야 이외의 세계에 대한 정보를 제공함은 물론 자신이 소속한 사회에 대한 일원화된 세계상을 보여 주게 된다. 또한 사회성원들에게도 대화의 광장을 마련해 줌으로써 성원들의 이해를 촉진하고 상호 작용을 활성화시켜 여론을 조성하고 사회적 합의를 이끌어내는 기능을 하는 것이다. 특히 국민 개개인의 의사가 존중되는 민주주의 정치가 중요한 정치적 과정으로 채택되고 있는 현대사회에서 매스커뮤니케이션은 국민들의 합의를 이끌어 내고 국민들을 설득하여 여론을 형성하는 가장 효과적인 방법으로 여겨지고 있다. 물론 이러한 점에서 매스미디어들이 권력과 자본의 힘에 의해 왜곡된 여론이나 국민적 합의를 선전하는 경우도 있을 수 있다.

③ 문화의 생산 및 문화의 전달: 아마도 오늘날 대중문화는 매스커뮤니케이션의 자식이라고 해도 지나치지 않을 것이다. 대중문화가 신분과 계급, 지위를 막론하고 모든 사람들이 공유할 수 있는 문화(대중문화)를 가질 수 있게 된 것은 바로 매스커뮤니케이션에 의해 가능했던 것이다. 앞에서 지적하였듯이 현대사회에서 매스커뮤니케이션의 영향력은

워낙 큰 것이어서 문화의 흐름 또한 매스커뮤니케이션이 유도하는 방향으로 나아가지 않을 수 없게 되었다. 이것은 매스미디어의 광고 기능과 결합됨으로써 더욱 상승작용을 일으켜 매스커뮤니케이션에 의해 전달되는 문화만이 대중들에 의해 수용되는 것처럼 보인다.

정치인들의 정치 행태는 매스미디어에 맞추어져야 하며, 국회에서의 활동은 매스미디어에 의해 조명된다. 기업에 의해 만들어진 상품은 매스미디어와 결합될 때 소비되며, 소비의 경향 또한 매스미디어에 의해 결정된다. 때로는 소비를 부추기며 때로는 과소비한다고 야단친다. 모든 스포츠가 매스미디어의 시간대에 맞추어야 하고, 매스미디어에 잘 포착될 수 있는 형태로 경기방법과 규칙, 스포츠 용구들을 바꿔야 한다.

다른 한편, 매스커뮤니케이션은 문화전달의 기능 또는 사회화의 기능을 가진다. 매스미디어는 과거 전통적 문화를 우리들에게 전달해 줄 뿐만 아니라 현대사회에서 형성된 문화의 내용들을 전달해 주므로 국민들로 하여금 그러한 문화에 적응하여 살 수 있도록 하는 것이다. 과거에 가정이나 교육기관에서 맡았던 사회화 기능의 상당 부분을 오늘날에는 매스미디어가 담당하고 있으며, 성인교육에도 중요한 몫을 담당하고 있는 것이 사실이다.

④ 사회통제의 기능: 이것은 위에서 언급된 매스커뮤니케이션의 사회적 합의 기능과 문화전달의 기능과도 밀접한 관련성을 가진다. 사회적 합의를 통하여 사람들로 하여금 사회적 질서에 순응토록 하며, 소속된 사회의 문화를 전승함으로써 소속된 문화가 규정하는 삶의 방식을 채택하여 일탈을 예방하게 되는 것이다. 특히 매스미디어는 사회의 규범과 도덕에 위배되는 행동이나 사건을 사회의 모든 성원들에게 공개함으로써 사회규범을 재확인하게 하고 이를 따르도록 강요하게 되는 것이다. 한편, 사회 내에 존재하는 각종 범죄·비행·부정부패를 폭로하는 기사와 방송은 위에서 언급된 환경감시의 기능과 함께 사회적 규범을 강제하는 기능을 실행하고 있는 것이다.

⑤ 오락의 기능: 아마도 매스커뮤니케이션이 갖는 오락의 기능은 처

음 매스미디어가 만들어진 이유 가운데 매우 중요한 것일지도 모른다. 처음 신문이 만들어졌을 때, 신문에 실린 기사내용은 궁정의 기이한 풍습과 외국의 진기한 모험담, 전쟁에 관한 소식 등이 주류를 이루었다고 한다. 이것은 오늘날에도 마찬가지이다. 자본주의 사회는 기계·기술의 발전과 노동운동의 확대로 인하여 산업현장에서의 노동시간은 줄어들고 여가시간은 확대되었다. 이와 같이 오늘날 노동자들은 여가시간이 노동시간만큼이나 확대됨으로써 이 시간을 어떻게 사용하는가가 작업현장에서 어떻게 작업을 하는가 하는 문제만큼이나 중요하다. 아마도 이러한 시간을 소비하는 데 많은 비용이 들 수도 있다. 또한 이러한 시간을 사회적 질서를 허물어뜨리는 범죄에 사용하거나, 자본가에게 저항하는 데 사용할 수도 있다. 그러나 여가시간을 내일의 생산적인 노동을 위해 이용할 수 있어야 한다. 그렇다고 지배층이 즐기는 오락을 함께 가진다는 것은 비용도 많이 들 뿐만 아니라, 삶의 양식으로써 신분적 차별화를 확보하고자 하는 지배층이 쉽게 수용하지 않는다. 그러므로 대중들은 라디오와 영화, 그리고 텔레비전과 같은 매스미디어가 제공하는 오락을 편리하게 적은 비용으로 즐길 수 있는 것이다. 텔레비전은 이러한 의미에서 현대사회 노동자들이 여가시간을 가정 내에서 조용히 보낼 수 있도록 하는 효과를 가진다.

⑥ 광고의 기능: 자본주의 사회에서의 생산은 자신이 사용하기 위해 만든 물건이 아니므로 필연적으로 상품을 광고하지 않을 수 없다. 그러므로 매스커뮤니케이션이 불특정 다수의 대중들에게 정보를 전달한다는 특징은 수많은 잠재적 소비자들에게 상품을 소개할 수 있는 매우 효과적인 채널이 되는 것이다. 자본주의 사회가 끊임없이 소비자의 욕구를 창출하여 발전하는 사회라는 점에서 매스미디어의 광고 기능은 더욱 중요한 위치를 차지하며, 또한 발전되어 갈 것이다.

앞에서 미디어의 사회적 의미를 논의하는 가운데서 잠시 언급하였지만, 어떤 미디어를 사용하느냐에 따라 우리의 사고와 삶의 내용이 달라지는 것은 사실이다. 현대사회에서 매스미디어의 영향력이 큰 만큼 또한 그것의 역기능적 측면도 간과되어서는 안될 것이다. 그러므로 여기서는 현대사회 매스커뮤니케이션의 역기능에 대하여 좀더 상세히 살펴보자.

① 마비적 역기능: 라자스펠트와 머튼의 매스커뮤니케이션의 마비적 역기능에 대한 설명에 의하면, 매스미디어의 일방적인 대량 정보제공은 매스미디어 수용자들을 수동적인 존재로 만들어 버림으로 말미암아 현실에 대한 대리경험에 만족하거나 현실에 무관심하게 만들어 버린다고 하였다. 특히 텔레비전이나 영화와 같은 매스미디어들은 그것을 보는 사람들로 하여금 처음부터 끝까지 매스미디어가 제공하는 이야기를 따라가기에 바쁘게 만들어 개인들에게 생각할 기회를 거의 주지 않는다.

이와 같이 매스커뮤니케이션의 마비적 역기능은 매스미디어의 일방적 정보제공과 정보 수용자의 수동성이라는 측면으로 나타나기도 하지만, 다른 한편으로는 매스미디어가 제공하는 수많은 정보에 의해 현대의 인간들의 삶이라는 것이 가상적인 현실 가운데서 유지된다고 하는데서 그 심각성이 더욱 증대된다. 현대인들은 몸으로 체험하는 현실이 아닌 매스미디어가 가져다주는 가상의 현실을 자신의 환경으로 생각한다. 더구나 오늘날 컴퓨터와 통신의 발전에 의해 대부분의 현실이 컴퓨터 모니터로 조작이 가능한 사회가 되어 버림으로써, 모든 사회적 관계도 행위의 교환이 배제된 가상의 집단들과 이루어지며 생명의 탄생과 죽음까지 시뮬레이션(실험)해 볼 수 있는 정도까지 되어 버렸다. 이와 같이 인간의 몸은 하나하나 단절되어 쓸모없이 마비되어 가고 있다. 그러므로 요즈음 개구리 한 마리 자기 손으로 잡아 보지 못한 아이들에게 개구리를 쥐어 주면 질겁을 하고 도망가지만, 컴퓨터 모니터 앞에 앉아 수십 명의 인명을 살상하고 건물을 파괴하는 조작은 단숨에 해치운다. 우리는 텔레비전으로 거대한 함상에서 미사일이 발사되어 정확하게 목표에 적중하여 수많은 사람의 생명을 앗아 가는 걸프전쟁의 장면들을 재미있게 들여다볼 수 있었다. 이 얼마나 엄청난 정신적 마비현상인가?

② 소비화의 역기능: 매스미디어의 광고 기능은 필연적으로 대중들의 소비를 부추기는 방향으로 전개된다. 인간이 사용할 수 있는 지구의 자원들이 한정되어 있음에도 불구하고 상품을 만드는 기업들은 매스미디어를 이용하여 끊임없이 욕구를 개발하고 소비를 강요하게 만든다. 이와 같이 매스커뮤니케이션이 대중의 소비를 부추김으로 인하여 사회적 부의 공정한 분배가 결여된 사회에서는 특히 계급적 갈등이 심화되기도 한다.

③ 범죄유발의 역기능: 매스커뮤니케이션은 사회통제의 기능과 함께 또한 범죄를 유발하는 역기능을 가진다. 사회 내에 존재하는 각종 범죄와 폭력·비행·부정부패에 관한 기사 또는 드라마는 사회적 경각심을 불러일으켜 사회적 규범을 가르치는 기능을 수행하기도 하지만 오히려 범죄와 폭력을 유발하고 가르치는 역기능도 함께 하게 되는 것이다.[4] 새로운 범죄와 범죄수법을 소개하고, 폭력과 범죄 자체가 미화되는 듯한 인상을 줌으로써 범죄와 폭력에 대한 마비적 기능이 부가되어 범죄유발의 역기능이 촉발될 수 있다. 범죄와 폭력에 관련된 기사나 드라마의 자극적 성격으로 말미암아 최근 매스커뮤니케이션에 있어서 폭력과 범죄, 그리고 성이 소비자들이 선호하는 상품 가운데 하나가 되고 있다는 점에서 그 역기능에 대한 우려를 하지 않을 수 없다. 특히 한국 사회에서 범죄에 대한 보도의 경우 범죄자들이 조금도 부끄러운 모습을 보이지 않고 자랑스럽게 얼굴을 똑바로 쳐들고 카메라 앞에 서는 모습은 사회의 기본적인 질서와 가치조차 회의하도록 만든다.

④ 대중문화 저질화의 역기능: 매스미디어가 만들어 내는 정보상품은 대중의 욕구에 끊임없이 부응하기 위하여 저질화될 수밖에 없다고 한다. 그러나 대중의 욕구는 저질스러운 것도 고급스러운 것도 아니다.

---

4) 이러한 의미에서 영국에서는 사건보도의 경우 살인이나 폭력 사건의 세밀한 설명이나 참혹한 사건현장을 직접적으로 보여 주지 않는다.

이것은 수단을 가리지 않고 소비자의 욕구를 창출하여 자신의 상품을 소비시키고자 하는 매스미디어 자체의 문제이다. 악화가 양화를 구축하듯, 저질스러운 정보상품이 양질의 정보상품을 몰아내고 있는 상황인 것이다. 이러한 의미에서 오늘날 매스커뮤니케이션의 영향력이 큰 만큼 매스미디어의 공공성이 강조되는 이유가 바로 여기에 있는 것이다.

⑤ 개인적 프라이버시 침해의 역기능: 오늘날 민주화된 현대사회에서 개인의 사적 생활을 가장 쉽게 침범하고서도 그것에 대한 책임을 지지 않는 집단은 공권력을 휘두르는 정부보다 오히려 언론 집단일 것이다. 뉴스거리를 매일매일 찾아다니며 소비자들이 좋아하는 메뉴를 생산해야 하는 매스미디어는 뉴스거리가 될 수 있는 개인의 사생활에 대한 정보를 불법적으로 대중들에게 노출시켜 개인의 프라이버시를 침해한다. 그러나 거대한 매스미디어 조직에 대해 개인은 너무나 무력하며, 또한 매스미디어에 생산된 정보의 수명이 길지 않다는 이유로 개인의 항의를 쉽게 묵살해 버린다.

3. 자본주의 사회에서 매스커뮤니케이션의 현실

1) 자본주의 사회의 경제적 토대

자본주의 사회는 잘 알려진 바와 같이 자본이 생산의 주요한 요소가 되는 사회이다. 화폐로 표시되는 자본은 인간의 노동과 시간, 기술 또는 도구와 원료 등으로 전환하는 능력을 가지므로, 자본을 소유한 사람들은 그것들을 마음대로 사용할 수 있게 된다. 그러므로 자본에 의해 매개되는 자본주의 사회에서는 인간관계가 사물화되어 버린다. 자본에 의해 인간관계가 사물화됨으로 말미암아 자본가와 노동자의 관계는 (전적으로 그렇게 매도할 수 없지만) 노동자를 사용하다 버려도 좋은 도구와 같이 생각하거나, 다른 한편 노동자는 자본가를 노동자를 착취하는 존재로서 타도해야 할 짐승처럼 생각하기도 한다. 이러한 차원에서 자본주의 사회에서 지배층과 피지배층 사이의 구체적인 커뮤니케이션에 대한 논의는 뒤로 미루기로 하고, 먼저 자본주의 사회가 작동되는 기본적인 원리부터 살펴보자. 자본주의 사회에서 화폐 사용의 확산은 필연적으로 생산활동을 상품 생산에 주력하게 한다. 상품 생산은 불특정 다수의 광범위한 소비자를 지향하게 됨으로써 한편으로는 다수의 소비자들에게 상품을 선전해야 하며, 다른 한편으로는 소비자들은 다양하게 생산되는 상품에 대한 정보를 필요로 한다. 그러므로 이것은 소비자와의 커뮤니케이션을 위하여 비약적인 교통·통신의 발전을 자극하였으며, 상품의 대량생산에 따른 대량소비를 위한 대량전달이 가능한 미디어를 필요로 하게 된 것이다.

지배층의 지배를 위한 매스커뮤니케이션의 역할이나 대량소비를 위한 미디어로서의 역할이라는 측면 외에 자본주의 사회에서 매스커뮤니케이션은 그 자체가 하나의 상품이 되고 있다는 점은 매스커뮤니케이션을 이해하는 데 매우 중요하게 고려되어야 할 사항이다. 자본주의 사회에서 모든 상품 생산이 그러한 것처럼 매스커뮤니케이션은 자본에 의해 지배된다. 그러므로 정보(지식)의 생산이 정신적 작업의 과정이어서 개인의 창의적인 작업이 요구되지만, 결국 생산자 자신만의 소비욕구 충족을 위한 것이 아니므로 시장에서의 교환가치를 지니는 것으로 만들지 않을 수 없게 된다. 물질적 상품과 마찬가지로 매스커뮤니케이션 상품 역시 사용가치와 교환가치 사이의 갈등에서 사용가치보다는 교환가치에 집착하게 되는 것이다.

예컨대 정보상품의 생산에서 미디어 자본가들의 관심은 일차적으로 정보의 내용이 아니라 정보가 상품의 형태로 규정되어 화폐로 교환될 수 있는가에 달려 있다. 그러나 정보상품의 수용자가 갖는 관심은 무엇보다 그 내용일 것이다. 즉 수용자는 정보의 이용가치에 무엇보다 관심을 갖는다. 모든 상품이 그러하듯 정보상품에 있어서도 교환가치와 사용가치 사이에 존재하는 모순이 생산자와 수용자 사이에 나타나게 되는

것이다. 또한 이러한 모순은 자본주의 사회에서 언제나 교환가치의 입
장에 유리하게 해결되어 왔다. 그러므로 매스커뮤니케이션의 생산은 물
질적 상품과는 달리 비록 저속한 대중적인 가치관과 취향이라 하더라도
영합하게 되지 않을 수 없게 만든다. 한편 매스커뮤니케이션의 직접적
인 생산 담당자는 스스로 자본을 소유하지 않을 뿐만 아니라 대규모의
조직 가운데 분화된 한 위치를 차지함으로써 자본가의 요구에 더욱 종
속되지 않을 수 없게 된다.

자본주의 사회에서 자본가는 이윤의 극대화를 위하여 끊임없이 재
투자하지 않으면 안 된다. 다른 기업과의 경쟁에서 살아 남기 위하여 기
계·기술의 개발과 시설의 확장은 결국 자본의 집중(centralization)과 자
본의 집적(concentralization)이라는 결과를 가져온다. 이러한 현상은 매
스커뮤니케이션 부문에도 마찬가지로 적용되고 있다. 이미 한국 자본주
의가 독점자본주의적 단계에 이르고 있는 상황에서 매스커뮤니케이션
분야에 있어서도 새로운 언론기업의 발생에는 기본적으로 두터운 자본
의 장벽이 가로 놓여 있는 것이다.[5]

지난 1988년 지배 언론구조에 대항하기 위해 수많은 국민들이 주주
로 참여하여 창간된 ≪한겨레신문≫이 수권 자본금 50억 원으로써 겨
우 출발할 수 있었던 것이나, 1991년 설립된 서울방송(SBS)의 1,000억
원에 이르는 자본 규모 등은 매스커뮤니케이션 관련사업을 할 수 있는
특권이 결코 누구에게나 부여되지는 않음을 보여 주는 것이다. 그러므
로 이러한 자본의 논리에 의해 정보의 대량생산 주도권이 소수의 자본
가들에게 맡겨져 그들의 사적 이익의 축적에 이용될 수 있는 위험에 노
출될 뿐만 아니라, 결국 이러한 자본의 논리는 매스커뮤니케이션의 공
공성과 다양성을 침해하는 것이 되는 것이다. 이러한 의미에서 소위 서
방 자본주의 사회에서 중요한 매스미디어(특히 방송부문)를 공영화하고

---

5) 자본주의 사회에 있어서는 자본의 장벽도 두텁지만, 선진국 몇 개를 제외하고는
지배층의 지배 독점을 위한 국가의 언론에 대한 통제라는 장벽 또한 매우 심각
한 경우가 허다하다.

<표 2> 세계 공영방송의 수입구성

(단위: %)

방송사＼수입	수신료	광고수입	국고보조	사업수익	협찬광고	기타
일본 NHK	95.60	0.00	0.30	1.57	0.00	1.87
영국 BBC	86.00	0.00	8.00	6.00	0.00	0.00
프랑스 F3	72.20	19.10	3.70	1.90	0.00	3.10
독일 ZDF	58.00	28.00	0.00	0.00	0.00	14.00
스위스 SRG	72.30	23.80	3.90	0.00	0.00	0.00
이태리 RAI	58.00	32.00	10.00	0.00	0.00	0.00
미국 PBS	0.00	0.00	35.00	0.00	16.00	22(기부) 17(기타)
한국 KBS	34.20	62.30	0.00	3.50	0.00	0.00

출처: 김승수, 1995: 231.

자 하는 이유가 바로 여기에 있는 것이다. 이러한 측면에서 한국의 경우 공영방송이라고 불려지는 한국방송공사(KBS)가 거의 광고수입에 의존하고 있다는 것(총 수입의 62%)은 방송의 공공화를 처음부터 포기하고 있는 것과 마찬가지이다(<표 2> 참조).

그러나 공영화된 경우라 하더라도 완벽한 공공적 재원의 확보와 지원이 불가능하게 되면 결국 자본주의의 경쟁적 시장상황에서 꾸려 나가야 하므로 자본의 논리에 의해 규정될 수밖에 없다. 왜냐하면 공영부문에 종사하는 사람들 역시 임금노동 관계에 의해 고용되고 있을 뿐만 아니라 사용되어지는 기계·기술의 영역이 자본을 바탕으로 제도화되어 있기 때문이다. 그러나 무엇보다 공영부문이라 하더라도 거대한 운영자본을 전적으로 국민의 세금에 의존할 수는 없고, 운영자본의 상당 부분을 수익에 의존해야 하므로 잘 팔리는 커뮤니케이션 상품에 의존하지 않을 수 없게 된다. 그러므로 다른 상업적 매스미디어들과 경쟁하지 않을 수 없고, 사회주의 국가에서와 같이 전적으로 국가의 지원 하에 움직여지지 않는 한 타인의 자본에 의존하지 않을 수 없게 되는 것이다.

사실 매스미디어 수익의 대부분은 타자본에 판매하는 광고에 거의 의존한다. 성숙된 자본주의 사회에서 모든 생산품들이 상품으로 만들어

<표 3> 매체별 광고시장 점유(1994년)

매체 \ 시장현황	광고비(백만 원)	성장률(%)	구성비(%)
신문	1,777,821	33.4	44.1
텔레비전	1,040,898	16.1	25.8
잡지	155,721	25.6	3.9
라디오	148,577	8.4	3.7
4대 매체 광고제작	161,184	22.0	4.0
옥외	744,225	22.8	18.5
총계	4,028,426	24.8	100.0

출처: 김승수, 1995: 115.

<표 4> 독점재벌의 광고비 지출현황(1991/ 1992)

재벌집단	광고비 지출(억 원)	총광고비 중 차지하는 비중(%)
삼성그룹	947/1130	4.5/ 4.6
LG그룹	717/ 792	3.4/ 3.2
롯데그룹	636/ 799	3.0/ 3.2
대우그룹	622/ 853	2.9/ 3.5
현대그룹	417/ 751	2.0/ 3.0
5대 독점재벌 광고비 통계		15.8/17.5

출처: 김승수, 1995: 116.

지며 또한 상품들이 경쟁관계에 놓이게 됨에 따라, 상품에 대한 정보의 전달은 그 상품의 사용가치나 교환가치를 따지기 이전의 중요한 문제가 되는 것이다. 그러므로 자본주의 사회에서 상품정보의 전달이라는 의미의 광고는 거의 폭발적으로 요구되어지는 것이다. 한국의 경우 1989년 말 통계에 의하면 광고 부분의 비용이 1조 2,000억 원(GNP에 대한 총 광고비 1.2%)에 이르고 있으며, 그 중 공영방송인 KBS의 경우 1991년도 수입내역 가운데 시청료 징수액은 1,444억 원에 비하여 광고수입은 3,212억 원에 이르고 있다(김학천, 1992).[6] 이러한 광고비의 증대가 더욱 확대되어 <표 3>에서 보여 주는 바와 같이 1994년 현재 총 광고비

---

[6] 1987년 수신료 918억 원/ 광고수입 1,696억 3,700만 원, 1989년 수신료 1,040억 원/ 광고수입 2,630억 원, 1990년 수신료 1,247억 원/ 광고수입 3,033억 원. 이와 같이 광고수입은 계속적으로 늘어나고 있다.

4조 300억 원(GNP에 대한 총 광고비 약 1.3%)에 이르고 있으며, 24.8%의 성장률이라는 놀라운 신장을 보이고 있다. 그러므로 한국의 KBS는 공영방송국의 독립적 자율성을 확보하는 데 한계를 가질 수밖에 없다(<표 3> 참조).[7]

매스커뮤니케이션의 운영이 이와 같이 광고에 의존하게 된다는 것은 두 가지의 의미로 생각해 볼 수 있겠다. 그 첫째는 소위 광고주라고 불려지는 타자본에 의존하게 된다는 것이며,[8] 둘째 매스커뮤니케이션 생산물은 잘 소비되어야 광고소비시장이 확보된다는 의미에서 소비자들의 취향에 아부하게 된다는 것이다. 그러므로 이것은 매스커뮤니케이션의 독립적인 정보의 생산에 심각한 영향을 받게 된다는 것을 의미하는 것이다. <표 4>에서 보여 주는 바와 같이 광고비에 막대한 재원을 쏟아 붓고 있는 재벌에게 매스커뮤니케이션이 의식적·무의식적으로 호의적이지 않을 수 없는 것이다.

2) 매스커뮤니케이션 산업 현실

자본주의 사회에서 물질적 생산의 향상은 자본주의가 발전할 수 있었던 여러 원인들 가운데 중요한 한 요인으로 지적할 수 있을 것이다. 사실 자본주의 사회에서는 물질적 생산과 그 분배의 문제가 가장 중요한 과제였다. 분배의 공정성 문제에 있어서는 사회복지정책의 확대에도 불구하고 여전히 논란거리로 남아 있지만, 오늘날 물질적 생산의 확대와 그 효율성은 엄청나게 향상된 것이 사실이다. 그러므로 생산성 확대와 더불어 기계·기술의 비약적인 발전은 제조업 현장에서 일하던 상당

---

7) 물론 공영방송이라 하더라도 수신료나 국고에 전적으로 의존할 수 없다. 최근 유럽의 공영방송들이 방송의 재원을 다각화하기 위하여 광고수입을 확대하고 있지만 가능한 공영방송의 정신을 자본의 논리에 희생하지 않기 위하여 광고수입 외의 사업수익 다변화에 관심을 집중하고 있다.
8) 공공의 매스커뮤니케이션이 아니고 자본가에 맡겨진 사적 매스커뮤니케이션인 경우에는 광고주에게 전적으로 의존하지 않을 수 없을 것이다.

<표 5> 연도별 매체 노동시장 규모확대

연도＼매체	신문	방송	통신	계
1980	10,210	7,065	1,428	18,703
1985	10,778	8,117	664	19,559
1990	18,714	11,944	619	31,277
1994	21,833	13,384	638	35,905

출처: 김승수, 1995: 122.

<표 6> 커뮤니케이션 산업의 분야와 상품

분야	상품
출판	신문, 잡지, 서적, 교육용 자료, 만화
필름	영화, 텔레비전영화, 비디오, 에니메이션
광고	광고물PR, 홍보, 이벤트산업, 캐릭터산업
방송	프로그램, 뉴스, 연속물
통신사	통신뉴스, 배경자료
음반	음반, 테이프, CD
소비전자제품	라디오, TV수상기, VTR, VCR, 녹음기, 축음기, 복사기
전자품목	트랜지스터, 집적회로
인쇄용지	신문·잡지·서적의 인쇄용지
통신	전자, 동축케이블(광케이블), 통신위성, 휴대용 전화기
자료처리	컴퓨터, PC, 컴퓨터용 소프트웨어, 프린터, 스캐너

출처: 강상호·이원락 편역, 1986: 40의 내용을 다소 수정.

수의 노동자들을 육체적인 노동으로부터 정신적인 노동으로 전환시켰다. 이와 같이 자본주의가 성숙될수록 지식산업의 비중이 확대됨에 따라, 지식산업의 중요한 영역이 되고 있는 커뮤니케이션 산업도 확대되고 있다. 따라서 매스커뮤니케이션 산업에 종사하는 고용인력이 확대되며 커뮤니케이션 산업분야가 다양화되고 있는 현실을 <표 5>, <표 6>으로 확인할 수 있다.

자본주의 사회에서 다른 모든 기업들이 그러하였던 것처럼 커뮤니케이션 산업에서도 자본의 논리에서 크게 벗어날 수 없다. 오히려 커뮤니케이션 산업 자체가 지식산업이라는 점에서 정보의 생산을 통한 자본 재생산의 확대뿐만 아니라 부차적으로 지배층의 이데올로기의 생산과 결합되어진다는 점에서 오히려 자본의 집적이 타영역에서보다 더욱 두

드러지는 현상을 보이고 있다. 자본의 집중 정도를 측정하기 위한 척도인 집중화율(concentration ratio)을 이용하여 조지(D. George)는 영국의 1958~68년 사이의 총 산업에 있어서 평균 집중화율의 변화를 측정하였다. 그는 이 측정으로 집중화율이 1958년 56.6%에서 1968년 65.5%로 증가하고 있음을 지적하였다(George, 1975: 125).[9] 한편, 1970년 매스커뮤니케이션 산업에 있어서 집중화율을 일간지의 경우 71%, 상업텔레비전 74%, 영화제작 78%, 문고판매 70%, 레코드 65%로써 비교하기에는 다소 시차는 있으나, 총 산업의 평균 집중화율보다 커뮤니케이션 산업의 집중화율이 다소 높게 나타나고 있음을 보여 주고 있다.

한편, 언론자본의 집중화는 필연적으로 복합기업을 생성하게 된다. 자본주의가 발전하면서 이윤율의 저하로 인한 수익성의 감소는 기업들로 하여금 업종을 다양화함으로써 위험을 분산시키게 하는 경향을 나타내게 된다. 특히 이러한 기업의 다양화는 특정 시장의 발전 기회가 수요하락으로 제한받을 때 다른 업종으로써 그 결손을 보전할 수 있다는 점에서 매력적인 것이다. 커뮤니케이션 산업과 관련된 복합기업은 두 가지 형태로 나누어 볼 수 있는데, 그 중 하나는 일반 복합기업이 커뮤니케이션 분야에 진출하는 것이고, 다른 하나는 커뮤니케이션 기업이 다른 매스커뮤니케이션 산업에 진출하는 경우이다.

<표 7>에서 나타나는 바와 같이 우리 나라의 경우 재벌기업들의 매스커뮤니케이션 산업에의 진출이 두드러지게 나타나고 있으며, 더구나 매스미디어와 컴퓨터, 그리고 위성통신이 급속히 발전하는 정보사회에 있어서 대기업들의 매스커뮤니케이션 산업에의 진출 열망은 더욱 증가하리라고 전망된다. 우리 나라의 경우 특이한 현상은 정부가 오랫동안의 권위적이며 안이한 사회통제를 위하여 여전히 매스커뮤니케이션 산업을 장악하고 있다는 점이다.

---

9) 자본의 집중화율은 각 부분에서 상위의 5개 회사가 장악하는 시장점유율로 나타낸 것이다.

<표 7> 한국 커뮤니케이션 산업 지배 현황

계열	재벌	매체산업	매체관련산업	기타
사적자본	삼성그룹	・신문: 중앙일보 ・잡지: (주간) 이코노미스트, 서울EYE, (월간) 월간중앙, 여성중앙, 쎄씨, 소년중앙, 영레이디, 하이틴, 음악세계, 음악미술, 라베르, 칼라, (계간) 문예중앙, 계간미술 ・유선방송: 캐치원 ・영화제작 및 수입: 드림박스, 스타맥스 ・게임개발 및 수입: 삼성전자 ・전자신문: 중앙조인스	・종이: 한솔제지 ・출판: 삼성문화문고 ・광고: 제일기획, 제일보젤 ・여론조사: 중앙SVP ・정보서비스: 중앙조인스 ・영화공연: 호암아트홀	계열사 55개
	삼양사 (경방그룹)	・신문: 동아일보, 소년동아일보 ・잡지: (주간) 뉴스플러스, (월간) 신동아, 여성동아, 음악동아, 과학동아, 멋, 레츠, (연간) 동아연감	・광고: 연합광고(주식 2만 주) ・잉크: 한국신문잉크(주식 7만 6,000주) ・전광판뉴스업	계열사 6개
	한국화약그룹	・신문: 경향신문 ・잡지: (주간) 뉴스메이크, (격주간) 레이디경향, 휘가로	・광고: 삼희기획	계열사 31개
	대우그룹	・신문: 부산매일신문(90%), 부산경제신문, 한국경제신문(8.05%) ・유선방송: 대우시네마네트워크 ・비디오: 세신영상, 동우영상	・비디오수입: 우일영상	계열사 25개
	롯데그룹	・신문: 국제신문	・광고: 대홍기획	계열사 28개
	대농그룹	・신문: 코리아헤럴드(47.16%), 내외경제신문		계열사 9개
	LG그룹	・방송: 부산문화방송국(연암문화재단 27.7%), 진주문화방송국(15%) ・유선채널: 한국홈쇼핑 ・영화: LG미디어	・광고: LG애드 ・비디오수입: 삼영 ・게임제작: 금성사	계열사 48개
	현대그룹	・신문: 문화일보, 한국경제신문(50.6%) ・유선방송: 현대방송 ・영화: 서울프러덕션 ・전자신문: 한경 KETE	・광고: 금강기획 ・비디오·CD제작: 현대전자	계열사 48개
	동아그룹	・잡지: (주간) 시사저널 ・방송: 대전문화방송국(49%) ・유선방송: 동아텔레비전	・프로그램제작사: 서울텔레콤	계열사 16개
언론자본	조선일보	・신문: 조선일보, 소년조선일보, 중학생조선일보, 스포츠조선 ・잡지: (주간) 주간조선, (월간) 월간조선, 월간산, 가정조선, 월간낚시, feel	・인쇄: 조광인쇄소 ・전광판뉴스업 ・통신사: 연합통신(주식 소유) ・잉크: 한국신문잉크(주식 소유)	코리아나호텔
	한국일보	・신문: 한국일보, 일간스포츠, 서울경제신문, 소년한국일보, The Korea Times ・잡지: (주간) 주간한국, 주간여성, (월간) 월드테니스, 스포츠레저, 학생과학, 엘르	・출판: 소년한국도서 ・비디오: 힛트커뮤니케이션	계열사 10개

계열	재벌	매체산업	매체관련산업	기타
국가자본		· 신문: 서울신문, 스포츠서울 · 잡지: (주간) TV가이드, (월간) 퀸, 여성백과, 가정중학 · 방송: 한국방송공사, 문화방송(문화진흥회 70%, 정수재단 30%), 교육방송국(교육부), 교통방송국, 미주방송 · 유선방송: 연합TV 뉴스 · 통신사: 연합통신사	· 출판: 국정교과서 · 광고: 한국방송광고공사, 연합광고(45%) · 통신: 한국전기통신공사, 데이터통신	· 금융: 언론인금고 · 언론사옥 임대: 프레스센터
종교자본	통일교 그룹	· 신문: 세계일보 · 잡지: (월간) 세계와 나, 세계여성, 월간광장	· 출판: 신명출판사, 도서출판 주류, 도서출판 일념 · 인쇄: (주)진화인쇄	· 문화재단: 세계기독교 통일신령협회유지재단 계열사 16개
	천주교	· 신문: 매일신문(대구) · 방송: 평화방송, 원주문화방송국(40%) · 유선방송: 평화방송TV	· 출판: 가톨릭출판사, 분도출판사	-
	순복음 교회	· 신문: 국민일보	-	-
	조계종	· 신문: 불교신문 · 방송: 불교방송	-	-

출처: 김승수, 1995: 95-96; 계열사에 관련된 자료는 ≪한겨레신문≫ 1996. 4. 13.

3) 자본주의 사회의 매스커뮤니케이션 생산과정의 특성과 그 결과

앞에서 논의된 바와 같이 자본주의 사회의 커뮤니케이션 체계라는 커뮤니케이션 토대 내에서는 시장과 상품에 의한 인간들의 상호 의존과 커뮤니케이션이 핵심을 형성하고 있다. 이러한 측면에서 자본주의 사회의 매스커뮤니케이션 생산 역시 이것들과 밀접한 관련성을 갖지 않을 수 없는 것이다.

매스커뮤니케이션 생산이 시장 상황과 상품 생산이라는 자본주의적 원리와 관련하여 나타나는 특징을 다음과 같이 정리할 수 있겠다.

① 매스커뮤니케이션의 생산 유무, 판매량 등의 결정적 요소는 시장에 의존하게 된다는 것이다. 이것은 매스커뮤니케이션 생산의 거의 절대적인 원리처럼 되어 있다. 그러므로 매스커뮤니케이션 생산에 관련된 모든 것은 시장의 지배적 신화에 적응하는 방향으로 이루어진다. 최근 각 방송사의 인기 없는 드라마 중도 하차와 인기 있는 프로그램의 늘이

기 편성은 모두 이러한 원리에 순응하는 증거이다.

② 특히 신문·방송 미디어의 경우는 직접 소비자에 대한 문화(또는 정보)상품의 판매가 아니라 광고주에게 수용자를 판매한다는 점에서 소비자의 소비에 민감하지 않을 수 없다. 그러므로 방송의 시청률이나 신문의 발행부수는 언론기업의 경영에 절대적인 영향을 미친다. 사실 조사된 시청률과 발행부수 자체가 방송과 신문의 질과는 무관한 것임에도 불구하고 경영자들은 매우 민감하게 반응한다. 최근 신문의 발행부수 검사제도(Audit Bureau of Circulations: ABC)의 정착을 둘러싸고 많은 논란을 빚게 된 것도 각 신문사들의 과열 광고판촉 경쟁으로 인한 것이었다.[10]

③ 시장에서의 판매 부진을 회피하고, 판매의 극대화를 위하여 이미 대중의 취향이 검증된 상품의 유사한 상품 생산에 관심을 갖는다. 이러한 전략에도 여러 가지가 있다. 인기 있는 영화가 한번 히트 치면 그 영화는 당연히 비디오테이프로 출시되고, 그 영화에 나오는 노래를 CD나 테이프로 만들며, 그 영화의 내용을 만화나 컴퓨터 게임으로 만들기도 한다. 또한 그 영화의 주인공은 텔레비전의 토크쇼에서 그 프로그램의 판매를 돕는다. 그 반대도 마찬가지이다.

이러한 복수판매의 전략 외에도 최근 모든 상품의 거래가 국제화되고 문화적인 취향의 수렴이 진전되는 가운데 매스커뮤니케이션 생산은 국내시장뿐만 아니라 국제시장을 목표로 생산된다. 당연히 국내시장에서 또는 외국의 시장에서 화려한 판매실적을 올린 매스커뮤니케이션 상품을 재생산하여 국제시장에 내놓게 되는 것이다. 한편, 과거에 인기 있었던 상품의 재생과 약간의 변형은 흔히 사용되는 수법이다. 예컨대 <타잔>, <007시리즈>와 같은 영화나 옛 노래 메들리와 같은 것은 리바이벌의 단골 메뉴이다.

---

10) 우리 나라에서 ABC협회가 발족한 것은 1989년 5월 31일이었다. ABC협회의 가장 중요한 임무는 신문 발행부수의 공사(公査, 공식적 조사)라고 할 수 있다. 신문이 광고를 판매한다는 점에서 신문 발행부수의 공개는 의무라고 볼 수 있다.

④ 매스커뮤니케이션 상품 생산에 있어서도 비용의 논리가 체계적으로 작동된다. 방대한 조직과 인원, 그리고 기술과 기계, 그리고 방대한 배포망 등이 매스커뮤니케이션 상품 생산과 관련하여 체계적으로 계산되어져야 한다. 그러므로 이러한 비용체계 내에 접근하지 못하는 프로그램과 정보의 생산은 아무리 공익성이 있다고 하더라도 흔히 제외된다.

⑤ 매스커뮤니케이션 생산에 있어서는 생산된 정보 그 자체보다 저작자의 유일성·희귀성·특이성과 같이 저작자 자체를 상품화하는 경우도 허다하다. 레코드·서적·영화·TV 프로그램 등에서 특히 그러한 경우가 많아, 이러한 영역에서는 스타 한 사람을 만들기 위하여 전력을 집중한다. 스타탄생의 장점은 메시지의 내용과 관계없이 그 스타와 관련된 상품은 쉽게 소비된다는 것이다. 특히 오늘날 청소년들의 상품소비 능력이 현저히 향상되면서 청소년층을 겨냥한 매스커뮤니케이션 상품의 스타 만들기는 더욱 강조되고 있다.

⑥ 매스커뮤니케이션 상품의 판매는 판매시점·판매소·배포망 등을 통해 소비자의 접근을 통제함으로써 가치를 높인다. 누구나 쉽게 매스커뮤니케이션 상품에 접근할 수는 없다. 사실 매스커뮤니케이션 상품의 판매소와 배포망의 구조는 그 사회의 전체 커뮤니케이션 체계의 성격에 중요한 영향을 미치는 요소가 된다. 컴퓨터를 가지고 있다고 해서 인터넷에 들어가 모든 정보를 얻을 수 있는 것이 아니라, PC통신 회사를 거쳐야 하며, 우리 나라 대부분의 신문사와 방송국의 뉴스 자료는 연합통신사의 기사를 제공받고 있으며, 영화는 영화 배급사의 배포망에 의해 극장에서 상영될 수 있다.

⑦ 시간의 조작에 의해 정보의 노후화를 통하여 정보의 재생산과 재소비를 창출한다. 우리 나라에 처음 나온 신문인 ≪한성순보≫는 열흘마다 새로운 정보를 전달했으며, 그리고 ≪한성주보≫는 일 주일마다, 이후 ≪독립신문≫은 처음 3일에 한 번씩 나오다가, 1898년 7월 1일부터(제3권 제 76호) 일간으로 발행되기 시작하여 매일 새로운 정보를 전

달하였다(최준, 1982: 59). 그러나 라디오가 나오면서 시간마다 새로운 정보가 전달되었으며, 최근 CNN과 같은 뉴스전문 방송사에서는 하루 종일 새로운 정보를 내보냄으로써 엄청난 속도로 정보의 노후화를 진행시켜 끊임없이 새로운 정보, 신속한 정보에 대한 욕구를 만들어 낸다.

이와 같이 자본주의 사회의 시장에서 상품으로 만들어지는 매스커뮤니케이션 생산의 특징은 필연적으로 다음과 같은 결과를 낳게 된다.

① 위에서 언급한 바와 같이 매스커뮤니케이션 상품은 그 수용자를 고려하지 않을 수 없으므로 인기 없고 경향성을 띤 것은 회피하게 된다. 수용자를 자극하고 끌어들일 수 있는 쇼킹한 사건이나 폭력적이며 선정적인 프로그램에 의해 진지하게 생각하고 현실을 개혁하고자 하는 프로그램을 배제한다.

② 생산의 국면보다는 소비의 국면에 초점을 맞추게 된다. 이것은 매스커뮤니케이션 생산자의 의도나 목적이 배제되고 소비자의 취향에 맞춰질 수 있다는 측면보다도, 매스커뮤니케이션이 전달하고자 하는 메시지의 전반적인 기조가 사회의 소비를 부추기는 방향으로 나아간다는 것이다. 그러므로 시장·노동 상황에서의 구조적 불평등보다 소비취향이나 여가유형의 차이를 강조함으로써 부의 분배나 노동조건, 생활기회 등의 근본적 불평등을 은폐하게 된다.

③ 계급적 불평등이 심각한 사회에서는 매스커뮤니케이션에서 취급하는 내용들의 대부분이 계급적 불평등보다 연령, 성, 인종 등의 다른 사회적 불평등을 강조하여 계급적 갈등을 희석하고, 국가의 공통적 이해를 환기시키는 프로그램들로 채운다.

④ 정보(또는 문화)상품의 강력한 사회화 효과의 매력 때문에 어떤 집단(정당, 교회, 귀족, 자본가 또는 국가)이든지 매스커뮤니케이션 생산을 지원하고 싶어하고, 그럼으로써 자신에게 유리한 이미지를 전달하고 싶어한다. 그러므로 매스커뮤니케이션 산업은 자본주의 사회에서 권

력을 독점적으로 지배할 가능성이 많은 정부나 자본가에 의해 쉽게 장악되기도 하는 것이다.

⑤ 자본주의 사회에서 매스커뮤니케이션 상품들은 서로 경쟁 상황에 놓여 있을 뿐만 아니라, 다른 문화(또는 정보)생산물도 경쟁관계에 놓여 있으므로 상업적 성공이 가능한 것 외에는 배제된다. 그러므로 결국 소수의 목소리만 남게 된다.

4. 미디어 제국주의

앞에서 매스미디어의 발전과 매스커뮤니케이션 과정에 대한 논의를 하나의 국가 수준에서 논의해 온 것이 사실이다. 그러나 오늘날 국제적인 차원에서 이루어지고 있는 매스커뮤니케이션의 자본주의적 현상은 너무나 명백하여 이것을 결코 간과할 수 없다. 제3세계 국가의 영화관에서 상영되는 대다수의 영화는 외국의 작품들이며, 텔레비전에서 방영되는 외국의 드라마, 다큐멘터리, 만화영화, 뉴스 등의 비중도 상당하다는 것은 수치로 비교하지 않더라도 명백히 알 수 있다. 설사 자국에서 만들어지는 미디어 생산물이라 하더라도 그것의 생산을 위해서 사용되어진 장비들은 외국에서 만들어진 것들이 많다. 특히 미국의 매스미디어 생산물들은 대다수 자본주의 국가의 문화에 굉장한 영향력을 행사하고 있는 실정이다. 얼마 전 미국영화 <주라기공원>이 영화에 대한 자존심을 가지고 있는 프랑스에 수입되면서 프랑스 문화계에 준 충격은 굉장한 것이었다. 당시 미테랑 대통령까지 나서서 자국영화 보호를 위한 발언을 했을 만큼, 매스미디어 생산물의 침략적 성격은 단순히 경제적인 수준에서 끝나는 것이 아니라 온 국민의 문화·의식 수준에까지 영향력이 미치는 막강한 것이다.

이와 같이 매스커뮤니케이션이 미치는 영향력의 과정은 세 가지 특징을 갖는다. 첫째, 국제적인 매스커뮤니케이션의 영향은 매우 일방적

이다. 예컨대 미국의 미디어 생산물들은 아시아 각국에 엄청나게 수출
되지만, 아시아 각국의 미디어 생산물들이 미국으로 수출되는 경우는
거의 없다. 물질적 생산물의 경우 상호 교호적인 측면이 없지 않으나,
미디어 생산물은 그 일방적 교류 양상으로 인하여 불균형이 더욱 심화
되고 있다. '뉴스'의 경우 선진국의 필요에 의해 후진국의 뉴스자료가
선진국으로 공급되기도 하지만 그것마저 미미한 수준이며, 더구나 뉴스
생산에 종사하는 인적자원은 거의가 그들의 제도적 관리인들에 의해 성
취되고 있는 실정이다. 둘째, 국제적인 수준에서 커뮤니케이션에 영향
력을 행사하는 거의 소수의 국가들(미국, 영국, 프랑스, 독일, 구소련 그
리고 이들에 비해 다소 영향력이 적지만 이탈리아, 일본 등)에 의해 이
루어져 왔으며 앞으로도 이러한 추세는 계속될 전망이다. 셋째, 미디어
생산물에 의한 영향력은 물질적 생산물의 수출과는 달리 선진국 사이에
서도 발생된다는 것이다. 이러한 양상은 세계가 더 많이 개방되고 교류
가 확대되면서 심화될 전망이다. 영화, 음악, 텔레비전 프로그램 등의
미디어 생산물들이 세계 전체 교역에서 선전국과 후진국 사이의 교류보
다 선진국들 사이에서 이루어지는 교역량이 훨씬 더 많다.

　이러한 미디어 생산물의 국제적 교류에 의해 전개되는 미디어 활동
의 형태에 대해 '미디어 제국주의'라는 용어를 사용한다. 자본주의가 발
전하면서 자본주의 사회의 경제구조는 자본 및 생산이 집중되고 금융자
본이 발전하여, 더욱 생산을 촉진시키게 되었다. 그러므로 상품의 판매
시장과 원료공급지 확보의 필요성에 의해 시장이 해외로 확대해 감에
따라 세계적인 규모의 경제시장을 형성하게 된다. 이러한 과정에서 19
세기 말에서 20세기 초까지 국가의 힘을 바탕으로 하는 제국주의적 팽
창이 두드러지게 나타났던 것이다. 사실 이러한 세계적 규모의 경제체
제는 정치적, 경제적 논리 외에 교통과 통신 미디어의 발전에 의해서 가
능하였다. 그러나 식민지적 지배는 여전히 커뮤니케이션의 공간적 장애
에 의해 현지에서의 직접적인 지배에 의존하지 않을 수 없었다. 그러므
로 그 지배의 형태는 정치적·군사적 힘에 의한 경제적 수탈이라는 형태

를 취하였던 것이다.

2차대전 이후 이러한 식민지적 지배의 형태는 자취를 감추었지만 여전히 세계적 규모의 자본주의 시장은 존속하고 있으며, 미디어의 급속한 발전은 세계적 규모의 커뮤니케이션을 가능하게 하고 있다. 바로 이러한 상황이 새로운 형식의 식민지적 지배를 가능하게 하고 있다. 일본의 하부나카호(土生長穗)는 이것을 '신식민주의'로 규정하면서 다음과 같이 정의하고 있다. 즉 "신식민주의란 제국주의의 새로운 한 형태이며 신생국의 독립을 형식적으로 인정하면서 정치적·경제적·군사적·사회적으로 교묘한 지배형태를 통해 주변 후진국가를 희생시키는 것"이라고 하였다(김재훈, 1987: 175). 한편, 이러한 오늘날의 새로운 식민지적 지배를 골딩(P. Golding)은 '문화제국주의'로 규정하고, 그 개념을 "선진 사회와 후진 저개발사회의 구조적 종속관계의 규범적 측면"이라고 정의하면서 여기에는 국제 미디어와 교육·문화제도 등의 침탈의 결과가 포함된다고 하였다(Golding, 1979).

이와 같이 오늘날 세계 자본주의체제 내의 신식민주의나 문화적 제국주의를 만들어 가는 데 매스미디어는 핵심적인 요소가 되고 있다. 보이드 바렛(J. D. Boyd-Barret)은 "한 국가의 미디어 소유권이나 구조, 보급 및 내용 중 어느 하나 이상의 측면이 하나 또는 여타의 다른 나라 미디어의 이해관계에 의해 상응하는 영향력의 상호 교환 없이 상당한 압력에 종속되는 과정"을 미디어 제국주의라고 하였다. 과거와 같이 제국주의적 침탈에 의한 식민지적 지배는 사라졌지만 오늘날 활발한 국제적인 커뮤니케이션이 이루어지고 있는 상황에서 국제적인 미디어 활동에 대한 체계적인 분석은 세계체계 내의 정치적·경제적·문화적 역동관계를 해명해 낼 수 있는 매우 중요한 통로가 된다고 생각한다.

오늘날 국제적인 커뮤니케이션에서 발생되는 종속적 경향을 네 가지 구성요소로 나누어 살펴보면 다음과 같다. 즉 ① 매스커뮤니케이션 제도와 기술, ② 매스커뮤니케이션 산업의 여건, ③ 매스커뮤니케이션에 관한 가치관, ④ 실제적인 시장 점유가 그것이다.

① 매스커뮤니케이션의 제도와 기술: 미국이나 영국, 독일, 프랑스 등 산업화된 나라에서 미디어산업의 발전과 함께 자본주의에 잘 적응될 수 있는 정교한 양식의 커뮤니케이션 제도를 정착시켜 왔다. 그러나 신생 독립국가들은 선진국과는 달리 미디어의 기술은 물론 매스커뮤니케이션 제도에 대한 독자적인 양식을 만들 기회를 갖지 못하였다. 그러므로 이들은 스스로 개발하기보다는 기존 선진국의 모델을 선택하거나 또는 강요받는다. 선진국의 이러한 매스커뮤니케이션 제도의 전파는 소유권에 참여하지 않고 개발도상국 매스커뮤니케이션을 통제할 수 있는 통로가 된다. 개발도상국가들이 매스커뮤니케이션 산업을 출발하려 할 때 선진국이 자금의 원조나 자문을 제공하여 선진국의 커뮤니케이션 제도가 모델로서 제공될 수도 있다.

영국의 BBC 프랑스의 ORTF는 이전의 그들의 식민지에 방송제도를 설립하는 데 절대적인 영향력을 행사하였다. 후진국 또는 과거 식민지를 경험했던 국가들은 선진국과는 전혀 다른 문화적 배경을 가지고 있음에도 불구하고 매스커뮤니케이션 산업을 위한 비용의 절감 또는 개발 능력의 부족 등을 이유로 선진국의 기술과 제도를 수용함으로써 그들에게 종속되는 것이다. 예컨대 선진국 통신사가 세계 다른 나라 통신사의 모델이 된다거나, 미국과 영국에서 중산층을 겨냥하여 뉴스와 오락, 광고를 혼합한 형식의 대중지가 다른 여러 나라의 모델이 되었다. 그러므로 이렇게 설립된 후진국의 새로운 미디어 제도는 선진국 미디어 수출의 고객이 되며, 제도의 유지를 위한 테크놀러지의 주요 고객이 될 수밖에 없는 것이다.

한편 매스미디어 기술의 규격화는 기술의 하부구조를 확산하는 데 유리하였다. 설사 개발도상국에서 독자적으로 개발할 수 있는 능력이 있다고 하더라도 개발비용의 문제라든가 선진국의 규격화된 기술에 맞추지 못함으로써 무력화될 수밖에 없어 결국 수입에 의존하게 된다. 예컨대 최근 개발중에 있는 고화질 TV(HDTV)는 뛰어난 화질과 생생한 음향으로 다음 세대의 매스미디어로 부각되고 있다. 뿐만 아니라 이것은 군사기술, 의료장비 제작에서부터 반도체와 화면표시 장치의 개발에 이르기까지 다양한 산업에 미치는 효과 때문에 선진국들이 관심을 가지고 개발하려는 제품이다. 이와 같은 개발의 의의를 지닌 고화질 TV는 그간 미국과 일본, 유럽 등이 앞다투어 개발하고자 하였다. 이 분야의 기술을 선도했던 일본의 뮤즈(MUSE)라는 방식에 맞서 미국과 유럽은 제각기 독자적인 방식으로 개발의 노력을 기울이는 것도 이미 개발된 특정 국가의 방송방식을 채택할 때 이에 따르는 특허 기술료 지불과 기술 예속화 현상이 엄청나기 때문이다. 이것은 마치 기존의 텔레비전 방송방식이 NTSC(미국, 캐나다, 일본, 한국), PAL(영국, 독일 등 서구 유럽, 중국, 북한), SECOM(프랑스, 러시아, 동구 유럽, 아프리카 및 아시아 일부 지역) 등으로 3분된 것과 유사하다. 선진국의 매스미디어 기술의 세계적인 공급회사는 RCA, Schulberger, EMI, Philips, Telefunken, Siemens, Thompson, SCF, Fernsehen, Shibadan, Nippon Electric 등이 있다.

② 매스커뮤니케이션 산업의 여건: 앞에서도 언급하였지만 자본주의 사회에서 기업의 운영을 위해서는 엄청난 규모의 자본이 전제되어야 한다. 매스커뮤니케이션 산업 역시 경영을 위한 재정의 확보를 필요로 하며, 이것을 위하여 외국의 자본을 끌어들이게 되는 것이다. 예컨대 1971년 영국 상무성에 등록된 영화 중 영국 영화는 23%, 미국 영화는 39%를 차지하였는데, 영국 영화들도 대부분이 미국 영화회사의 영국 자회사나 미국 투자가들에 의해 제작되거나 최소한 재정적 지원을 받은 것들이라고 한다. 또한 이탈리아의 영화무역협회인 ANICA도 1년 예산의 절반 정도를 미국 자회사들이 점유하고 있다고 한다(이상희 편, 1984: 300). 이와 같은 미디어 재정 수출에 있어서 다국적 미디어 조직이 중요한 채널이 되어 왔다. 주로 영국과 프랑스의 이권은 아시아와 아프리카 지역의 식민지 또는 정치적 독립을 한 직후에 침투하였으며, 미국은 라틴아메리카와 캐나다로 침투하였다.

한편 재정수출에 의한 소유권이나 통제에 못지 않게 미디어의 재정

수입원이 되고 있는 광고 또한 미디어 제국주의를 반영하는 중요한 요소가 된다. 이것은 두 가지 측면에서 선진국의 영향을 받게 되는데, 첫째로 세계에서 주도적인 위치에 있는 광고대행회사들이 선진국 회사들이며, 둘째로 광고 수요의 대다수가 주로 선진국의 다국적 기업이라는 것이다. 그러므로 광고의 성공적인 프로그램은 선진국에서 제작된 것이며, 이것은 또한 새롭게 제작하는 것보다 비용이 훨씬 절감되어 이중의 이익을 얻게 한다. 광고수요자들 또한 대부분 선진국의 다국적 기업이므로 이들의 취향과 요구에 응하지 않을 수 없게 되는 것이다. 1970년 미국의 광고대행회사들이 약 18억 달러의 해외수입을 올렸는데, 이것은 지난 10년 동안 385% 이상의 증가를 보인 것이라고 한다. 그리고 1974년 콜롬비아 TV의 거대 광고주 중 3분의 2가 선진국의 다국적 기업이었다고 한다(이상희 편, 1984: 303).

마지막으로 매스커뮤니케이션의 특징 가운데 하나로써 조직에 의해 생산물이 만들어짐을 앞에서 지적하였다. 그러므로 선진국의 매스미디어 조직은 새로이 시작하는 개발도상국에 전파되어 매스미디어 산업 조직의 모델이 됨으로써 후진국 매스미디어 조직의 상부구조로 영향을 주게 된다.

③ 매스커뮤니케이션에 관한 가치관: 이것은 매스커뮤니케이션의 조직, 생산, 정책의 결정 등의 실무에 있어서 규범 및 법칙이라든가, 이것보다는 덜 가시적인 관례 등에 대한 태도나 가정을 일컫는 것이다. 뉴스의 객관성 유지라든가, 성공적인 TV연속물의 조건이 무엇인가 하는 것이 바로 그것이다. 이러한 가치관의 전파 또는 수출의 예는 비서구지역의 언론인들이 서구 미디어 조직의 실무와 생산물을 접촉하거나, 서구 미디어 조직들이 행하는 공식적인 연수에 참가하는 것을 통해서 이루어진다.

예컨대, 뉴스취재의 '객관성,' '균형보도' 등의 원칙은 영국이나 프랑스, 미국의 통신사의 발전과 더불어 형성된 가치이다. 영국의 '로이터'나 프랑스의 '아바스(Havas)'의 초기 고객들은 은행가와 금융인들이었다. 통신사가 한 고객에게 먼저 정보를 제공하게 되면 그 정보는 다른 사람들에게는 가치를 상실하며 따라서 통신사의 신뢰를 잃게 된다. 그러므로 그 형평성을 잃지 않기 위해 많은 노력을 기울였다. 그러나 고객이 신문사로 옮겨지면서 사태는 변하여 이해관계의 다양성으로 변하여 갔다. 이와 같이 자국의 역사적 경험과 사회적 환경에 따라 매스커뮤니케이션의 가치관을 독특하게 발전시킬 수 있음에도 불구하고 이미 존재하는 선진국에서 만들어진 커뮤니케이션에 관한 가치관을 답습하고 있는 것이다.

④ 실제적인 시장점유: 매스미디어에 의해 생산된 생산물의 실제적인 시장점유의 상태가 미디어 제국주의의 가장 가시적인 형태가 될 것이다. 선진국의 개발도상국가 내의 미디어 생산물의 수출은 특히 영화·TV프로그램·레코드·뉴스·서적·잡지 시장에서 두드러지게 나타나고 있다. 영화의 경우, 미국의 영화가 세계시장에서 차지하는 비율은 거의 압도적이다. 할리우드는 이미 1920년대에 전 세계 영화시장의 3/4을 차지하였고, 이러한 세계 영화시장의 지배 추세는 이후 계속되고 있다. 1992년 미국이 37억 1,960억 달러의 영화, TV프로그램, 비디오 제품 등을 포함한 시청각 상품을 유럽에 수출한 것에 비하여 같은 기간 미국에 수출된 유럽의 시청각 제품은 2억 700만 달러에 불과하다고 한다(김승수, 1995: 272). 최근 한미투자협정 체결협상에서 미국이 우리 나라에 대하여 스크린 쿼터제를 폐지할 것을 강력히 요구하고 있는 것도(현재 한국영화는 한 해 동안 146일의 상영일수를 보장받고 있다) 문화제국주의의 전형이라 할 수 있다(≪한겨레신문≫ 1998. 12. 3 참조).

5. 매스커뮤니케이션과 이데올로기

맑스는 그의『정치경제학 서문』에서 "인간의 의식이 존재를 결정하는 것이 아니라 사회적 존재가 의식을 결정한다"라고 말하였다(Marx &

Engels, 1958: 181). 우선 어떠한 '사회적 존재'에 의해 어떠한 '의식'이 생산되는가를 논의하기 이전에 이미 생성된 의식이 인간의 삶에 깊이 개입하고 있다는 데 관심을 돌려보자. 윌리엄스(R. Williams)에 의하면 "어떤 특정한 시기에도 지배적이며 효율적이라고 말할 수 있는 핵심적인 관행, 의미, 가치 등의 체계가 존재하며 … 그것은 구성되고 실행된다"는 것이다. 그러므로 핵심적이고 선택된 강조점들 외의 의미와 가치들은 꾸준히 재해석되거나 희석되든지, 아니면 유력한 체계에 모순되지 않는 형식으로 변형되게 된다. 이러한 의미에서 형성된 이데올로기는 사물과 현상을 이해하는 기본적인 틀이 되는 것이다.

그러면 이와 같은 이데올로기의 생산은 사회구조 가운데서 어떻게 발생되는가? 맑스는 "어느 시대를 막론하고 지배적인 관념(rulling ideas)은 그 시대의 지배 계급의 관념이다"라고 하였다. 물질적 생산관계의 구조 가운데 지배층은 물질적 지배는 물론이고 관념의 지배도 함께 실현함으로써, 지배층에게 유리한 현존하는 생산관계를 모든 성원들이 당연한 것으로 받아들이도록 자연스럽게 강요한다. 이러한 물질적 관계에 의한 의식의 종속과정을 그람시(A. Gramsci)는 좀더 구체적으로 분석해 내고 있다. 그람시의 이데올로기 개념은 맑스의 이데올로기 개념과는 달리 '헤게모니의 원칙들' 가운데의 한 요소로 파악하고 있다. 그러므로 그의 이데올로기는 물질적 토대와 함께 상부구조의 측면이 강조되며, 정신적 현실들의 총체 속에서 머물러 있는 것이 아니라 실천을 통해 구현되는 성질을 갖는다. 그람시가 볼 때 역사적 행위는 '문화적 블록'을 통한 '집합의지'에 의해 가능하다고 보아 이데올로기는 바로 이러한 다양한 계급과 사회세력들을 결속하는 데 가장 강한 응집력을 지닌 '접합체'의 기능을 수행한다고 보았다. 이러한 이데올로기를 그는 '유기적 이데올로기'라고 하여 헤게모니 행사에 중요한 부분으로 간주한다. 또한 그는 지배이데올로기 투쟁에 있어서 피지배층의 이데올로기의 대부분은 대중사고(popular thought), 즉 상식에 두고 있으며, 이것은 한 사람의 머리속에서도 단편적이고 조리가 없으며 논리적이지 못한

상념이라는 것이다. 이러한 특성으로 인하여 상식은 자기 비판적이지 못하며 으레 지배관념으로 흡수되어 버리며, 실천적 활동에 대한 명확한 자기인식을 결하고 있기 때문에 그것을 극복하지 못한다고 보았다. 그러므로 파킨은 "피지배층이 그들의 생활체험과 부분적으로 지배문화로부터 파생되는 그들의 상식적 이해간에 괴리를 느끼는 경우도 있지만, 곧 지배 계급에 의해 지배적인 도덕적 규준을 다소간은 추상화되고 이상화된 견해로 수용하도록 강제됨으로써 종속적 가치체계를 그대로 받아들이게 된다"(Parkin, 1971: 94-95)라고 지적하였다.

물론 이데올로기는 어떤 형식으로든지 일정한 구조적 담론(discourse)의 형태로 존재하며, 또 하나의 물질적 형태로 사회적 재생산의 기능을 수행하게 된다. 알튀세르(L. Althusser)는 이러한 이데올로기의 물질적 실천성이 이데올로기적 기구(ideological apparatus)에 의해 수행된다고 함으로써 지배층의 이데올로기적 실천의 내용을 매우 정교하게 설명해 내고 있다.11) 그는 국가가 국가권력의 기능에서 의미를 가지므로 모든 정치적 계급투쟁은 국가를 중심으로, 즉 한 계급에 의한 또는 계급이나 계급분파들의 동맹에 의한 '국가권력'의 획득과 유지를 중심으로 진행된다는 맑스주의 국가이론의 정확성을 인정하면서도, 이는 정치적 실천의 영역에만 머물고 있어 그 이론이 제시한 정의보다 더 복잡한 현실을 설명하지 못한다고 비판한다(알튀세르, 1991: 84-88). 그러므로 그는 국가권력과 국가장치 사이의 구별만이 아니라 국가장치와 구별되는 이데올로기적 기구를 구분한다. 결국 억압적 국가장치의 경우 부차적으로 이데올로기에 의해 기능하며, 이데올로기적 국가장치 또한 부차적으로 억압에 의해 기능하게 된다. 국가권력을 장악하고 있는 지배 계급의 이데올로기인 지배이데올로기가 억압적 국가장치와 이데올

---

11) 그는 이데올로기의 두 가지 성격을 제기하고 있는데, 그 하나가 이데올로기의 물질성이요, 그 두번째가 이데올로기는 실재조건에 대한 개인들의 (왜곡된) 상상적 관계를 표현한다는 것이다. 그가 열거한 이데올로기적 국가기구들은 다음과 같다. 언론ISA, 문화ISA, 종교ISA, 가족ISA, 법률ISA, 정치ISA, 조합ISA, 커뮤니케이션ISA가 그것이다(Althusser, 1971: 143-144).

로기적 국가장치들 간의, 그리고 상이한 이데올로기적 국가장치들간의 '조화'를 보장하게 되는 것이다. 그러므로 지배 계급은 이데올로기적 국가장치를 통하여, 그리고 동시에 그 속에서 그들의 헤게모니를 통하여 지속적으로 국가권력을 보유하게 된다.

20세기 자본주의 사회에서 바로 이러한 이데올로기적 기구로서 매스미디어의 위치는 매우 주목할 만한 것이다. 근대사회의 모든 문화적 영역 내에서 다른 어떤 전통적인 문화통로보다 매스미디어에 의해 장악되어지는 부분이 방대하며, 특히 사회가 분화되고 전문화되어 감에 따라 각 집단들이 각각의 생활과 의미, 가치를 지향하는 가운데 사회적 통일체의 형성이 요구되어지므로 이데올로기의 도구로서 미디어의 중요성이 더욱 부각되어진다고 하겠다. 또한 매스미디어 생산물 자체가 개인이 아닌 조직에 의해 생산되어진다는 특성으로 인하여 지배층의 이데올로기를 가장 잘 수렴하여 유포시킬 수 있는 기구가 되는 것이다.

이러한 매스미디어의 이데올로기적 작업의 메커니즘을 정리하면 다음과 같다.

① 매스커뮤니케이션 생산은 의식적인 집단(조직)의 산물이다. 그러므로 개인의 생각보다는 집단적인 합의의 산물이라는 점에서 그 집단의 이데올로기가 반영되어 매스커뮤니케이션 생산물이 만들어질 수밖에 없다. 결국 개인으로서 대중들은 마치 자본주의적 물질생산 과정의 결정에 프롤레타리아들이 참여하지 않는 것과 마찬가지로, TV, 라디오 방송 및 인쇄물의 내용을 결정하는 과정에 참여하지 않는다. 이러한 의미에서 자본주의 사회에서 지배층의 이데올로기뿐만 아니라 사회주의에서도 매스커뮤니케이션의 이데올로기성은 그대로 반영된다. 그러므로 레닌이 "신문은 집단적 선전자이며 선동자일 뿐만 아니라 집단적 조직자이다"라고 한 것이나, 스탈린이 "신문은 우리 당의 가장 강력한 무기"라고 한 것은 모두 매스커뮤니케이션의 이데올로기성을 간접적으로 시사한 것이라고 볼 수 있다.

② 매스커뮤니케이션에 의해 형성되어지는 커뮤니케이션 체계는 일방적인 수직적 구조를 갖는다. 메시지가 위에서 아래로 흐름으로써 자본주의적 생산양식의 상부구조를 차지하는 집단의 편견과 가치, 규범 등이 간과된 채 가장 보편적이며 이상적인 것으로 포장되어 피지배층에 수용된다. 이러한 커뮤니케이션 흐름의 일방적 성격으로 말미암아 전달되는 메시지에 대한 반성의 기회를 거의 갖지 못하게 된다. 이때 전달자와 수신자 사이에 발생되는 권위주의적인 단절은 오늘날 매스커뮤니케이션에서 극복되어야 할 가장 심각한 문제라고 할 수 있다.

③ 자본주의 사회에서 상품 생산이 그러하듯 매스커뮤니케이션 상품 역시 완성품이 전달된다. 이미 완성된 매스커뮤니케이션 상품은 그것을 사용하는 사람의 참여를 처음부터 배제시킴으로써 그것을 사용하는 사람의 입장이 거의 반영되지 않고, 따라서 획일적인 수용양식을 촉진시키게 되는 것이다.

④ 자본주의적 생산양식의 특징이 대량생산에 있듯이 매스커뮤니케이션의 생산양식도 대량생산에 의해 이루어지고 있음에도 불구하고, 자본주의 사회의 불평등한 사회구조를 개선해 나가지 못하고 오히려 자본주의 사회 내에 있는 사회적 분열을 구조화해 나간다. 우선 미디어의 다양성(텔레비전, 신문, 잡지, 만화 등)과 메시지 전달대상의 다양화(노인층, 여성, 청소년, 주부, 학생 등)를 통하여 수용자들을 구획화시켜 그들로 하여금 특수한 세계를 경험하게 한다. 사람들은 이러한 폐쇄적인 몇 가지의 경험들을 하게 되면서 허구적인 전체 세계를 재구성하게 된다. 그러므로 그들의 현실 세계에 대한 파편화된 의식들은 실제 세계의 진정한 갈등을 포착하기 힘들게 만든다.

⑤ 이와 같은 매스커뮤니케이션의 특성과 구조 속에서 오늘날 언론과 표현에 관한 지배적 가치관인 '언론자유'에도 성찰되어야 할 다음과 같은 감추어진 이데올로기적 본질이 있다.

• 언론의 자유는 재산의 자유이다. 처음부터 자본주의 발전에 중요한 역할을 담당했던 신문의 출현은 부르주아의 사적재산의 보호와 경제

적 활동의 자유를 보장하기 위한 공개적 영역의 확보를 위한 것이었다.

• 언론 담당자들이 상대적인 자율성을 가지고 있다고 생각할 수 있으나 자본의 논리, 다국적 기업들의 세력, 국가권력이 한계지어 놓은 틀 내에서만 자유를 누릴 수 있을 뿐이다. 물론 언론 자체가 지배세력화하여 지배 집단의 핵심적인 집단으로서 지배 집단의 이익을 대변하기도 한다.

• 경제적인 논리에 의한 지배의 한계가 노출되고 지배층의 이익이 결정적으로 위협받게 되면 결국 물리적 공권력에 의존하여 공적 검열로 복귀하게 되는 경우를 우리는 흔히 보아 왔다.

그러므로 매스미디어 이데올로기의 구체적인 이데올로기적 실천내용은 다음과 같은 점에서 실천되고 있다는 것을 주목할 필요가 있다.

① 대부분 미디어 생산물의 내용은 '도덕주의'라는 가면을 쓰고 있으며, 저속하고 폭력적이며 유해한 것에 대한 비난의 권리를 제공하여 지배 집단의 도덕성(검소, 정직 등)과 정당성을 확보하고자 한다. 이러한 전략은 지배 집단이 끊임없이 부도덕하고 유해한 환경에 저항하는 집단으로서의 정당성을 확보하는 데 필요할 뿐만 아니라, 결국 이 가면이 미디어 자체의 도덕성과 공정성 확보에도 유리하게 작용하여 미디어 자체의 이데올로기적 기구로서의 가치를 드높이게 된다.

② 사회구조의 근본적인 혁명에 대한 대체물로서 기대상승이라는 새로운 혁명의 개념을 도입한다. 예컨대 우리 사회에 확산되고 있는 기술혁명, 커뮤니케이션혁명, 정보혁명, 농업혁명(비료, 살충제, 종자의 혁신 등) 등의 변화를 선전하고 그러한 변화에 매몰되게 함으로써 계급적 갈등을 약화시킨다. 다른 한편, 사회의 핵심적인 문제를 회피하기 위하여 오히려 특정 집단(유태인, 동성연애자, 범죄 집단 등)을 희생양으로 삼아 비판함으로써 핵심적 갈등을 약화시킨다.

③ 지배층은 매스미디어를 장악하고 현실에 대한 정보를 생산·분배

함으로써, 특정 계층(지배층)의 견해가 일반 대중의 견해로 통용될 수 있도록 여론을 조성한다. 정당한 노동운동, 환경운동, 인권운동과 같은 사회운동에 대한 해석에 있어서도 당사자의 견해보다 경제적 발전, 사회질서, 사회적 통합이라는 것을 앞세워 탄압을 요구하게 만든다.

④ 갈등과 적대의식이 발생되면 특정 지배관계(특히 생산관계)의 결과가 아니라 자연법칙의 결과로 또는 개인적인 문제로 설명해 낸다. 예컨대 실업의 존재가 자본가들에게는 필요한 요소였기 때문에 노동공급이 부족할 때 여성 노동력과 외국 노동력을 끌어들여 왔으면서도, 실업의 문제가 발생되면 개인의 능력에 초점을 맞추어 실업을 설명해 왔다.

⑤ 사회적 갈등의 원인이 심한 불평등과 억압적 권력에서 유래되는 것임에도 불구하고 사회에 존재하는 성의 차별, 인종적 차별, 세대간의 차이 또는 갈등(그 외에도 도시-농촌의 갈등, 취미의 차이 등)을 강조하는 내용의 사건이나 주제를 취급함으로써 계층간의 격차나 갈등을 형해화 또는 단편화해 버린다.

⑥ 특히 뉴스의 경우, 사회적 갈등이 해소되는 제도나 사건에 초점이 맞추며, 사회적으로 합의된 가치와 신념에 의존하며(편파성과 논쟁을 피하고, 객관성과 중립성을 유지하라는 법적·직업적 요구에 의해), 역사적·조직적 이유로 인하여 사회의 변화상을 제공하기보다는 불변하는 세계상을 제공함으로써 현상유지의 이데올로기를 강력히 제공한다.

제5장

■ ■ ■ ■

'정보사회'의 커뮤니케이션 체계

1. 정보와 '정보사회'의 개념

오늘날 매우 빠른 속도로 변화하고 있는 삶의 내용들을 어떻게 이해할 것인가에 대한 논의들이 최근 활발하게 제기되고 있다. 오늘날 정보통신기술의 발전은 인간 삶에 많은 변화를 가져다주고 있다. 이러한 변화를 강조하여 흔히 오늘의 사회를 '정보사회'라고 부르며, '정보사회'라는 이름을 붙여 적어도 20세기 전반기까지의 자본주의 사회 또는 산업사회와 구별하여 현대사회를 이해하려는 경향이 확대되고 있다.[1]

그러나 1960년대와 1990년대 말을 살아가는 지금 우리의 생활에는 어떤 차이가 있는가. 산업사회, 자본주의 사회라는 이름이 아닌 '정보사회'라는 이름을 굳이 붙여야 할 만큼 커다란 변화가 존재하는가. 과거와 다르게 위성 텔레비전을 보고, 이동전화를 사용하며, 컴퓨터를 통하여 E-메일을 주고받는다고 하여 과연 새로운 사회인가. 과거 책과 신문을 통하여 정보를 획득하던 때보다 과연 오늘날 텔레비전과 컴퓨터를 통하

---

[1] 여기서 '정보사회'라고 명명하였다고 하여 오늘날 사회를 지난날의 근대 자본주의 사회와 구분하기 위한 것은 아니다. 다만 일반화된 개념으로서 정보사회에 대한 강한 의문을 제기하고, 오직 시간적으로 최근의 사회를 지칭하기 위해 방편적으로 사용하고자 작은 따옴표 속에 넣었다.

여 더 많은 정보를 획득하고 있는가. 이런저런 여러 가지 문제들을 가만히 따져 볼 때, '정보사회'라는 개념이 매우 애매한 의미인 채로 사용되고 있는 것 같다.

외부 환경에 대한 단순한 여러 가지 사실을 '자료(data)'라고 정의할수 있으며, 이러한 자료를 커뮤니케이션을 통하여 전달될 수 있도록 가공 처리한 것을 '정보(information)'라고 정의할 수 있겠다.2) 이러한 관점에서 본다면 원시사회에서 아버지가 자식에게 자신의 사냥법을 이야기해 줄 때 그 사냥법은 매우 유용한 정보이며, 조선시대 지방의 수령이중앙정부에 지방의 사정을 문서로 보고할 때 그 내용 또한 중요한 정보이다. 앞에서도 언급하였지만, 이와 같이 원시사회로부터 오늘날에 이르기까지 어떤 사회에서도 정보는 존재하였고 또한 정보는 어떤 사회에서나 사안에 따라 중요한 것이 될 수 있었다. 이와 같은 포괄적인 의미의 '정보' 개념은 오늘날 기술적 정보 개념에 편향된 학자들과 같이 정보를 '비트(bit)'로 측정될 수 있는 양으로, 상징이 발생될 수 있는 확률로 정의하는 것과는 매우 다르다. 정보를 기술의 관점에서 정의하는 학자들의 견해를 따를 것 같으면 확실히 과거에는 오늘날과 같이 정보를비트(또는 부호 0/1)로 처리하여 주고받을 수 있는 기술과 도구가 없었다는 점에서 오늘날 '정보사회'와 뚜렷이 구분되는 것은 사실이다.

한편 이러한 기술적 관점은 정보에 포함될 수 있는 의미와 가치의측면을 완전히 무시하고 있다. 정보는 비사회적인 관점에서 평가되어측정될 수 있는 양적 팽창에 주목하여 정보의 팽창이 새로운 '정보사회'에로의 변화를 경험하게 한다고 주장한다. 그러나 단순한 기술의 변화그 자체를 사회변화의 기준으로 삼는다면 기술의 발전에 따른 사회변화는 늘 존재했다고 할 수 있다. 우리의 관심은 단순한 기술의 변화가 아니라 그 기술에 포함된 사회적 의미와 가치, 그리고 인간 삶의 근본적인태도와 양식의 변화이다. 우리의 일상생활이 커뮤니케이션에 의해 엮어

---

2) 정보와 유사한 개념으로서 '지식(knowledge)'은 인간의 삶과 관련된 모든 사실들에 대한 좀더 체계적이며, 일반화된 정보를 일컫는다.

진다고 볼 때 그러한 기술의 변화가 가지는 의미와 가치에 더욱 주목하지 않을 수 없는 것이다. 물론 기술 그 자체가 가지는 커뮤니케이션적 의미와 정보의 팽창 그 자체가 가지는 커뮤니케이션적 의미 또한 존재하므로 그것이 갖는 사회적 의미를 살펴볼 수도 있다. 그러나 굳이 이러한 정보기술이라는 좁은 관점에 맞추지 않고, 앞에서 정의된 광의의 정보 개념을 사용함으로써 정보에 내포된 의미와 가치를 잃지 않고 기술적 측면뿐만 아니라 정치적·경제적·문화적 의미들을 풍부하게 논의할수 있을 것이다.

이와 같은 관점에서 본다면 앞서 언급한 바와 같이 정보는 과거에도 존재했으며, 현재에도 존재하고 있다. 그러나 정보의 사회적 의미는 과거와는 현저하게 달라져서, 무엇보다 오늘날 중요한 지배의 자원으로 부상하고 있다는 점에 있다. 여전히 자본주의적 논리가 관철되고 있고 자본이 여전히 중요한 지배의 자원으로 작동하고 있지만, 상품 생산에 있어서 정보가 노동력을 서서히 대체해 가고 물질적 상품보다 정보상품이 더욱 많이 생산되고 있다는 점에서 정보는 오늘날 자본에 맞서거나 자본을 능가하기도 하는 지배의 자원으로 부각되고 있다. 이와 같이 정보가 사회를 움직여 나가는 중요한 원동력이 되기 때문에 정보의 팽창, 정보기술뿐만 아니라 정보생산의 방식, 정보전달의 양식, 정보전달의 속도 등이 사회의 중요한 문제로 부각되는 것이다.

그러므로 오늘날 대부분의 중요한 인간활동이 정보의 생산과 유통의 기술(컴퓨터, 통신기술 등)이 제공하는 서비스의 지원을 받아 이루어지는 사회, 즉 '정보사회'로 여겨지는 것이다. 위에서 언급된 바와 같이 인간의 활동이라는 것이 기계적인 것만이 아니라는 점에서 출발하여, 웹스터(F. Webster)는 인간활동의 다양한 영역에서 정보와 정보기술이 만들어 낼 수 있는 사회적 의미를 자신의 아이디어를 통해 잘 정리하고 있다. 그는 분석적으로 '정보사회'에 대한 다섯 가지의 개념정의를 구별하고, 그러한 정의를 통해 새로운 것을 확인할 수 있는 기준을 제기하였다(웹스터, 1997: 28-53). 첫째, 정보사회에 대한 가장 흔한 정의가 기술적 관점, 즉 통신과 컴퓨터 기술의 발전이라는 관점에서 논의될 수 있는 부분이다. 둘째, 정보에 대한 경제학적 관점에서 정보산업의 성장과 평가에 관련된 부분이다. 셋째, 정보업무 계통 직업의 변화와 관련된 부분이다. 정보와 관련하여 새로 생겨나는 직업과 소멸되는 직업에 대한 논의이며, 물론 이것은 경제적 영역과 밀접하게 관련된다. 넷째, 시간적·공간적 장애가 극복되는 상황과 관련하여 정보 통신망에 의해 지역이 연결되고 시간과 공간이 재조직되는 것과 관련된다. 다섯째, 우리가 정보의 홍수 속에서 일상적 삶을 살아가고 있다는 것과 관련된다. 그러나 이것은 경험을 통해 얻는 지식이 아니라 의미를 상실한 기호 가운데 살아가는 현대인들의 삶의 의미와 관련된다. 이와 같이 웹스터는 정보가 가질 수 있는 다양한 의미를 놓치지 않으려고 하지만 그 역시 '정보사회'의 변화된 양상을 나열하는 데 만족하고 있는 것 같다. 어떤 사회도 변화한다. 그러므로 단편적인 변화의 양상만으로써는 굳이 새로운 이름을 붙여 이해하고자 할 필요가 없을 것이다. 좀더 논의를 심화시키기 위하여 '정보사회'의 권력구조와 커뮤니케이션 체계에 대한 논의를 뒤 부분, 제3절 '정보사회의 권력구조 변동'으로 미룬다.

2. 정보(지식)의 팽창과 불평등한 분배

오늘날 우리 주위는 확실히 정보더미에 둘러싸여 있다. 자신의 주변에 널려 있는 수많은 책, TV를 켜거나 신문을 펼치면 국내 구석구석뿐만 아니라 외국의 소식까지 쏟아져 나오는 무수한 정보들, 많은 학자들의 연구논문, 여러 분야에 종사하고 있는 주위의 사람들로부터의 여러 가지 지식과 소식들을 접할 수 있다. 오늘날 정보의 양이 엄청나게 팽창하고 있을 뿐만 아니라, 정보의 중요성이나 가치 또한 다른 어떤 것들보다 중요한 것으로 부상되고 있다. 사실 '정보사회'로의 변화에 대한 감각은 정보기술의 발달과 함께 이러한 정보의 홍수 속에서 더욱 쉽게 감

지될 수 있는 부분이다. 이러한 추세가 어떠한 사회적 조건에 의해 발생
된 것일까?

우선, 앞에서도 언급한 바와 같이 미디어의 발전은 시간과 공간을
극복하여 인간의 커뮤니케이션을 가능하게 함으로써 고립적이고 자립
적인 커뮤니케이션 단위에서, 분화되고 전문화된 커뮤니케이션 단위로
전개된다. 그러므로 다원된 각 영역에서 다양한 정보를 생산하게 되
는 것이다. 둘째, 과학의 발전으로 새로운 지식의 지평이 확대되고, 새
로운 기술의 발전으로 새로운 기술과 기계에 관한 지식이 자고 나면 변
화되어 갈 정도로 확산되고 있다. 특히 매스미디어 기술의 발전으로 정
보를 간편하고 빠르며 대량적으로 생산할 수 있게 되었을 뿐만 아니라
매스미디어의 발전 그 자체가 오늘날 엄청난 정보를 생산하는 원천이
되고 있는 것이다. 셋째, 정치적 민주화와 교육의 평등으로 말미암아 정
보의 공개성이 확보되므로 정보의 유통이 광범위하게 확산될 수 있는
사회적인 여건이 확립되었다. 이러한 정보의 공개성은 미디어의 발전과
더불어 정보의 유통속도를 더해 감으로 체감(體感)되는 정보의 양은 더
욱 확대되는 것이다. 마지막으로, 현대 사회에서 정보에 대한 수요가 갈
수록 증대되고 있다. 매스커뮤니케이션이 생산하는 정보가 오늘날 우리
의 환경이 되고 있으므로 정보에 대한 수요가 증대되고, 분화된 사회에
서 일상생활에 필요한 도구적 지식에 대한 욕구 또한 증대되며, 특히 현
대사회는 일과 생산에 대한 정보뿐만 아니라 오락과 휴식에 관한 정보
에 대한 수요도 증대되어 가고 있다.

현대사회에서 정보가 엄청나게 생산되고 있다고 하였지만 과연 그
러한가? 그러하다면 그러한 정보의 대량생산이 어느 정도인가? 이러한
문제는 곧 정보팽창에 대한 측정의 문제와 관련된다. 1958년 마흐럽(F.
Machlup)은 지식의 생산과 분배를 처음으로 측정하고자 했다. 그는 지
식산업을 ① 교육, ② 연구개발, ③ 통신수단, ④ 정보기기, ⑤ 정보서비
스 등으로 구분하고 이것이 국민총생산(GNP)의 어느 정도를 차지하는
지를 살펴봄으로써 지식산업의 규모를 측정하였다. 마흐럽이 추산한 바

<표 8> 지식에 지불된 GNP의 구성분포(1958)

(단위: 백만 달러)

지식의 유형과 지출액	금액	비율
교육	60,194	44.1
연구개발	10,090	8.1
통신매체	38,369	28.1
정보기기	8,922	6.5
정보 서비스(일부)	17,961	13.2
합계	136,436	100.0
정부지출	37,968	27.8
기업지출	42,198	30.9
소비자지출	56,270	41.3
합계	136,436	100.0

출처: 벨, 1984: 35-36에서 재인용.

에 의하면 1958년 지식산업은 총 1,364억 3,600만 달러로 이것은 국민 총생산의 29%, 노동인구의 31%에 해당하는 규모였다고 밝히고 있다. 또한 그는 1947년부터 1958년까지 지식산업은 연 10.6%라는 성장률을 보여 같은 기간의 GNP성장보다 2배의 성장을 보였다고 추산하였다.[3] 그가 산출한 기본 자료는 다음과 같다.

포랫(M. Porat)은 1969년도의 국민소득계정(National Income Accounts)을 분석해 내는 데 마흐럽보다 세련된 범주를 사용하여 경제에 있어서 정보활동의 가치를 추론해 내고 있다. 그는 경제를 모두 여섯 부분으로 나누는데 ① 정보부문으로서 정보기기를 생산하는 산업이나 정보서비스를 상품으로 시장에 판매하는 산업, ② 공적 관료조직, ③ 사적 관료조직, ④ 재화를 생산하는 사적 부문, ⑤ 공적 생산부문, ⑥ 가계부문으로 설정하고 있다. 이러한 부문들 중 ①의 부문은 정보를 기반으로 한 경제의 영역이 된다고 보고 제1차 정보부문이라고 하였다.

그는 이 부분을 다시 8개의 주요 산업범주로 구분하여 ① 지식생산 및 발명을 주로 하는 산업, ② 정보 분배 및 통신관련산업, ③ 금융 및

---

3) 한편, 버크(G. Burk)가 마흐럽의 추산방식에 따라 1963년도의 지식산업을 추산해 본 결과 총 1,500억 달러, GNP의 33% 정도로 계산되었고, 마샥(J. Marschak) 교수가 1968년도에 행한 계산에 의하면 1970년에는 지식산업이 GNP의 약 40%에 이를 것이라고 추정하였다(벨, 1984: 34-36에서 재인용).

보험의 요소를 포함하고 있는 위험관리산업, ④ 모든 시장정보와 광고 판매업을 포함하고 있는 조사 및 조정산업, ⑤ 전자적 또는 비전자적인 정보 처리 및 전송서비스산업, ⑥ 정보기기를 포함한 정보재산업, ⑦ 제1차 정보부문에 준하는 직접적인 시장을 가지고 있는(우편서비스 및 교육을 포함하는) 선택된 정부활동, ⑧ 사무실과 교육용 건축물과 같은 지원시설로 구분하였다. 1967년 최종수요부문에 대한 이 부문의 매출액은 1,746억 달러, GNP의 21%(부가가치로 계산하면 거의 2,000억 달러를 상회하며, GNP의 약 25%)에 이르며, 그 해 전체 소득의 약 27%가 정보재 및 정보서비스에서 획득되었다고 밝히고 있다. 한편, 포랫은 위에서 언급된 6개 부문 중 ②와 ③을 제2차 정보부문이라고 하여, 어떤 산업 내에서 정보관련 업무에 직접적으로 종사하지만 그 활동이 정보관련 업무로 측정되지 않는 부문이다. 그것은 행정기관이나 기업 내에서의 정보관련 업무(즉 사업의 계획입안, 마케팅, 일정계획, 예약 등의 업무)는 직접 GNP에 산정되지 않기 때문이다. 그에 의하면 1967년 이 부분이 차지하는 규모가 GNP의 21%(사적 관료제 조직에서 18.8%, 공적 관료제 조직에서 2.4%)에 이른다. 이 부문은 관료제적 사회로 성장함에 따라 정부기능이 확대되고, 기업기능이 대규모화된 2차대전 이후 급속히 성장해 왔고, 앞으로 더욱 확장되어질 부문이다(벨, 1984: 38-43).

특히 제1차 정보부문의 성장에 있어서 변화의 양상은 노동력 구성의 변화에서 확인할 수 있다. 과거의 노동력에 있어서 가장 큰 노동력 집단은 농업분야였으며 그 다음은 공업분야의 노동력이었지만, 최근의 가장 큰 노동력 집단은 정보관련 노동자 집단으로 변화하고 있다. 현재(1980년 미국)의 정보부문 노동력은 46% 이상이고, 농업이 3%, 공업이 28.6%, 서비스업이 21.9%의 비율로 분포되어 있다. 우리 나라의 경우 정보관련의 인력에 대한 정확한 통계자료가 없어서 정확히 말할 수는 없지만 산업별 인구 구성비를 살펴보더라도 정보분야 인력의 증가를 쉽게 추측할 수 있겠다.

<표 9> 산업별 인구구성비

	1992	1985	1975	1965
1차 산업	16.0	24.9	45.7	58.5
2차 산업	25.5	24.4	19.1	10.4
3차 산업	58.5	50.6	35.2	31.2

인류 역사의 과정은 불평등한 정보 분배의 역사라고 해도 지나치지 않을 것이다. 커뮤니케이션은 인간이 직접 체험하지 않은 사건들을 정보(또는 지식)라는 형태로 전달받아 간접적인 체험을 할 수 있게 함으로써 자신이 체험하지 않은 환경의 위험으로부터 방어하도록 해주며, 인간의 생활을 편리하게 하는 세련된 도구를 제작할 수 있었으며, 또한 미래에 대한 예측을 가능하게 해주었다.

이와 같은 점을 고려한다면, 정보는 오래 전부터 지배의 중요한 자원으로 작동되어 왔다고 볼 수 있다. 고대 사회에서와 같이 나이 많은 노인들의 오랜 체험이 유용한 지식이 되던 시기에 있어서는 노인들이 그 사회의 중요한 지위를 점하였다. 현자(賢者)나 사제(司祭)들은 세상을 지혜롭게 살아갈 수 있는 지식을 가지거나 미래 또는 죽음 이후의 세계에 대한 정보를 가진다고 여겨지므로, 또한 그들 스스로가 그러한 지식을 배타적으로 독점함으로써 고대사회에서 실질적인 지배를 행사하기도 하였다. 개인적으로 지식을 소유함으로써 사적인 관계에서 행해지는 지배는 오늘날에도 있을 수 있는 일이지만 그러한 지배의 행사는 대개 고대사회에서 일반적인 현상이었다.

그러나 인간의 접촉이 더욱 빈번해지면서 집단이 형성되고 사회가 조직화되면서 사회적 관계에 있어서 기득권적 이익을 얻는 집단—이러한 부류 역시 정보 획득의 용이성 또는 정보의 배타적 독점에서 형성되는 집단이다—이 생겨나게 된다. 그들은 자신의 기득권 보호를 위하여 물리적·제도적·이데올로기적 억압을 하게 되는 데 그것의 핵심은 바로 커뮤니케이션 체계를 통한 정보의 통제에 의해서이다. 물론 그러한 커뮤니케이션 체계의 모습은 사회적 역사적 조건에 따라 매우 다양하게 나타나고 있다. 예를 들면 조선조 사회에서는 지배층들이 문자를 독점하여 신분적 명예를 획득하고, 교육기관인 향교나 서원을 통하여 지배층의 커뮤니케이션 장을 획득하여 광범위하게 결속할 뿐만 아니라 지배이데올로기를 생산하면서, 행정기구라는 커뮤니케이션 장에서 실질적인 억압의 방식을 만들어 내게 되었던 것이다.

현대의 개방된 사회에서는 과거와 같이 어떤 특정한 집단(또는 신분)에 의한 정보의 독점을 공식적으로 허용하지는 않는다. 더구나 매스커뮤니케이션이 대중을 상대로 공개성을 원칙으로 하는 상황에서 정보의 공정한 분배는 현대사회의 원칙적인 규율처럼 보인다. 그러나 현대사회에서도 여전히 정보의 불평등한 분배는 관철되고, 그것은 또한 지배의 중요한 자원이 되고 있다. 그러나 현대사회 정보의 불평등한 분배는 과거와는 다른 방식으로 성취되고 있다.

우선, 오늘날 정보의 불평등한 분배의 근본적 원인은 역사적으로 다양한 원인들이 혼재되어 나타난 결과겠지만 무엇보다 자본주의 사회로 접어들면서 나타나게 되는 사회의 다원화이다. 전통사회에서 불평등한 정보 분배의 중요한 요인은 자연환경에 의한 심한 분절 때문이었다. 그러므로 이러한 지리적 환경을 극복할 수 있는 미디어를 독점할 수 있는 집단이 정보 분배에서 유리한 위치를 차지할 수 있었다. 그러나 오늘날에는 그러한 지리적인 분절이 미디어의 발전에 의하여 극복되어 피지배층조차 지리적인 분절에 의해서 정보 분배에 불리한 위치에 처하게 되는 경우는 없다. 반면 근대 산업사회가 진전되면서 오히려 사회의 분업화, 즉 사회적 분절에 의해 정보의 생산이 이루어지고 있다. 이와 같이 커뮤니케이션 단위의 분절이 심화됨으로써 더욱 상호 의존성을 필요로 하고, 상호 의존성은 필연적으로 정보의 분배를 요구한다. 그러므로 중요한 정보를 생산하고 분배할 수 있는 집단(당, 정부, 기업, 언론기관, 연구소, 종교단체 등)과 정보를 거의 일방적으로 수용하는 대중으로 구분되어 정보 접근의 중심부와 주변부로 분절되어 있는 상황이다.

둘째, 오늘날 정보 전달의 중추적 역할을 담당하고 있는 매스미디어의 성격 자체가 불균등한 의사소통 방식을 강요하고 있다. 정보의 생산 담당자들은 사실을 수집하고, 그 사실을 모두 전달하는 것이 아니라 편집·치환의 과정을 거쳐 일방적으로 전달(보도)함으로 인하여 대중들은 짜맞추어진 현실을 확인하지도 못하고 사실(현실)로 받아들이게 된다. 그러므로 감추어진 정보, 이해가 얽혀 있는 정보에 대한 접근이 가능한 집단은 소수에 지나지 않는다.

셋째, 지배 집단에서 실제적인 정보에 대한 통제를 행사하고 있다. 정치적으로는 정도의 차이는 있지만 검열이나 보도지침과 같은 방식이 행해지고 있으며, 경제적으로는(특히 자본주의 사회에서) 자본의 논리에 의해 정보가 생산되기도 하며 상품화된 정보 또한 화폐의 지불 없이는 구매할 수 없게 됨으로써 자연스러운 통제의 메커니즘을 형성하고 있는 것이다.

넷째, 오늘날 교육의 기회는 여전히 과거와 같이 정보 불평등의 분배에 중요한 통로가 되고 있다. 선진국의 경우 모든 국민들에게 교육의 기회를 균등히 분배하려는 노력을 실행하고 있지만, 그 목표를 달성하고 있는 국가는 거의 소수에 머문다. 개인의 생애 동안 교육의 기회가 항상 열려 있지 않으면 정보(지식)의 균등한 분배는 거의 불가능하다고 볼 수 있는데, 교육이 상품화되어 교육을 위해 화폐를 지불해야 하는 사회구조에서는 정보의 균등한 분배가 원초적으로 불가능한 것이다.

다섯째, 오늘날 정보의 팽창 또한 정보의 불평등한 분배를 조장한다고 볼 수 있다. 정보의 폭발적인 생산으로 말미암아 대중은 정보의 홍수 속에서 정보의 선별적인 사용에 대해 무력감을 절감하고 자포자기하므로 새로운 문맹이 나타나게 된 것이다. 그러므로 그 많은 정보들은 대중적인 것과 전문적인 것(심오한 지식)으로 정보의 균열을 가져오고 정보의 관리자들은 단순한 정보의 소비자들을 분할 지배하는 것이 가능하기에 이르렀다. 이러한 정보의 불평등한 분배는 필연적으로 새로운 사회적 불평등의 구조를 야기하게 될 것이다.

3. '정보사회'의 권력구조 변동4)

19세기 사회 사상가들의 대부분은 전통사회의 질서와는 판이하게 다른 근대사회를 이해하기에 골몰하였으며, 그들은 새로운 질서의 사회를 과거 봉건사회의 질서와 구분하기 위하여 '근대사회,' '산업사회' 또는 '자본주의 사회' 등으로 이름붙였다. '근대사회'라는 것이 단순히 물리적 시간상의 구분을 의미하는 것이 아니며, '산업사회'라는 명칭 또한 단순히 농업이 아닌 공업화가 진전된 사회를 의미하는 것은 아니다. 결국 이 용어들은 포섭하는 개념이 정교하지 못하여 전통사회 질서의 구체적인 변화의 다양하고 복잡한 내용을 충분히 제시해 주지 못하고 있다.5) 반면 '자본주의'라는 용어가 매우 풍부한 개념을 포섭함으로써 전통사회의 질서와 구분되는 구체적인 내용들을 체계적으로 나타내게 된 것은, 당시 변화된 사회질서에 대한 19세기 사상가들의 풍부한 논의와 분석의 결과일 것이다. 물론 학자들마다 자신의 관점에 따라 그 변화의 내용을 근본적인 (생산영역에서의) 사회관계 변화에 초점을 맞추거나, 또는 인간의 사회적 행위의 성격에 초점을 맞추거나, 사회적 분업의 내용에 맞춰 자본주의 사회의 특성을 논의해 왔다. 결국 이들의 연구성과들이 과거 전통사회와 다른 새로운 사회의 성격을 분명히 함으로써, '자본주의 사회'를 전통사회와 구분하는 중요한 용어로써 통용할 수 있었던 것이다.

이와 같이, 오늘날 매우 빠른 속도로 변화하고 있는 삶의 내용들을 어떻게 이해할 것인가에 대한 논의들이 최근 활발하게 제기되고 있다. 그러므로 학자들에 따라서는 오늘의 사회를 근대사회 또는 자본주의 사

---

4) 이 절은 지난 1996년 10월 9일 한국사회학회와 동아일보사의 주최로 '정보통신 기술 발달과 현대사회'라는 주제의 특별 심포지움에서 발표되었던 내용을 일부 수정한 것이다.

5) 물론 '근대사회' 또는 '산업사회'라는 용어가 19세기 사상가들이 당시 사회에 대한 연구성과에 의해 밝혀진 의미들을 모두 포섭하는 용어라고 주장할 수도 있다.

회로부터 구분하기 위하여 '후기 산업사회,' '소비조작의 관료사회,' '포스트모더니즘의 사회,' '매체사회,' 또는 '정보사회' 등의 이름을 붙여 현대사회를 이해하려 한다. 어떤 사회든 변화하며, 또한 어떤 사회도 과거의 삶을 완전히 단절하지는 못한다. 전통사회도 시간의 흐름에 따라 변화하였고, 근대 자본주의 사회에서도 전통사회의 삶의 양식이 부분적으로 여전히 이어졌다. 이러한 의미에서 사회에 대한 규정은 사회를 보는 관점에 따라 달라질 수 있는 것이다. 오늘날 정보통신기술의 발전은 인간 삶의 양식에 많은 변화를 가져다주고 있다. 이러한 측면에서 오늘날 사회변화는 과거와 같이 '계급의 갈등'이나, '사회운동,' '조직의 혁신,' '체제의 전복,' 단순한 '기술혁신' 등에 의한 것이 아니라 '정보통신기술'의 발전에 의해 주도되고 있다. 또한 그 변화의 폭과 성격은 과거에 경험하지 못한 새로운 것이다. 그러나 여기서 오늘의 사회가 과거의 사회와 구분되는 사회인가 아닌가 하는 어느 한편에 서고자 하는 것이 아니라, 오늘날 사회변화의 내용 특히 현대사회에서 권력구조 변동의 내용을 정리하고 분석해 봄으로써 그 사회적 의의를 탐색하고자 하는 것이다.

오늘의 현실을 불과 10년 전과 비교해 보더라도 그 구체적인 사회변화의 내용은 정말 다양하다. 그러나 여기서 그러한 다양한 변화 모두를 이야기할 수는 없으며, 또한 그러한 시도는 오히려 무의미할 것이다. 이러한 변화의 흐름을 사회구조의 변화라고까지 할 수 있을지 모르겠지만, 사회구조의 변화는 결국 그 사회에 소속된 성원들의 사회적 관계의 변화이다. 사회적 관계 또한 구체적인 현실에 있어서는 매우 다양하게 나타나지만, 대부분의 인간의 상호 작용에 개입하여 사회를 역동적으로 만들어 가는 것이 권력의 작동에 의해 형성되는 지배관계라고 볼 수 있다. 그럼에도 불구하고 여태껏 정보사회에 대한 논의의 대부분은 정보통신기술의 발전에 관한 내용이나 새롭게 변화된 생활의 내용에 주목하였을 뿐 생활의 변화에 개입되는 권력구조의 변화에 대한 탐색은 소홀했다고 생각된다. 소위 '정보사회'라고 일컬어지는 오늘의 사회를 이해하는 데 권력구조 변화에 대한 이해를 수반하지 않는다면 정보사회에 대한 올바른 이해에 이를 수 없을 것이다.[6]

1) 상품 생산으로부터 정보상품 생산의 혁명으로

앞에서 언급한 『장자(莊子)』의 인용(113쪽 참조)은 우리에게 새로운 기계의 사용, 새로운 미디어의 사용은 그것으로 인하여 사물에 대한 척도가 달라지고, 진로의 방향이 달라진다는 것을 암시한다. 또 맥루언의 아이디어를 빌리지 않는다 하더라도, 확실히 미디어의 발전은 인간의 삶을 변화시킨다. 미디어는 인간 감각의 확장일 뿐만 아니라 인간의 사회적 관계 양식을 지배하기 때문이다. 그러므로 그는 자본주의의 발전을 문자 사용의 확산과 인쇄술의 발전으로써 설명하였다. 사실 자본주의 사회에서 상품 생산과 화폐에 의한 인간관계의 매개는 전통사회의 사회적 관계를 근본적으로 바꾸어 놓았다. 오랫동안 인류 역사에 있어서 물질 생산의 목적은 자신의 욕구를 충족시키는 데 있었다. 그러나 자본주의 사회의 상품 생산은 놀랍게도 타인의 욕구를 충족시키기 위하여 이루어지게 된다. 자본주의 사회에서 이러한 상품화의 과정은 매우 광범위하고 철저하게 추구되어 농업생산물과 노동력까지 상품화하게 된다. 자본주의 사회의 이러한 추세는 인간의 사회구조를 자기충족적이면서 폐쇄적인 커뮤니케이션 체계로부터 타인지향적이며 공개적인 커뮤니케이션 체계로 나아가도록 하였다.[7] 자기욕구의 충족은 어느 정도 한계가 있기 때문에 결국 물질적 생산에 있어서도 그 한계를 드러낼 수밖

---

6) 여기서 '정보사회'라 함은 다만 정보통신기술의 발전에 의해 주도되는 오늘날의 사회를 지칭하기 위해 방편적으로 사용하고자 할 뿐이다. 여기서 논의될 '정보 사회'에 관한 내용들도 진행되고 있는 사회변화의 내용이거나, 아니면 우리가 맞이할 사회에 대한 예측일 수 있다.

7) 이러한 의미에서 같은 전쟁이라 하더라도 전통사회의 전쟁은 자신의 욕망을 충족시키기 위한 정복이라고 할 수 있으며, 자본주의 사회의 전쟁은 상품시장의 개척이라는 의미가 더욱 크다.

에 없지만, 불특정 다수를 소비자로 하는 자본주의의 상품 생산은 가능
한 한 대량생산을 할 수밖에 없고 또한 시장의 확대를 지향하지 않을
수 없는 것이다. 제국주의, 세계체계, 지구촌화의 과정은 상품 생산을
원리로 삼는 자본주의 사회의 자연스러운 전개과정이라고 볼 수 있는
것이다.

한편, 자본주의 사회에서 화폐를 매개로 하는 상품의 교환은 모든
사회적 관계를 물신화해 버렸다. 잘 알려져 있듯, 맑스는 이러한 사회관
계의 물신성에 대하여 정확히 파악하고 있었다. 그는 자본주의 사회에
서 개인들 사이의 교류가 화폐의 출현이라는 우연적 계기에 의해 형성
된 조건에 종속될 뿐이라는 것이다. 이때 우연적 계기란 자기의 의지와
는 무관하게 형성된 사회적 관계를 의미한다.

전통사회에서는 공동체의 소속성에 의해, 또는 신분의 소속에 의해,
아니면 카리스마적인 복종에 의해 전면적인 인간에 대한 관계였지만,
자본주의 사회에서는 모든 사회적 관계가 화폐가치로 환원될 수 있으므
로 인간의 상호 작용을 불가능하게 하는 장벽은 없어졌다. 그러므로 20
세기 말 마지막까지 남아 인간의 상호 작용을 막았던 '이념'의 울타리
조차 허물어지고 공산주의 국가와 자본주의 국가는 이제 서로의 상품을
교환하고 있는 것이다. 이와 같이 자본주의 사회의 상품 생산과 화폐를
매개로 하는 인간관계는 자연스럽게 사회적 분업을 가능하게 하였으며,
이러한 사회적 분업 또한 끊임없이 타인들에 대한 의존을 강화시켰다.

자본주의 사회에서 작동되는 이러한 메커니즘을 통하여 자본주의
사회의 지배관계는 어떠한 모습을 가지는가? 이 물음에 대한 답을 하기
전에 지배관계의 일반적인 성격을 우선 논의하는 것이 순서일 것 같다.
사실 타인과의 관계에 있어서 지배는 지배의 '자원'과 관련되어 있다.
구체적인 현실에 있어서 지배의 자원은 매우 다양한 것으로 나타날 수
있을 것이다.[8] 그러나 시대와 사회에 따라 그 사회(또는 집단)를 지배하

---

8) 베버는 지배의 자원으로서 '전통'과 '카리스마', '합법성'을, 맑스는 '생산수단'
을 들고 있으며, 기든스는 '권위화'와 '분배'를 들고 있다.

는 중요한 지배의 자원은 사회적 결정에 의해 맡겨진다. 한편 권력의 작동은 자원의 이용에 의존하며, 이것은 또한 변형능력(transformative capacity)으로 작동되어 현실에서 다양하게 전개되어 왔다(Giddens, 1979: 91-92). 그러므로 상품 생산이 중심이 된 자본주의 사회를 지배하는 중요한 지배의 자원은 자본(화폐)이며, 이것은 또한 산업적 지위와 교육적 특권, 직업적 지위, 그리고 노동력을 상품으로 살 수 있는 변형능력으로 작동되고 있다. 따라서 자본주의 사회의 지배 구조는 필연적으로 자본(또는 화폐)의 운용과 통제를 중심으로 형성하게 된다. 물론 지배관계는 상대적인 개념이지만, 자본주의 사회에서 일반적인 지배 집단을 자본의 통제와 운영을 중심으로 열거하면 다음과 같다.

① 상품 생산을 위한 자본을 소유하는 자본가 집단
② 한 국가 내 상품 생산의 경쟁을 조정하고 외국으로부터의 경제적·정치적 개입으로부터 자국의 자본가를 보호하는 고급 관료 집단과 정치 집단
③ 상품 생산과 유통을 지원하고 자본의 신용을 보증하는 금융가 집단
④ 영토를 보호하고, 나아가 자국 자본가들의 활동을 보호하는 군인 집단
⑤ (진전된 자본주의 사회에서) 정치와 행정, 그리고 경제 부문을 감시할 뿐만 아니라 상품 선전을 담당하는 언론 집단

자본주의 사회 작동의 기본적인 축은 상품의 생산과 소비에 기인한다고 볼 수 있다. 상품 생산의 효율성을 높이고, 소비자들의 욕구를 불러일으키며, 상품을 신속히 광범위하게 소비자들에게 전달하기 위하여 골몰하는 것이 자본주의 사회이다. 이러한 자본주의 사회의 노력은 결국 과학기술의 발전, 효율적인 조직의 운용, 매스미디어의 발전, 교통통신의 발전 등을 낳게 되었다. 자본주의 발전 가운데서도 특히 20세기 중엽 이후 컴퓨터의 출현과 통신기술의 획기적인 발전은 자본주의 사회를 새로운 모습으로 변모시켜 갔다. 자본주의 발전의 끄트머리에서 자본주의는 맑스가 예견한 '공산주의라는 유령'이 아니라 '정보통신기술

이라는 유령'을 불러내었다. 이제 자본주의에 의해 불려 나온 그 유령은 이전의 삶의 양식을 하나하나 허물고 자신의 왕국을 쌓아 가고 있는 것이다. 이것을 정보의 혁명이라고 부를 수 있을지 모르겠다.

여기서 정보통신기술의 내용이나 그것이 구체적으로 어떻게 오늘날 인간의 삶에 영향을 미치고 있는가를 일일이 열거하여 설명할 수는 없다. 다만 정보통신기술의 발전에 의해 나타나는 사회의 전반적인 흐름에 대한 방향을 언급하는 것으로 만족하고자 한다. 적어도 이러한 기본적인 변화의 흐름에 대한 이해가 선행될 때, 우리의 관심인 소위 정보사회 권력구조의 변화를 이해하고 설명하는 단서를 잡을 수 있을 것이다.

정보통신기술의 발전에 의해 가장 쉽게 느낄 수 있는 변화는 '시-공간의 압축(time-space distanciation)'이다. 오늘날 디지털 기술에 의한 시-공간 압축의 의미는, 과거의 문자의 발명이나 교통수단의 발전 등에 의한 부분적이며 상대적인 시-공간의 극복이 아니라, 지구촌이 하나가 되는 전면적인 커뮤니케이션의 극복을 뜻하는 것이다. 이러한 전자적 커뮤니케이션을 배경으로 '비동시성과 동시성의 공존,' '공간적 동시성의 확보'를 특징으로 하는 사회가 되어 버렸다. 한편, 정보통신의 흐름과 관련된 체계들이 개선됨으로써 상품들이 시장에서 소비되는 속도는 놀랄 만큼 가속화되었다. 뿐만 아니라 시-공간의 압축에 의하여 세계가 시장화됨으로써 매력 있는 상품은 세계적 규모의 소비를 가능하게 한다. 그러나 공간의 장벽이 감소됨에 따라 시장은 확대되었지만, 경쟁은 더욱 치열하게 되었다. 시-공간 압축에 따른 커뮤니케이션 확대에 의해 국제적 등질화가 고조되는 가운데 더욱 다양해진 공간들이 자신의 정체성을 주장하게 되었다.

정보통신기술은 엄청난 정보를 쏟아 놓음으로써 현실을 정보공간으로 만들어 버렸다. 과거 공공의 커뮤니케이션 장을 형성하였던 시장, 살롱, 공연장, 회의장 등과 같은 실제 공간들, 그리고 지배층을 배출하였던 중요한 커뮤니케이션 장 역할을 했던 정부, 군대, 정당, 대학과 같은 실제 공간들의 중요성은 상대적으로 쇠퇴하고, 가상의 공간인 정보의 공간은 확산되고 있다. 이러한 가상공간의 생성을 두 가지 측면에서 생각해 볼 수 있겠는데, 매스미디어에 의해 만들어지는 현실과 컴퓨터 네트워크(특히 인터넷) 또는 다른 통신기기들에 의해 만들어지는 공간이 그것이다.

자본주의 사회에서 매스미디어는 필연적으로 발전할 수밖에 없었다. 상품의 대량생산과 대량소비를 지향하는 자본주의 사회에서는 소비자의 욕구를 촉발하고, 자신의 상품을 소개(광고)하기 위한 대량전달의 수단이 필요하였던 것이다. 이제 우리의 현실은 매스미디어가 가져다주는 정보에 의해서만 현실을 감지할 뿐이다. 우리의 몸으로 부딪히고 겪는 일상체험의 기회를 발전된 미디어에 의해 차단당하여 자신의 체험은 다른 사람과의 관계에서 무의미한 것이 되어 버렸다. 한편, 컴퓨터 네트워크는 우리에게 새로운 상호 작용을 할 수 있는 가상의 공간을 우리에게 제공하고, 또 정보공급의 새로운 장소가 되고 있다. 이것은 우리가 과거에 전혀 경험하지 못했던 공간이다. 전통사회에서 사회적 유대에 혈연 또는 지연이 가장 중요한 요소로 작동되었다고 한다면, 자본주의 사회에서는 공통된 목적과 이해가 가장 중요한 요소였다. 그러나 컴퓨터 네트워크에 의해 형성되는 전자공동체에서는 전적으로 미디어에 의존하는 사회적 유대이다. 물론 여기서는 대면적 접촉이 아니며, 시간과 장소의 구속 또한 받지 않는다. 다만 특정의 가치와 취미, 문제의식 등이 가장 중요한 관심사가 될 뿐이다. 제3차 집단으로 불릴 수 있는 이러한 전자공동체에서는 조직도 권력작용도 없는 자유로운 커뮤니케이션이 가능한 공공적 공간이 이루어질 수 있다.[9] 컴퓨터 네트워크에 의해 형성되는 전자공동체에서는 이와 같은 제3차 집단이 만들어지는 것 외에도 시장, 광고, 금융, 학습 등의 서비스를 제공함으로써 과거 삶의 양식의 상당 부분이 미디어에 의해 대체되고 있다.

이와 같이 정보통신기술에 의해 생겨난 정보공간은 기든스가 지적

---

9) 이근무 교수는 전자공동체를 제3차 집단이라고 부른다(이근무, 1996).

하듯 거의 '추상체계'의 공간이 지배하는 세계이다. 자본주의는 화폐라는 미디어를 통하여 커뮤니케이션에 있어서 인적 귀속성을 탈피할 수 있는 문을 열어 놓았고, 나아가 교통·통신의 발전과 더불어 장소 귀속성의 탈피를 촉진시켰다. 이미 자본주의 사회의 운용원리 자체에 추상체계로의 진로가 결정되어 있었던 것이다. 맑스는 앞에서도 지적하였듯이 이러한 자본주의적 사회관계의 내용을 좀더 실천적 의미로 해석하였는데, 즉 화폐에 의해 매개된 사회관계를 물화 또는 소외과정으로 이해하였던 것이다. 하지만 맑스의 논의는 생산영역에 있어서 사회관계의 소외, 즉 인간 삶의 부분적 소외를 지적하였을 뿐이다.

그러나 자본주의 발전의 끄트머리에서 정보통신기술의 발전은 인간의 가장 기본적인 본성인 커뮤니케이션 능력을 물화해 버림으로써 인간 삶 전체를 완벽하게 소외시키고 있는 것 같다. 즉 오늘날 인간 커뮤니케이션이 컴퓨터와 매스미디어에 의해 압도됨으로써 자신의 언어로 커뮤니케이션을 할 수 있는 기회를 거의 갖지 못한다. 자신이 얻는 정보는 타인과의 직접적이며 자유로운 토론에 의해 획득된 것이 아니라, 매스미디어가 일방적으로 가져다준 것이다. 또한 인터넷이라는 가상공간에서 가상의 대화자를 상대로 꿈속에서와 같이 지껄일 뿐이다. 진정한 자신의 생각을 내보일 수 있는 기회를 정보통신기술의 발달에 의해 박탈당하고 있다. 이러한 상황이 곧 언어의 소외이며, 이것은 노동의 소외와 더불어 정보사회의 인간소외에 대해 심각한 우려를 하지 않을 수 없게 만든다. 이제 생산 영역에서 소외되었던 노동자들이 이것을 극복하기 위하여 단결하고 자본가와 부딪쳤던 생동하는 삶의 현장은 사라지고, 모든 사람들이 정보의 바다에 허우적거리고 있다. 가상의 세계 또는 시뮬레이션의 세계에서 인간들은 자신의 발을 어디에 굳건히 디뎌야 할지 모르고 당황하고 있는 것이다.

동물들이 하루 종일 먹이를 찾아 나서듯, 인간도 그러한 때가 있었을 것이다. 전통사회에서는 농업이라는 기술을 통하여 먹는 문제를 해결하려 하였다. 한편 자본주의 사회에서는 생산기술의 향상으로 농업생산의 문제를 쉽게 해결하고, 인간의 편리한 삶을 위한 도구들의 생산으로 눈을 돌릴 수 있었다. 오늘날 과학(특히 컴퓨터공학)과 정보통신기술의 발전에 의한 생산력의 향상은 인간들로 하여금 물질적 생산에 골몰하지 않아도 되도록 하였다. 오늘날 정보사회는 물질적 도구의 생산이 주도하는 사회가 아니라 '정보(지식)'의 생산이 주도하는 사회로 변화되었다.10) 컴퓨터는 엄청난 양의 정보를 저장할 수 있고, 신속한 검색은 물론이며, 복잡한 프로그램의 실행능력을 가짐으로 말미암아 인간의 육체적 노동력과 숙련된 기술의 중요성을 감소시켜 버렸다. 이러한 의미에서 보드리야르는 오늘날의 사회는 기호, 이미지, 기호체계의 생산이 중심이 되는 사회이기 때문에, 맑스의 상품(물질적 상품) 생산의 분석은 시대에 뒤떨어지는 것이라고 주장하기에 이르렀다(Baudrillard, 1981 참조).

인류의 역사에 있어서 정보(지식)는 항상 중요한 지배자원 가운데 하나였던 것은 사실이다. 과거 정보(지식)가 권력을 유지하는 데 중요한 것이었지만 정보(지식) 그 자체가 강력한 힘을 가진 적은 없었다. 그러나 오늘날처럼 정보(지식)가 가장 중요한 자원으로 작동되어, 이것이 자본이나, 직업적 지위, 위세, 노동력 등으로 변형될 수 있는 힘을 가진 적은 없었다.11) 남이 가지지 않은 정보나 남보다 빠른 정보의 획득은 엄

---

10) 토플러는 그의 저서 『권력이동』에서 자신이 사용하는 개념을 정리하고 있다. '데이터'는 다소간 개별적인 사실을 의미하는 것으로, '정보'는 범주와 분류체계 또는 그 밖의 양식들에 맞는 자료를 의미하며, '지식'은 일반적인 언설에 적합하도록 더욱 엄밀하게 다듬은 정보를 의미한다고 하였다. 그러나 그는 이와 같은 엄밀한 개념규정으로 개념상의 함정에 빠지지 않기 위하여, 그리고 서술상의 논리적 엄밀성을 희생하더라도 지식이라는 용어의 의미를 확대해서 사용하고 있다. 즉 지식을 참이건 개략적이건 상관없이 태도, 가치 등 사회적 상징물은 물론이고 정보, 데이터, 상징 및 표상을 포괄하는 의미로 사용하고 있다(토플러, 1990: 43). 본 논문에서도 토플러의 견해에 동의하면서 포괄적인 개념으로서 '정보(지식)'이라고 표기하였으며, 구분이 필요한 경우 '지식,' '정보'로 표기하였다.

11) 기이하게도 조선조 초기의 지배구조 형성기에 지식은 가장 중요한 지배의 자원으로 작동된 적이 있었다. 이후 사회적 안정과 더불어 신분이 더욱 중요한 지배

청난 화폐의 수입을 확보할 수 있으며, 더 나은 정보나 지식은 좋은 직장을 얻는 데 용이하게 하며, 미디어를 통해 쏟아지는 정보는 오늘의 스타를 만든다. 그리고 정교한 컴퓨터 프로그램은 인간의 노동력을 대신하고 있다. 이제 '지식은 힘이다'라는 말의 진정한 의미가 실현되려는 순간이다.

물론 이러한 주장들에 대해 논란의 여지가 있을 수 있다. 위에서 주장된 내용들은 너무 과장된 것이라거나, 엄청나게 변화된 인간생활의 내용에도 불구하고 권력의 구조는 변화되지 않고 있다고 주장할 수도 있다. 특히 권력구조의 변동이라는 측면에서 '정보(지식)'가 '자본'을 대체할 정도로 중요시된 것도 아니며 다만 산업의 형태가 제조업 중심에서 정보산업 중심으로 옮아가고 있을 뿐이라는 반박도 가능하다. 이러한 점에서 본다면 권력구조의 변동에 대한 논의의 여지는 거의 없어 보인다. 그러나 앞에서 언급되었듯, 정보통신기술의 발전에 의해 진행되고 있는 사회변화와 정보상품의 생산수단으로서 '정보(지식)'가 '자본'에 필적하거나 능가할 정도의 중요성이 부각되고, 정보(지식)상품 생산과정의 특성은 자본에 의한 생산양식에서는 볼 수 없는 사회적 관계를 가지게 한다는 점에서 권력을 둘러싼 게임규칙의 변화에 영향을 많이 미칠 것이라고 가정할 수 있다는 것이다.

2) 새로운 지배 집단의 형성과 지배구조

(1) 정보상품의 생산

포스트모더니즘을 지지하는 학자들은 대체적으로 현대사회 변동의 핵심을 계몽적 이성의 파괴에 있다고 주장한다. 이때 계몽적 이성이라고

의 자원으로 부상하기에 이르지만 조선조 사회의 지배관계에 있어서 지식이 갖는 힘은 상대적으로 중세의 서구사회에서보다 확실히 컸다. 그러나 조선조 사회에서 지식이 처한 사회적 조건은 전혀 오늘날과는 다르다는 점에서 그것이 갖는 사회적 의의는 같을 수 없다. 좀더 자세한 내용은 윤병철(1992) 참조

하는 것은 보편적 진리와 합리성, 자율성을 지향하는 인간의 능력을 의미한다고 볼 수 있다. 이러한 계몽적 이성으로 충만했던 근대 국가의 발전과 더불어 정치적으로는 권력이 체계적으로 행사될 수 있는 통합된 중앙집권적 권력체계로(민주주의 정치체계든 공산주의 정치체계든), 경제적으로는 대량생산과 대량소비가 가능한 분배체계로(자본주의 상품시장체계든 사회주의 분배체계든) 발전되어 왔던 것이다. 그러나 현대사회에서는 과거에 보편적 이성에 의해 모든 현상을 설명해 줄 수 있다고 믿었던 메타서사(메타언어)는 폐기되고, 합리성의 도출에 의한 합의가 아닌 '이의'가 제기되며, 이성의 주인인 자아는 그 정체성을 잃어버리고 방황하고 있다고 포스트모더니즘을 주장하는 학자들은 진단하고 있다.

그러나 이성의 지배에 눌려 있었던 인간의 감성이 오늘날 부활되고 있는 것은 사실이나, 오늘날도 여전히 인간의 이성은 자신의 역할을 하고 있다. 다만 이성이라는 것이 과거 우리가 자의적으로 정의하였던 속성들, 즉 보편적 진리와 합리성, 자율성을 지향하는 인간의 능력에서 나아가 보편적 진리에 이의를 제기할 수 있으며, 합의뿐 아니라 개성을 추구할 수 있으며, 자아의 정체성을 잃어버렸다가도 다시 찾을 수 있는 복원력을 가지는 것이다. 이러한 의미에서 하버마스와 리오타르에 의해 촉발된 포스트모더니즘 논쟁에서 얻어진 성과들이 전제의 오류로 인하여 큰 의미를 가지지 못하는 게 아닌지 모르겠다. 따라서 오늘날 사회변화의 핵심적인 내용에 접근하기 위해서는 현대사회의 구체적인 권력구조의 변화 내용에 대한 성찰이 필요하다.

오늘날 정보사회는 자본주의 상품 생산의 극대화가 실현된 사회이다. 교통·정보·통신의 발전으로 과거 제국주의 시대의 식민지 분할이 사라진 것은 물론, 공산주의 국가 출현으로 생긴 이념적 장벽조차 거의 허물어져 이제 자본주의의 이상인 세계의 시장화를 눈앞에 두고 있다. 그러나 오늘날 정보사회에서 정보상품 생산의 양식은 근대 자본주의 사회에서 자본이 지배하던 제조상품 생산의 양식과는 매우 다른 모습으로 변해 가고 있다. 정보사회에서는 상품의 생산과 소비 모두를 '자본'이

지배하던 시기는 끝나고, '자본'은 '정보(지식)'와 결합하지 않으면 안
되게 되었다. 이와 같이 '정보(지식)'를 매개로 하여 가지게 되는 새로운
생산관계는 오늘날 정보사회의 권력구조 변동의 이해에 매우 주요한 암
시를 주는 것이라고 할 수 있다.

　오늘날 정보통신기술의 발전에 의해 근대 자본주의 사회의 생산영역
에서 중요시되었던 (육체적인) '노동력'과 '자본'은 상대적으로 덜 중요
한 요소로 변화되었으며, 또한 정보통신기술의 발전에 의해 물질적 생
산이 확장되어 '생산의 영역'보다는 '소비의 영역'이 오히려 중요한 부
문으로 부각되게 되었다. 이러한 의미에서 오늘날 정보(지식)는 생산의
영역에서나 소비의 영역에서 매우 중요한 요소로 작용되며, 또한 중요
한 지배의 자원으로 부상하고 있는 것이다. 언급한 바와 같이 근대 자본
주의 사회에서 자본은 노동계약, 산업적 권위, 교육적 특권, 직업적 지
위, 이윤, 정보획득으로의 변형능력을 가졌다. 그러나 오늘날 정보통신
기술이 발달한 정보사회에서 '정보(지식)'는 '자본'이 갖는 변형능력에
뒤떨어지지 않으며, 오히려 더욱 우세한 변형능력을 갖는다.12) 물질적
상품보다는 이미지, 기호, 정신, 정보 자체가 상품이 되어버린 오늘날 생
산현장에서는 물론, 소비의 영역에서도 정보 통제능력의 여부는 거의
결정적으로 중요하다. 그러므로 근대 자본주의 사회의 중요한 사회적
관계는 자본을 중심으로 형성되었지만, 오늘날 정보사회의 중요한 사회
적 관계는 '자본'과 함께 '정보(지식)'를 중심으로 형성되게 마련이다.

　들뢰즈와 가타리는 새로운 시-공간 구조의 창출은 새로운 권력구조
의 시작이라는 관점에서 자본주의가 왜 한편으로는 탈영토화하면서 다
른 한편으로는 지속적으로 재영토화하는지를 보다 잘 이해할 수 있다고
지적하였다(Deleuze & Guattari, 1984 참조). 이들의 은유적인 표현을
커뮤니케이션에 있어서 권력구조의 변화라는 관점에서 좀더 구체적으

---

12) 물론 과거에 있어서도 정보(지식)는 지배의 중요한 자원 가운데 하나였었던 것
　　은 틀림없었다. 그러나 그것은 다른 지배의 자원(카리스마, 신분 또는 자본)에
　　종속되었고, 지배의 사회관계를 유지시키는 도구로 사용되었을 뿐이었다.

로 표현해 보면, 자본주의 사회에서 전적으로 '자본'에 의해 매개되었던 지배관계를 부분적으로 청산하고 '정보'를 매개로 하는 새로운 지배관계를 창출하여 새로운 정보사회로 전진하고 있다고 할 수 있다. 한편, '정보(지식)'를 중요한 생산수단으로 하는 사회에서는 그 생산관계가 과거 자본가와 노동자 사이에 가지게 되는 지배, 피지배와 같은 성격은 아니다. 정보상품의 생산에 있어서는 생산자의 지위가 거의 자본가와 대등하게 된다는 것이다. 과거 자본주의 사회에서 노동자들의 기술력을 박탈하고 통제하기 위한 기계·기술의 발전은 아이로니컬하게도 오늘날 개인의 창의성과 지적능력을 필요로 하는 정보상품을 생산하는 데 쓰이게 되었다. 이러한 측면은 매우 중요한 의미를 지니는데, 좀더 구체적으로 그 내용을 살펴볼 필요가 있다.

오늘날 정보통신기술의 발전에 의존하고 있는 정보사회에서 정보의 생산은 두 가지 단계를 거친 이후에야 그 생산의 목적을 성취하게 된다. 그 첫번째는 모든 정보의 생산이 정보통신기기에 의해 코드화될 수 있는 정보(지식)로 전환되어야 한다는 것이다. 이것은 앞에서도 언급했듯이 매스미디어에 의해 포착될 수 있는 정보와 컴퓨터 언어로 전환될 수 있는 정보를 의미하는 것이라고 좀더 구체적으로 지적할 수 있다. 그러므로 오늘날 정보의 교환은 더욱 물화된 사회적 관계에 의해 이루어진다. 두번째로는 코드화된 정보가 상품화되는 과정과 통제에 이용되는 과정이 있다. 오늘날 정보(특히 지식)의 성격은 크게 변화되고 있다. 정보(특히 지식)의 생산이 정보(지식) 그 자체가 목적인 시기는 지나갔다. 이제 정보(지식)는 상품이며, 이것이 지난 몇십 년 동안 사회의 중요한 생산력이 되어 왔다는 사실은 널리 인정되고 있다. 그러므로 리오타르는 정보상품이 권력 획득을 위한 전 세계적 경쟁에서 중요한 관건이 될 것이며, 과거 민족국가들이 영토 장악을 위해 나중에는 원료와 값싼 노동력 획득하고 착취하기 위해 싸웠던 것과 마찬가지로 정보를 장악하기 위해 싸울 것이라고 내다보았다(리오타르, 1995: 43). 이미 이러한 전쟁은 시작되고 있다.

다른 한편, 코드화된 정보는 분류·검색되어 통제될 뿐만 아니라, 프로그램화된 정보 자체가 생산시설과 군사적 전략을 통제하고, 한 국가의 경제적 운용 프로그램을 통제하며, 사회적 문제 해결을 위한 전략을 통제하게 된다. 특히 오늘날 정보통신기술의 발전과 더불어 커뮤니케이션 수단의 확대와 매스커뮤니케이션의 발전으로 말미암아 엄청난 양의 정보가 쏟아지면서 정보를 분류·검색하여 통제하는 기능은 더욱 중요하게 되었고, 이제 정보통제의 기능 또한 직접적인 권력의 원천이 되고 있다.

이상의 논의에서 짐작할 수 있는 바와 같이, 오늘날 권력은 코드화된 정보에로의 전환과정, 그리고 정보가 상품화되고 통제되는 과정에 분배되고 있다. 전통사회에서 중요한 정보와 지식의 생산은 사회가 승인하는 조직, 즉 사원이나 학교, 행정기관 등에 소속된 성직자나 지식인들에 의해 거의 수행되었다. 그러므로 사회에 의해 승인된 조직에 소속되지 않은 개인들의 정보 또는 지식생산은 원칙적으로 금지되었을 뿐만 아니라, 재야의 학자나 예술가들에 의해 생산된 정보·지식·예술작품들은 사회의 지배적인 범주에 속할 수 없었다. 또한 전통사회에서 사회가 인정하는 조직에 소속된 정보·지식의 생산자들이라 하더라도 그들은 그 사회의 핵심적인 권력을 지지하고 보조하는 집단으로서 권력의 주변부에 위치하고 있을 뿐이었다. 반면 자본주의 사회에서 정보생산과 전달의 자유를 보장하고 있음은 사실이다. 그러나 자본주의 사회에서도 여전히 중요한 정보나 지식의 생산은 학교나 연구기관, 행정기관 등에 소속된 지식인과 관료들에 의해 생산되었고, 그 가운데서도 대학은 지식생산의 핵심적인 위치를 차지하였다. 물론 자본주의 사회라 하더라도 대학은 지식 생산의 중심적인 위치에서 지식을 상품화하는 일 외에도, 사회의 중요한 이념적 가치를 생산해 내고 또 교환가치와는 무관한 이론적 지식도 생산한다. 그러나 여전히 제도적인 정보·지식 생산기관이나 사회의 지배적인 담론에 벗어나는 개인적인 정보나 지식들은 주변화되었다. 이것은 자본주의 사회가 물질적 상품의 생산에 주력하고 있었다는 점에서 정보의 상품화가 쉽지 않았을 뿐만 아니라, 개인에 의해 생산된 지식이나 정보를 발견하여 상품화하는 과정은 너무나 어렵고, 또 많은 시간이 요구되어 쉬운 일이 아니기 때문이었다.

그러나 오늘날 정보사회에서는 정보통신기술의 발전으로 '정보의 상품화'가 사회의 주된 동력으로 부각됨으로써 정보·지식의 생산을 제한하였던 가치관의 장벽, 조직의 장벽, 시-공간의 장벽이 허물어지면서 다양한 정보·지식의 개별 생산자들이 등장하게 된다. 최근 개인 연구소, 기업 연구소, 매스미디어(특히 신문, 방송사)에서 신속히 상품화될 수 있는 정보나 지식이 생산되고 있으며, 행정기관 또는 정부 연구소에서 생산된 정보는 기업인들뿐만 아니라 개인들의 이해에 결정적인 영향을 주고 있다는 점에서 오히려 대학에서 생산된 지식보다 더 주목받고 있다. 물론 개인에 의해 생산된 지식과 문화상품도 쉽게 자본과 연결되어 통용되고 있다. 그러므로 정보사회 이전까지 지식 생산을 거의 독점하여 성역을 이루고 있었던 대학과 대학에 소속되었던 지식인들의 권위는 최근 여지없이 허물어지고 있다.13) 오늘의 대학들은 '정보 상품화'의 전쟁에 내몰려 자신의 지적 생산물을 상품화하기 위하여 자본가와 손잡거나 다른 경쟁자들과 경쟁을 하지 않으면 안 되게 되었다.14) 뿐만 아니라 대학이 과거와 같이 사회적으로 승인된 지식 생산자의 역할도 독점하지 못하고 있는 형편이다.

한편, 코드화된 정보나 지식 확산은 결정적으로 정보통신기기의 발전과 관련된다. 이 과정에 개입하여 권력을 획득하고 있는 집단들로는 정보통신기기의 생산을 전적으로 지배하고 있는 자본가 집단과 신문이나 방송 사업에 종사하는 언론 집단(물론 언론사도 자본가 집단과 밀접히 관련되어 있다), 정보생산과 통제에 직접적인 영향력을 여전히 행사하는 정부, 그리고 정보통신기기에 반드시 필요한 소프트웨어를 만들어

---

13) 과거 대학은 지식(정보)의 생산에서뿐만 아니라 지식 생산자를 배출하고, 또한 다른 영역(정치, 경제, 행정 등)의 지배층 배출에 있어서도 중요한 장의 역할을 담당해 왔었다.

14) '소비자가 원하지 않는 지식 생산자는 떠나라!' 이것이 오늘의 대학의 현실이다.

내는 개인들(물론 기업, 연구소, 대학 등에 소속될 수 있지만)을 들 수 있다. 정보사회에서 정보·지식의 코드화는 결정적으로 중요한 의미를 가지므로 정보통신기기 생산을 둘러싼 자본가들간의 경쟁은 치열하다. 지난 96년 6월에 개인휴대통신(PCS) 등 7개 분야 통신사업권을 확보하기 위해 재벌들은 치열한 경쟁을 벌였으며, 정보산업 분야에서 그 일부를 차지하는 사업이지만 그 결과에 따라 재계의 판도가 변화될 것이라고 예상을 하고 있다. 그러므로 정보사회에는 정보산업에 관련된 사업에 참여하지 않는 자본가들은 서서히 그 영향력을 잃어 가고 있다.

'정보상품'의 사회에서 정보나 지식의 상품화 가능성이 그것의 가치를 결정한다. 그러므로 정보나 지식의 상품화를 담당하는 오늘의 자본가들은 정보, 통신의 발전에 힘입어 개인이 가진 것이든, 지구의 한 구석에서 생산된 것이든, 또는 대학이나 사원에 감추어진 정보·지식이라 하더라도 끝까지 찾아내어 상품화하고야 만다. 오늘날 그 누구도 자본가와 손을 잡지 않으면 자신의 정보와 지식을 다른 사람에게 대량으로 전달할 수 없다. 이러한 의미에서 정보사회에서도 여전히 자본가들은 그들의 권력을 확대하고 있다. 한편, 정보통신기기를 중심으로 하는 과학의 발전은 노동력을 기계의 프로그램으로 서서히 대체하고 있을 뿐만 아니라, 엄청나게 쏟아지는 정보와 자료들을 분류·검색·통제하지 않으면 정보의 쓰레기더미에 질식하게 되는 상황에 이르렀다. 그러므로 특히 정보를 관리하고 통제할 수 있는 기술관료들은 기업에서나 행정기관에서 자신들의 독자적인 영역을 구축하고 권력을 확대해 오고 있다. 이와 같이 정보사회의 피지배자들은 이러한 정보가 유통되는 과정에 참여하지 못하고 배제된 정보의 소비자들이다.

(2) '정보사회'의 권력이동

전통사회의 중요한 지배자원이었던 '신분'이 자본주의 사회에서 '자본'으로 대체되면서 자본주의적 지배구조로 변화되어 왔듯이, 사회의 중요한 지배자원의 변동은 사회의 권력구조를 재조정하게 된다. 더구나 그것이 사회의 생산력과 관련된 것이라면 더욱 그 변화는 필연성을 띨 수밖에 없을 것이다. 자본주의 발전이 불러낸 유령인 '정보통신기술'은 자신이 낳은 '정보(지식)'를 통해 '자본'의 자리를 넘보며 권력구조의 재조정을 꾀하고 있다. 이러한 정보사회의 권력구조 변화의 내용을 네 가지 수준, 즉 가족, 조직, 국가, 세계체계의 영역에서 살펴보자.

전통사회에서 근대 시민사회에로의 전환과정에서 가족 단위의 노동에서 개인적 노동으로 전환됨으로써 여성은 가정이라는 울타리에 갇히게 되었고, 자본주의 발전과정에서 많은 노동력을 필요로 하고 서비스 직종이 확대됨으로써 여성들은 다시 노동현장으로 끌려 나오게 되었다. 이러한 과정에서 여성들은 자본주의 사회에서 상품구매를 위한 화폐획득의 기회를 가지지 못하고 남자의 수입에 매달리지 않을 수 없었고, 또한 사회적 노동에 끌려 나오는 순간(이것조차 불평등한 입직[入職] 조건과 지위, 그리고 대우 등을 감수하고) 그들은 이중의 노동에 시달려야 했다. 그러나 정보사회에서 정보통신기술의 발전은 앞에서 언급된 바와 같이 노동생산물과 노동의 성격 변화는 물론 작업장이라는 공간과 노동시간의 제약을 극복하고 있다. 그러므로 정보상품의 생산에는 창조력과 아이디어가 무엇보다 중시된다는 점에서 성의 차별은 무시되기 시작하였다. 특히 정보상품의 생산에 있어서는 재택 근무가 가능하게 되어 여성의 사회진출에 가장 큰 장애가 되었던 육아문제를 쉽게 해결할 수 있을 뿐만 아니라, 남녀가 함께 가사노동을 분담할 수 있는 여건이 조성되고 있다.15)

이러한 의미에서 남성에게 집중되었던 가정 내 권력의 상당부분이 여성 쪽으로 서서히 옮겨가고 있다. 정보(지식)의 생산과 저장이 인간의 경험과 기억력에 의존하던 전통사회로부터, 학교와 조직에서 새로운 상품 생산을 위한 기초적인 정보(지식)를 얻고 생산기술을 익혀야 하던 자

---

15) 물론 현시점에서 사회의 전반적인 생산체계가 재택근무에 의존하고 있는 것은 아니다. 그러나 정보통신기술의 빠른 발전을 통해 멀지 않은 장래에 재택근무의 일상화를 예상할 수 있다.

본주의로 옮겨오면서 노인들의 권위와 권한이 쇠퇴하였듯이, 물리적 노동력보다 창의력과 감성이 중요시되는 정보상품 생산의 사회에서는 자본주의 사회에서 보장되던 튼튼한 신체와 체계적인 지식을 갖춘 가장의 권위와 권한은 예전과 달리 쇠퇴하기 마련이다. 그러므로 정보사회 가정에서는 나이와 성별, 체계적인 지식의 소유 여부가 권력획득에 결정적인 영향을 미치지 않는다는 점에서, 창의적인 여성뿐만 아니라 청소년들에게도 정보(지식, 문화) 상품을 생산할 수 있는 기회가 열려져 있다.16) 그러므로 우세한 체력, 체계적인 지식을 바탕으로 직장에서 근면하게 일한 대가를 임금으로 받아 가족의 생계를 한 몸에 짊어졌던 가장의 요지부동의 권력은 서서히 허물어지고 있는 것이다.

자본주의 사회는 생산의 효율성을 위하여 분업화하고 조직을 합리화하지 않을 수 없었다. 그러므로 자본주의 사회에서 대다수의 조직들은 근대적 관료조직으로 전환되었고, 권력분배의 측면에서 관료제적 조직은 권력이 중앙에 집중되며 위계적 조직의 형태를 갖는다. 이러한 경향은 행정기관이나 군대조직뿐만 아니라 일반 기업의 조직들 가운데서도 보편적인 현상이었다. 또한 자본주의 사회에서는 조직에 소속되지 않고는 개인이 사회생활에 적응해 나가기 어려웠다. 앞에서도 잠시 언급하였지만, 정보사회에서는 개인이라 하더라도 소비자들의 욕구를 촉발시킬 수 있는 정보(지식)를 가지면 쉽게 상품화를 위한 자본을 끌어들일 수 있으므로 조직의 힘이 과거와 같이 절대적이지는 않다. 물론 정보사회에서도 정보의 상품화는 자본과 조직을 통하여 이루어진다. 그러나 그 조직은 관료적 조직이 아니라 분권화되어 있을 뿐만 아니라 규칙의 강제보다는 개인의 자율권이 확장되어 있다. 한 예로서 최근 기업조직들은 과거에 성실하고 조직의 규칙에 잘 따르는 원만한 인재를 선호하던 것과 달리 재기 발랄하고 아이디어가 넘치는 '괴짜'를 찾기도 한다

---

16) 노인들은 현실적으로 창의력과 감성이 더욱 쇠퇴할 것이지만, 풍부한 경험과 쇠퇴하지 않은 창의력을 갖고 있는 사람들에게는 떨어진 체력이 그들의 사회적 활동에 장애가 되지 않는다.

고 한다(≪한겨레신문≫ 1996. 9. 9 참조).

그러므로 진전된 정보사회의 조직에서는 관료제와 같이 권력이 위계적으로 조직되기보다는 산만하게 분산된다. 물론 정보(지식) 생산과 관련하여 노동환경을 형성하는 조직의 과정을 좀더 세밀히 살펴볼 필요가 있다. 정보기술과 밀접한 관련이 있는 '시스템 분석가'들은, 워드프로세스 오퍼레이터와 같이 단순노동으로 '정보관련 업무'에 종사하는 사람들보다는 권한이 많이 주어져 있지만, 지식과 정보를 가지고 정책을 결정하거나 신기술을 창출하는 '정책분석가' 또는 '발명가'보다는 권력의 중심에 가깝다고 할 수 없다. 이러한 구분은 현재 진행되고 있는 정보사회의 권력관계를 이해하는 데 도움을 줄 수 있을 것이다. 예컨대 반도체 칩의 가격 중 3%가 원료 및 에너지의 소유주에게 돌아가고, 5%는 기자재 및 설비 소유주에게, 그리고 6%는 일상적인 노동 제공자에게 돌아가는 반면, 원가의 85% 이상이 전문화된 설계 및 엔지니어링 서비스와 특허 및 저작권에 돌아간다고 한다.[17]

다른 한편, 분산된 단위 또는 개인들을 조정하고 통제하는 소수의 조직 또는 개인, 즉 정보를 통제하는 부서의 권한이 확대된다. 그러므로 과거 조직에서와 같이 중간 관리자나 중간 감독직층은 쇠퇴할 수밖에 없다. 이것은 전적으로 전기 미디어, 컴퓨터, 위성통신의 발전에 의해 가능한 것이다. 전기와 위성통신은 순간적으로 커뮤니케이션의 공간적 장애를 극복하도록 하였으며, 컴퓨터의 발전은 소수(또는 개인)가 수많은 정보를 통제하고 분석하여 상황에 대한 판단을 신속하게 내릴 수 있도록 해주었다. 그러므로 정보통신기술의 발전을 통한 조직의 극한적인 모습은 아마도 자율적인 개인들의 네트워크 조직, 개인 또는 핵심적인 부서의 통제를 받는 자율적인 다수의 개인들로 구성된 방사상의 조직을 상상할 수 있겠다.

---

17) 리프킨의 주장에 의하면 미국에서 지난 1980년대에 150만 개 이상의 중간 관리층 일자리가 없어졌으며, 1990년대에는 그 폭이 고위 관리층까지 확대되고 있다고 하였다(리프킨, 1996: 223).

기든스는 그의 저서 『근대성의 결과(*The Consequences of Modernity*)』에서 한 국가 내에서 근대성의 네 가지 제도적 차원을 들고 있다. 즉 자본주의(경쟁적인 노동과 상품시장 안에서의 자본축적), 감시(정보에 대한 통제와 사회적 관리), 군사적 힘(전쟁의 산업화와 관련된 폭력수단의 통제), 산업주의(자연의 변형: 인위적인 환경의 발달)가 상호 밀접하게 관련되어 있다고 본다(Giddens, 1990: 59). 이 책은 그가 1988년 스탠포드 대학의 강연을 준비하면서 구상한 내용이다. 기든스는 자신의 결론으로 당시 사회를 근대성의 이후(post-modernity)가 아닌 근대성이 급진화된(radicalized modernity) 형태로 보고 있다. 아마 그가 1990년대 들어서면서 발생된 걸프전쟁과 동독을 포함한 동구권과 소련 공산주의의 몰락을 목격하고, 빠르게 변하고 있는 오늘의 정보통신기술의 발전을 경험하고 난 지금의 시점에서도 동일한 결론에 이를 수 있을까? 물론 그가 제시하고 있는 네 가지 근대성의 차원은 여전히 오늘의 사회를 이해하는 주요한 개념적 틀이 될 수 있다. 그러나 기든스의 10년 전 아이디어를 순진하게 따라가서는 현대 정보사회의 특성을 밝혀 낼 수는 없을 것이다.

한 국가 내에서 정보통신기술의 발전에 의해 형성된 현대 정보사회를 구성하는 기본적인 제도적 차원을 '자본주의'와 '감시와 통제'라는 두 가지 차원으로 단순화해 보자. 이것은 전적으로 정보통신기술의 발전에 의한 결과인데, 기계와 물질적 원료 투입에 의한 생산을 특징으로 하는 '산업주의'는 생산과정이 '감시와 통제'에 포섭되거나, 정보생산이 더욱 중요하게 된 오늘날 '자본주의'라는 제도적 차원에 포섭될 수밖에 없다. 또한 가공할 무기의 발달로 국가간의 군사적 분쟁이 서로에게 치명적 손상을 가져온다는 사실을 인식하게 되면서 군사적 행동이 자제되고, 또 정보가 공개된 사회에서 정부의 헤게모니를 위해 간접적인 지원을 할 수 있을 뿐인 '군사적 힘'은 상대적으로 약화되어 이제 정부의 '감시와 통제' 차원에 포섭될 수밖에 없다. 다른 한편, 기든스의 설명방식에 따라 근대사회의 권력이 분배되는 과정을 추론해 본다면 바로 이

네 가지 제도적 차원에서 그 기능을 담당하는 조직(또는 집단)의 상층부, 즉 자본가 및 경영자층, 정치지도자 및 관료층, 군대 엘리트층에 집중되어 있다고 볼 수 있다.[18] 그러나 정보사회에서는 권력의 분배과정이 다른 방향으로 이동되고 있다.

기든스가 제시한 근대사회의 네 가지 제도적 차원에서와 마찬가지로 정보사회에서도 자본주의를 움직여 가는 기본적인 원리 가운데 하나인 상품 생산의 경쟁은 여전히 존재한다. 그러므로 상품화를 위한 자본의 투자가 요구되는 한 자본가의 존재는 여전히 중요하며, 그들의 지배는 여전히 관철되고 있다. 그러나 정보사회를 지배하는 상품은 물질적 생산품이 아닌 정보상품이다. 이것은 두 가지 의미를 가지는데, 그 하나는 정보상품 생산을 위해 정보통신기술에 의존하지 않을 수 없다는 것과, 다른 하나는 정보상품의 생산자는 과거의 노동자와는 다르다는 것이다. 그러므로 산업의 영역에서는 정보산업, 즉 컴퓨터, 통신, 매스미디어(특히 신문·방송산업), 지식 및 문화와 관련된 기업들이 정보사회를 주도하게 된다. 또한 정보산업의 특징은 제조업과는 달리 거의 거대자본을 필요로 한다는 데 있다. 특히 정보통신기술의 발전에 의해 시장의 세계화와 전 지구적 커뮤니케이션이 실현되면서 이러한 경향은 더욱 두드러진다. 각국은 이러한 정보시장의 세계적 경쟁이 심화되면서 자국의 커뮤니케이션 환경의 건전화를 위해 묶어 두었던 대기업의 언론장악 규제를 풀고 시장에서의 경쟁력을 높이기 위해 거대기업을 허용하고 있다.

지난 96년 2월 미국은 62년만에 신통신법을 통하여 한 기업이 소유할 수 있는 언론사의 제한을 없애고, 지역전화회사(Bell사)와 장거리전화회사(AT&A, 스프린트, MCI) 간의 영역분할을 철폐했다. 이러한 언론기업 거대화의 움직임은 이미 95년 8월 월트디즈니 사가 미국 방송망의 선두기업인 ABC 방송망을 190억 달러에 사들이고, 또 같은 달 웨스팅하우스 사는 미국의 제2TV방송망인 CBS를 54억 달러에 매수하였으

---

18) 이러한 견해는 잘 알려져 있는 바와 같이 밀스(C. W. Mills)에 의해서도 제기되었다.

며, 그 해 9월에는 CATV시장에서 미국 2위의 타임워너 사가 할리우드 최대 방송제작사인 터너 브로드캐스팅 시스템을 75억 달러로 넘겨받는 데 합의하는 등 바야흐로 세계적인 추세이다(≪뉴스플러스≫ 1996. 7. 11: 68-69). 미국의 정보산업체들이 국내에서뿐만 아니라 유럽과 아시아의 커뮤니케이션 기업까지 통합하여 글로벌 네트워크를 만들려고 하고 있다. 더욱이 세계 정보산업의 합병은 자국 내에서의 반독점법을 피할 수 있어 더욱 손쉽게 세계시장을 장악하고자 하는 것이다.

한편 과거의 노동자들은 끊임없이 자신의 기술력을 박탈당하고, 따라서 도구처럼 쉽게 대체되어 왔다. 그러나 정보사회에서 정보의 생산자들은 개인이 갖는 창의력과 지적 능력을 가지며, 그것 자체가 상품화될 수 있으므로 자본가의 자본에 맞설 수 있다. 그러므로 정보사회에서는 문화상품 생산자(탤런트, 대중가수, 배우, 예술가, 운동선수 등), 소프트웨어 생산자, 지식 생산자들이 갖는 힘은 일반적으로 자본주의 사회의 노동자들과는 같지 않을 것이다.[19] 정보산업에서 기업들은 끊임없이 거대화되어 가고 자본가들은 자본과 조직을 통하여 정보(지식) 생산자들을 지배하려는 한편, 개인적인 정보(지식)의 창조자들은 게릴라처럼 그들의 자유로운 활동을 언제까지 즐길 수 있을지 모르겠다. 아마도 맑스가 자본주의의 발전과 함께 프티부르주아들의 몰락을 예견하였으나 오히려 신중간 계급들이 더욱 확대되었듯이, 정보사회가 큰 형님(Big Brother)에 의해 지배되지 않는 한 정보(지식) 창조자들은 그들의 자유로운 특권을 누릴 수 있을 것이라고 예상할 수도 있다. 21세기 거대한 자본의 힘에 맞서 계급투쟁에 나설 최후의 전사는 게릴라와 같이 자유롭게 활동하는 창조적 지식 생산자뿐일 것이다. 그러나 다른 한편으로 정보(지식)는 자본과 같이 축적되지 않는다는 점에서 자본에 대한 지배력을 지속적으로 가질 수 없다. 그러므로 개인적 정보(지식) 생산자들도 그들이 가지는 정보(지식)의 특권을 화폐화하여 축적하여 가지려는 욕

---

19) 물론 정보산업에 있어서도 여전히 자신의 육체적 노동력만 제공하는 노동자들이 존재한다.

망을 가지게 되는 것이다.

다른 한편, 정보사회에서도 여전히 사회 전체의 각 부문들이 조정되어져야 하며, 사회가 가지고 있는 규칙이 준수될 수 있도록 감시와 통제가 필요하다. 이러한 의미에서 오늘날 '감시와 통제'는 정보통신기술의 발달에 의해 더욱 철저하고 광범위하게 이루어져 개인의 공적인 측면은 물론 사적인 측면에 이르기까지 감시와 통제의 능력을 증대시키고 있다. 이것은 주로 행정, 경찰을 통하여 행해지는데, 정보사회에서 이러한 기능을 담당하는 핵심적인 권력층은 과거와 같이 고급관료나 군사 영웅이 아니라 정보를 수집·분석·분배하는 소수의 엘리트층이 담당하게 된다. 여전히 국경이 존재하고 경제적 부문에 있어서 국가 단위의 경쟁력이 더욱 치열해지고 있는 오늘의 상황에서, 대부분의 행정력이 국내 경제를 효율적으로 조정·통제하고 세계시장의 정보를 수집·분석·검색하여 자국 기업들의 해외활동을 국가적 차원에서 보호하고 지원하게 된다는 의미에서도 정보를 장악하는 정부 부서의 역할은 중시된다. 이러한 의미에서 정보사회에서 권력의 핵심적 부문으로 부상할 가능성이 가장 높은 곳이 정보를 취급하는 정부 부서일 것이다.

한편, 정보사회가 발전하면 할수록 정치인들의 대표성이 그다지 중시되지 않게 되며, 그들의 입법활동이 정보를 장악·관리하는 관료층보다 효율적이지 못하게 되어 정치인들의 영향력은 떨어질 것이다. 또한 대중의 지지에 전적으로 의존하는 정치인들은 정보와 이미지가 주류를 이루는 정보사회에서 매스미디어의 힘에 아부하게 될 뿐만 아니라 여전히 자본의 힘에 굴복할지도 모른다. 그러므로 내각제 정치제도에서보다 특히 대통령중심제에서는 정치인들의 영향력이 더욱 쇠퇴하게 될 것이다. 국가 단위의 통치질서가 존재하고, 정치적으로 민주화가 진전되지 못한 국가에서는 여전히 군대 집단이 영향력을 행사할 수 있다. 또한 미국과 같이 자국의 세계제패를 꿈꾸며 세계 경찰의 역할을 떠맡고 싶어하는 한, 여전히 군인 집단의 영향력은 존재할 수도 있다. 그러나 정보통신기술의 발전으로 더 많이 정보가 공개되고 여론이 자유롭게 통용되어 정치에 반영될 수 있는 정보사회가 되면, 민주화가 진전되어 정권의 획득과 유지에 군대의 힘이 큰 영향력을 미치지 못하게 된다. 세계경찰의 임무나 자국 영토와 통치권의 수호 또한 '감시와 통제'의 수준에서 정보를 통제·관리하는 전문가에 의해 수행됨으로써 군인 집단은 이들에 의해 통제될 것이다.

오늘날 정보사회에서 정보통신기술과 교통의 발전으로 경제적 활동에 있어서 자본주의의 이상이었던 세계시장이 실현되고 있으며, 또한 세계는 하나의 국제적 커뮤니케이션 체계로 되어 가고 있다. 더구나 과거 세계를 갈라 놓았던 이념적 장벽이 허물어지고, 유럽 국가들의 통합 움직임과 같이 세계에는 끊임없이 통합을 위한 거대한 힘이 존재한다. 그러나 여전히 민족과 종교적인 소속성을 고집하며, 영토 내에서 통치권을 확보하고 분권적 권력을 향유하고자 하는 힘 또한 존재하고 있다. 그 가운데서도 여전히 민족국가는 분권화의 가장 강력한 단위이다. 그러므로 세계는 개방된 자본주의 경제체계와 국제적 커뮤니케이션 체계, 그리고 국가를 단위로 하는 민족국가 체계라는 세 가지의 축으로 움직여진다고 볼 수 있다.[20]

오늘날 정보사회에서 세계적 교역의 뚜렷한 특징은 교역의 주된 상품이 정보(지식)에 의해 주도된다는 점이다. 이러한 상품들은 소비자들의 욕망을 무한히 끌어낼 수 있을 뿐만 아니라, 그들의 삶의 양식을 바꾸고 있다는 점에서 경제적 침탈과 함께 문화적 지배에 대한 우려의 소리가 고조되고 있다.[21] 정보통신기술이 세계 발전에 공헌할 수 있는 잠재적 가능성(식량생산의 증가, 광물탐사의 원격조종, 컴퓨터를 이용한 질병진단, 관리의 효율성 등)을 과소평가할 수는 없지만, 세계시장의 확

---

20) 기든스는 세계 자본주의 경제, 민족국가 체계, 세계 군사질서, 국제적 노동분업이라는 네 가지 차원을 제시하고 있다(Giddens, 1990: 71).

21) 다른 한편 세계시장에서 정보(지식)상품 또는 문화상품이 주도한다는 점에서, 과거 빈약한 자본으로 제조상품을 만들지 못하고 또 주변화된 문화를 가졌던 국가들도, 참신한 아이디어와 고유한 문화를 상품화할 수 있는 기회를 가질 수 있게 된 것도 사실이다.

대, 국제적 노동분업, 정보산업 자본의 거대화 추세는 더욱 기존의 빈부
격차와 지배를 고착화하거나 심화시킬 수 있다. 물론 오늘날 자본주의
경제체계는 전적으로 국제적 커뮤니케이션 체계에 의존한다. 사실 세계
의 교역은, 정보통신기술과 대량의 물량을 신속하게 이동시킬 수 있는
교통수단의 발전에 의한 지구 구석구석에 대한 정확한 정보수집과 분류·
판별 없이는 불가능하기 때문일 것이다. 이러한 환경은 초국적(trans-
national) 기업 또는 복합기업의 성장을 촉발시켰고, 특히 정보통신기기,
매스미디어 산업에서는 세계 정보(지식) 지배를 위한 경쟁을 심화시키
고 있다.22) 그러므로 오늘날 국제적 커뮤니케이션 체계에 능동적으로
참여할 수 있을 때 경제적·문화적 지배로부터 벗어날 수 있을 것이다.
　세계적인 경제활동과 커뮤니케이션 활동의 토대는 여전히 국가를
기반으로 한다. 다국적 기업이 오늘날 눈부시게 발전하고 그들이 갖는
경제적 능력이 지역에 미칠 수 있는 힘이 있는 것은 사실이지만, 그들이
보유하고 있는 권력은 국가의 권력에 견줄 수 없는 중요한 측면들(특히
영토권과 폭력수단 등)이 있는 것이다. 전체적으로 볼 때, 여전히 세계
시장은 국가 단위에 소속된 기업들이 치열한 경쟁의 장소이며, 경제적
이해는 국가가 국제적 관계에서 추구하는 최우선의 목표가 되고 있다.
또한 각각의 국가들은 고급의 정보 인프라 설치를 통하여 기업활동을

---

22) 최근 뉴스에 의하면 세계의 신문·방송·영화사를 거느리고 있는 '뉴스코퍼레이
션'의 루퍼트 머독은 미국의 '월드뉴스'를 인수하기로 합의했으며, 폐쇄적인 일
본 미디어 시장임에도 불구하고 '테레비아사히'의 최대 주주인 '오분샤미디어'
를 1996년 9월까지 매입할 것이라고 발표하였다. 한편 1995년 8월 '월트디즈
니'가 'ABC방송'을 인수하는가 하면, 거대한 영향력을 가진 잡지·영화사를 거
느리고 있는 '타임워너'와 강력한 위성·케이블 방송사를 가진 '터너방송'이 합
병을 한다고 하였다. '타임-터너'는 미국 케이블망의 50%를 차지하게 되고, '터
너 카툰 네트워크(TCN)'와 '터너 네트워크 텔레비전(TNT)'은 '워너브라더스,'
'CNN,' '타임'과 함께 세계를 공략하게 될 것이라고 한다. 유럽에서도 독일의
'베르텔스만'이 1996년 4월 초 룩셈부르크의 CLT와 합병하기로 하였다고 발표
하여, 독일, 프랑스, 영국, 네델란드, 룩셈부르크 등의 텔레비전과 라디오를 포괄
하는 거대한 국제 방송망을 갖추게 된다고 하였다(≪한겨레신문≫ 1996. 5. 11;
7. 20 참조).

돕고, 국제적 커뮤니케이션 체계 내에서 우위를 점함으로써 자국의 영
향력을 높이려 한다. 이와 같은 오늘날 세계질서 안에서 국가의 영향력
은 주로 경제적 부와 정보능력에 의해 결정되고 있는 것이 사실이지만,
여전히 일정한 영토를 중심으로 국가간의 경쟁적 시장상황은 항상 군사
력의 동원이라는 위험을 안고 있는 것이다. 그러므로 기든스가 지적한
바와 같이 세계 군사질서를 세계화의 하나의 중요한 축으로 끌어들일
수도 있다. 한반도와 같이 남북이 대립하고 있는 상황에서 남한은 아직
도 미국의 군사력에 의존하고 있기 때문에 기든스의 분석 틀에 대해 매
력을 느끼게 하는 것은 사실이다.

그러나 정보통신기술의 발전에 의해 전 세계가 군사적 행동에 대하
여 감시하고 있고 또한 군사력 수준면에서 과거와 같이 선진국과 후진
국의 구별이 뚜렷하지 않는 상황에서, 서로의 치명적인 피해를 감수한
군사적 행동은 자제되고 있는 경향이다. 그러므로 과거 군대를 앞세워
식민지 분할을 주도했던 제국주의 시대나 이념적 대립과 그 영향력 행
사를 군사적 힘으로 끌어들이려고 했던 냉전의 시대에 가졌던 그러한
세계 군사질서에 의한 영향력은 확실히 사라지고 있다. 그러므로 군사
력에 의한 지배는 전쟁이라는 최후의 수단에 이르러 수행될 뿐이다. 이
러한 의미에서 오늘날 국가는 통치권이 행사되는 영토 내에서 자국의
자본과 정보(지식)가 세계시장에서 우위를 점할 수 있도록 지원하는 데
더욱 관심을 쏟는다.

3) 맺는 말

토플러는 그의 저서 『권력이동』에서 권력의 원천으로써 폭력, 부,
지식을 지적하고 오늘날 권력이동의 현상을 지식에서의 변화로 설명하
고 있다(토플러, 1990: 24-25). 그의 직관은 정확한 것이었으나, 그는
권력이 의존하는 '자원'의 변화에만 관심을 가지고 산만한 권력이동의
현상을 나열하는 수준에 머물고 있다. 이것은 마치 공상적 사회주의자

들이 초기 자본주의의 본질을 파악하지 못하고 자본주의의 해악에 대하여 맹목적으로 분노했던 것과 다를 바 없다. 그러므로 이 장에서는 오늘날 사회변화를 주도하고 있는 정보통신기술의 발전에 의해 발생된 권력구조의 변화를 좀더 체계적으로 분석한다.

언급되었던 내용을 요약해 보면, 확실히 오늘날 사회의 변화는 정보통신기술의 발전에 의해 주도되고 있으며, 이러한 흐름은 정보(지식)를 사회의 중요한 지배자원으로 규정하기에 이르렀다. 그러나 자본주의 사회 흐름의 주요한 원동력이었던 상품 생산은 여전히 중요하며, 결국 '정보상품'은 정보사회의 핵심적인 내용이 되어 버렸다. 그러므로 상품 생산이라는 맥락에서는 여전히 자본주의 논리가 관철되고 있는 반면, 상품 생산에 중요한 생산수단으로서 '자본'은 그 절대적 권위를 잃어가고 오히려 '정보(지식)'의 중요성이 점점 부각되고 있다는 점에서는 근본적인 변화의 조짐을 보이고 있는 것이다. 그러므로 권력은 자본과 함께 정보(지식)의 소유 여부와 관련하여 복잡하게 구조화될 수밖에 없을 것이다. 그러므로 정보사회에서는 정보상품이 생산·통제·분배·소비되는 과정, 또는 정보(지식)가 코드화되고, 상품화되거나 통제되는 과정에 참여할 수 있는 집단 또는 개인들에게 권력이 이동되게 된다. 이러한 과정에서 나타나는 권력이동의 특징을 다음과 같이 열거할 수 있겠다.[23]

① 무엇보다 정보사회 이전의 사회에서 권력은 철저히 계급 또는 조직, 집단의 소속성에 의해 획득되었으나, 정보사회에서는 정보(지식) 생산의 창조적 능력을 소유한 개인의 권력 획득 가능성이 매우 높아졌다.

② 정보사회에서도 여전히 자본가들이 갖는 권력은 막강하다. 그러나 제조업 중심의 자본가들은 쇠퇴하고 정보산업 자본가들을 중심으로 권력의 핵심이 형성될 것이며, 또한 정보산업이 거대한 자본을 필요로

---

23) 여기서 중요한 것은 정보사회의 전반적인 사회과정의 흐름을 총체적으로 이해해야 한다는 점에 유념할 필요가 있다.

한다는 점에서 중소 자본가들의 영향력은 상대적으로 현저히 쇠퇴하게
된다.

③ 정보상품의 생산에서 생산자의 지위는 과거 노동자들과 같지 않
다. 그들은 자신의 노동력을 자본가에 종속시키지 않는다. 그들은 정보
(지식) 생산의 창조적 능력을 가지고 독립적인 지위를 누리든가 아니면
자본에 맞설 수도 있다. 그것은 정보(지식)를 생산하는 창조적인 능력을
다른 생산자의 그것으로 대체할 수 없기 때문이다.

④ 그러나 정보(지식)의 상품화와 결합되지 못하거나 상품화의 과정
에 영향력을 행사하지 못하는 정보(지식) 생산자들은 권력의 중심에서
배제된다.

⑤ 정보사회에서 육체적 노동력이 컴퓨터의 프로그램으로 대체되고
생산공간(공장, 사무실 등)이 해체됨으로써, 사회적 (생산)활동에서 성
또는 연령의 장애가 허물어지고, 특히 여성의 사회적 지위 및 가정에서
의 영향력이 확대된다. 또한 일반적으로 육체 노동자들은 더욱 불리한
위치로 떨어지게 된다.

⑥ 정보통신기기의 발전은 커뮤니케이션의 공간적인 장애를 극복하
게 하고, 수많은 정보를 관리·통제할 수 있도록 함으로써 조직에 있어
서 중간 관리자나 감독자의 역할을 박탈하고 있다. 이와 같이 볼 때, 정
보사회에서 권력 분배의 양상은 소수의 권력 집단(거대한 정보산업을
소유하고 있는 소수의 자본가와 정보를 감시, 통제할 수 있는 통치권을
중심으로 하는 소수의 엘리트 집단)과 다수의 개인적 정보(지식) 생산자
들이 나누어 가진다고 볼 수 있다.

⑦ 정보사회에서도 국가를 단위로 통치권이 행사되는 한 통치권을
중심으로 권력 집단이 형성되기 마련이다. 그러나 권력의 행사방식은
정보를 수집·관리·통제하는 방식에 의존하게 되므로 이러한 절차들과
관련된 집단에 권력이 집중될 가능성이 높다. 그러므로 과거 한 국가 내
의 위계질서 가운데서 상당한 정도의 영향력을 행사할 수 있었던 지위
의 행정관료들 중 일부와 정치인, 군인, 그리고 순수한 학문을 하는 지

식인들의 영향력은 상실되고 있다.

⑧ 세계시장이 정보(지식)상품에 의해 주도된다는 점에서 세계는 자본과 정보(지식)의 빈국과 부국으로 나누어지고, 과거 군사적 영향력에 비해 자본과 정보(지식)의 영향력은 피지배국 국민들의 일상생활에까지 미치게 될 것이다.

맑스주의자들은 정보기술이 자본주의 사회에서 중요한 역할을 하고 있지만, 그 저변에 깔려 있는 기본적인 생산관계를 변경하지는 못한다고 주장한다(Albury & Schwartz, 1982: 138). 맑스주의자들이 지적하고 있는 바와 같이, 위에서 정리된 내용들도 정보사회가 결국은 자본의 논리가 관철되는 사회가 아닌가? 그러므로 창조적인 정보(지식) 생산자라 하더라도 결국 자본가의 자본에 종속되는 것이 아닌가 하고 의심할 수 있겠다. 다른 한편, 벨의 '새로운 지식 계급', 바바라와 에른라이히스의 '전문가-관리자적 계급', 또는 투렌느의 '테크노크라트'와 같이 자본가 계급과 노동자 계급이 아닌 제3의 계급 출현이라는 것으로 권력의 문제를 간단히 설명해 버릴 수도 있다. 그러나 정보사회의 정보상품의 생산 양식에서는 '자본'에 필적하거나 '자본'을 능가하는 '정보(지식)'가 중요한 생산수단으로 부가되고 있으며, 또한 정보상품의 생산자는 과거 노동자와는 다른 지위를 가진다는 점에서 오늘날은 확실히 자본의 논리만에 의해 관철된다고는 주장할 수 없을 것 같다. 또한 정보사회가 단순한 정보부문의 산업이 확대된 것이 아니라 광범위한 분야(제조업 생산 공정에 이르기까지)에서 정보활동이 증대되고 있다는 것을 인정한다면, 정보부문에 종사하는 제3의 계급의 출현만으로 권력의 이동을 논의할 수는 없을 것이다.

사실 앞에서 논의되었던 것들에 다소 과장된 부분이 없지 않다. 여전히 가정에서 여성들은 사회적 활동으로 이중의 노역을 감당해야 하고, 조직에서는 아직도 관료적 권위가 관철되며, 정치인들과 군인들은 그들의 권력을 즐기고 있다. 또한 여전히 대부분의 사람들은 컴퓨터를 사용하지 않고 있으며, 정보산업을 지배적인 산업으로 하는 국가는 그렇게 많지 않을 뿐만 아니라, 정보(지식) 생산자들 모두가 조직으로부터 독립된 지위를 누리는 것도 아니다. 한편, 정보통신기기 자체가 자본가의 지배를 벗어나지 못하고 있는 상황에서 과연 정보(지식)가 자본으로의 환원력을 실제로 가지는지에 대한 의문도 가질 수 있다. 그럼에도 불구하고 정보통신기술의 발전은 거스를 수 없는 시대적 추세이며, 이것은 확실히 사회적 관계와 구조를 흔들어 놓고 있다는 점에서 좀더 적극적인 사회과학적 탐색을 필요로 하며, 그러할 때 정보사회가 갖는 약점과 문제점들을 드러내어 논의할 수 있을 것이다. 기이하게도 포스트 모더니즘이 활발하게 제기되고 있는 오늘의 시점에서 나의 설명방식은 다분히 거대이론을 지향하고 있다. 그러므로 권력이 특정한 장소에, 특정한 인간관계에 끼어드는 방식에 대한 세밀한 성찰은 놓치고 있다는 비판을 면할 수는 없다.

4. 미래사회의 커뮤니케이션 체계[24]

삶의 계획이나 미래에 대한 전망은 인간만이 가진 욕구이다. 시간의 구분이라는 것이 전적으로 인간의 자의적인 것이지만 최근 20세기 말의 전 세계는 특히 2000년대를 맞이한다는 의미를 강조하면서 들뜬 분위기로 인간 삶의 미래를 전망한다. 이러한 술렁임은 이색적인 일을 즐기는 호사가들이나 종교적 예언자들에게만 국한된 것이 아니라, 학문의

---

24) 이 글은 ≪현대사상연구≫ 4(효성여자대학교 현대사상연구소, 1993)에 발표된 것이다. 빠르게 변하고 있는 오늘날 사회에서 1992년 말경에 쓴 미래에 대한 전망이 지금의 상황에서 진부한 내용일 수 있다. 그러나 미래에 대한 전망을 '커뮤니케이션 체계'라는 이론적 틀의 적용이라는 측면에서 생각해 볼 수 있는 방법론적 유용성은 여전히 남아 있다고 생각한다. 전체적으로 글의 흐름에 맞추기 위하여 약간의 문장을 수정하였고, 책의 편재에 맞추기 위하여 원 논문의 제3장 '커뮤니케이션 체계'는 이 책의 앞 부분에서 충분히 언급하였으므로 완전히 삭제하였다.

영역에까지 침투하여 '미래연구'라는 종합과학을 지향하는 특수한 학문 분과로 나타나고 있는 실정이다.[25]

미래에 대한 전망이 가능한가? 가능할 수도 있고, 그렇지 않을 수도 있다. 1초 후 내 생명의 연장 여부나 1999년 12월 31일 지구가 멸망할 것인지에 대해서는 예언할 수 없다. 이와 같이 특정한 개인의 미래나 구체적 사건의 전개에 대한 예언을 해볼 수도 있겠지만 그것은 신앙의 차원일 뿐 보편적인 지지를 받을 수 없는 것이다. 그러나 앞으로 생존할 내 삶의 형태나, 2000년대에도 인간이 이 지구상에 존재하는 한 인간의 삶의 모습이 어떠하리라는 것은 전망할 수 있다. 이러한 전망이 가능한 것은 미래는 현재의 연장이기 때문이다. 그러므로 인간의 보편적 삶에 대한 이해와 현실에 대한 세심한 관찰과 분석은 미래에 대한 충분한 전망을 가능하게 하는 것이다.

인간의 보편적인 삶을 이해하기 위한 시각은 다양하다. 하지만 나는 인간들이 다른 사람들과 더불어 살아가면서 환경에 대한 주관적인 파악과 의미 구성을 하여 그 주관적인 체험을 주고받는다는 의미에서 다른 동물과 구분된다는 데 주목하고자 한다. 이러한 의미에서 인간 사회는 끊임없이 커뮤니케이션이 재생산되는 체계라고 볼 수 있다. 그러므로 커뮤니케이션이 어떻게 조직되고, 어떠한 미디어에 의해 의미가 전달되는가는 한 사회의 특징적인 모습을 나타내게 되는 것이다. 이러한 의미에서 미래사회에 대한 전망에서도 커뮤니케이션 체계와 그것의 발전 방

---

25) 1960년대 미국, 영국, 프랑스, 독일, 오스트리아 등에서 미래연구소들이 발족하여 활동하게 되는데, 프랑스에서는 1961년 주브넬(Bertrant de Jouvenel)의 주도하의 '미래연구협회(Counsil de Futurebles),' 영국의 '향후 30년에 관한 위원회(Commitee on the Next Thirty Years),' 그리고 미국에서는 1965년 미국학술원 안에 '2000년 위원회(Commission on the Year 2000)'가 창설되고 허만 칸(Herman Kahn)이 소장을 지낸 바 있는 허드슨 연구소(Hudson Institute)도 미래연구에 관한 활동을 해왔음은 널리 알려진 사실이다(한국사회학회 편, 1983: 1 참조). 한국에서는 1968년에 '2000년회'가 창설되어 현재에는 '한국미래학회'로 연구활동을 하고 있고, 1989년에는 대통령자문기관으로서 '21세기위원회'가 발족되기도 하였다.

향에 대한 이해는 필수적 요소라고 할 수 있다.

1) 미래에 대한 기존의 전망들

아직까지 '미래사회의 커뮤니케이션 체계'에 초점을 맞춘 기존의 논문이나 저술은 거의 없다. 그러나 사회의 모든 현실들이 인간의 커뮤니케이션 결과라는 점에서 본다면 기존의 미래에 대한 예측 또한 우리가 의도하는 목적달성을 위해 제법 훌륭한 자료와 아이디어들을 제공할 수 있으리라고 본다. 그러므로 먼저 기존의 연구성과들을 검토하고 비판해 봄으로써 미래사회 전망에 대한 기법을 세련시키고 더 나은 전망을 제기할 수 있을 것이다.

(1) 피터 드러커의 『단절의 시대』

피터 드러커(Peter F. Drucker)의 저작들은 그의 『단절의 시대(The Age of Discontinuity)』 한국판 역서 인사말에서 밝히고 있듯이, 사회와 경제 그리고 그것들의 구조와 추세, 그리고 그 역학관계를 분석하려 하거나, 또는 사회나 경제계의 리더와 의사 결정자들에게 유용한 실무지침서를 제공한다는 두 가지의 목적으로 저술하였다고 한다(드러커, 1971: 인사말 참조). 물론 『단절의 시대』는 전자의 목적에 의해 매우 야심적으로 저술되어 1968년 출판되었다. 1960년대에 서구사회의 격심한 변화를 경험한 피터 드러커는 이전까지 미래에 대한 대부분의 예상이 어제의 추세를 내일로 연장하는 연속적인 것에 불과하였으나, 자신의 미래에 대한 추측은 비연속성(discontinuity)을 특징으로 경제, 정치, 그리고 사회의 구조와 의의를 밝힌다고 역설하고 있다. 그는 비연속성을 대략 다음과 같은 네 가지 분야에 초점을 맞추어 설명한다.

첫째, 새로운 기술의 출현은 새로운 산업과 기업들을 파생시킬 것이라는 점이다.

둘째, 세계경제로의 변화이다. 국제경제에서는 과거와 같이 국가가 경제의 한 단위로서 국제무역에 의해 나라와 나라 사이의 관계를 형성하는 것이 아니라, 세계가 하나의 시장으로 변모해 가는 것이다. 한 나라의 언어와 법률과 문화적 전통, 그리고 경제적 관행을 초월하여 인류에게 동일한 경제적 욕구와 자극과 수요를 유발하기에 이르게 된다는 것이다.

셋째, 오늘날 사회·경제적 생활을 형성하는 정치적 환경은 빠른 스피드로 다원화의 양상을 보인다고 한다.

넷째, 마지막으로 중요한 변화의 영역은 지식의 영역이다. 이미 지식은 최근 10년 동안(1960년대) 가장 중요한 자본이요 비용항목이며 경제자본이 되어 버렸다고 그는 진단하고 있다.

이상 네 가지 영역에서의 변화만으로도 현실적으로 총체적인 비연속성을 논의할 수 있고, 따라서 미래는 우리가 보통 생각하고 있는 '현재'와는 크게 다른 그 무엇이라고 단정하는 것이다. 확실히 피터 드러커는 현실에 대한 예리한 감각으로 현상에 대한 파악능력은 탁월하나 논리적인 설득을 포기하고 있다. 그는 구체적으로 어떠한 새로운 기술의 발전에 의해 새로운 산업이 발생될 것인지에 대한 논의를 하지 않고 단지 정보산업과 해양산업, 재료산업, 도시관련 산업을 새로운 산업으로 언급할 뿐이다(드러커, 1971: 39-50). 뿐만 아니라 왜 세계경제에로 변화하는지, 어떻게 정치적인 다원화를 해 가는지, 왜 지식이 중요한 자원으로 부상하고 있는지에 대한 설명을 거의 빠뜨리고 현상의 기술에만 골몰하였던 것이다. 그러므로 그의 판단은 거의 주술적인 예언의 수준에 머물거나, 직관적인 통찰에 의한 단편적인 서술의 수준에 머물고 있다.

물론 피터 드러커의 현실에 대한 예리한 통찰력은 미래사회의 커뮤니케이션 체계의 양상을 예측하는 데 많은 점을 시사하고 있다. 사실 위의 네 가지 영역에 있어서의 변화 추이에 대한 감각을 커뮤니케이션 체계라는 시각에서 조명한다면, 미래에 대한 선명한 전망을 가능하게 해주는 유용한 자료가 될 수 있다.

(2) 다니엘 벨의 『2000년대의 신세계질서』

하루가 다르게 변화하는 오늘날의 상황에서 20~30년 전은 거의 옛날이나 다를 바 없다. 다니엘 벨(Daniel Bell)은 1973년 『후기산업사회의 도래(The Comming of Post-Industrial Society: A Venture in Social Fore-casting)』에서 기술혁신의 관점에서 후기산업사회를 그려낸 바 있다(Bell, 1973). 그는 후기산업사회를 기술혁신을 바탕으로 하지만 서비스 사회로 특징지으면서 새로운 종류의 서비스부문에 주목하였다. 교육, 보건, 사회사업, 사회복지 등 직접적인 서비스 제공의 부문과 분석과 기획, 디자인, 프로그래밍 등 높은 전문성을 요구하는 부문을 주목하였다. 특히 높은 전문성을 요구하는 부문에서 '추상적인 지식'을 이용하는 서비스 부문의 출현이 전반적인 산업을 주도하게 된다고 하였다. 이러한 벨의 논의는 논리적이면서도 구조적인 변화의 모습을 그리고 있지만, 사실 지금의 시점에서 미래에 대한 선견지명을 풍부하게 제공하고 있다고는 볼 수 없다.

벨의 최근 단편적인 자신의 글들을 모은 『2000년대의 신세계질서 (The New World Order Toward the 21st Century)』에는 제목과는 달리 21세기의 신질서에 대한 논의보다는 오히려 20세기 말의 사회변동의 현실에 대한 논의로 채워져 있다. 벨의 특징은 일정 기간의 사회변동을 면밀하게 분석하여 미래에 대한 매우 조심스러운 단기적인 예측을 한다는 데 있다고 하겠다. 우선, 그는 현실적으로 중요한 사회변동의 양상을 통하여 21세기를 그릴 수 있게 해주는 몇 가지의 분명한 사실을 다음과 같이 지적한다(벨, 1991: 38-39). 첫째로, 서방 선진 산업사회의 경우 더욱 개방적이고 평등한 사회로의 전환이 두드러지는 점과, 둘째로 기존의 국제질서 와해의 움직임과 규모, 인종, 부존자원이 각양각색인 신생국가군의 폭발적인 대량출현을 들면서 이러한 변화의 추세는 앞으로의 변화에 중요한 변수로 등장할 것임을 예고한다. 또한 이러한 변화의 근저에는 테크놀로지의 혁명, 즉 세계를 거의 동일시간대로 묶어 주는 교통과 통신의 혁명, 또한 새로운 과학산업의 등장이 주도하였다고 한다. 이러한 기본적인 변화의 추세를 배경으로 그는 공산주의의 몰락, 유럽의 재통합, '미국의 세기'의 종언, 환태평양권의 부상 등의 현안 문제에 대한 조심스러운 전망을 하고 있다(벨, 1991).

(3) 앨빈 토플러의 『권력이동』

토플러(A. Toffler)의 『권력이동(*Powershift*)』은 최근에 쓰여진 미래의 전망에 대한 저작들 가운데 가장 많은 자료와 최근의 변화를 토대로 전망하고 있다는 장점을 가지고 있다. 또한 『권력이동』은 미래의 전망에 대한 변화의 느낌을 서술하는 것이 아니라 많은 자료와 최근의 변화를 토대로 하여 논리적으로 그러한 전망을 끌어내었다. 이보다 앞선 1970년에 나온 그의 『미래의 충격(*Future Shock*)』은 앞으로의 변화의 양상과 그러한 변화가 갖는 사회와 개인 사이의 영향에 대해 서술하고 있었다. 사실 그가 지적하듯 『미래의 충격』은 '너무 빨리 온 미래'에 대해 썼을 뿐, 모습을 드러내기 시작한 내일의 사회에 대한 통합적이며 체계적인 스케치를 하지 못하였던 것이다. 그러므로 『미래의 충격』은 역사의 **빠**른 변화의 모습과 거기에 적응하지 못하는 개인과 사회에 대하여 서술하기에 급급한 정도였다. 한편 뒤이어 1980년에 출간된 그의 『제3의 물결(*The Third Wave*)』에서 그는 내일의 사회에 대한 통합적이며 체계적인 설명을 목적으로 변화의 흐름(겉모습)이 아니라 변화의 방향, 나아가 미래사회의 구조에 초점을 맞추고자 한다(토플러, 1989: 18). 그러나 그의 의도와는 달리 『제3의 물결』 역시 앞으로 등장할 새로운 산업들, 즉 컴퓨터-전자공학, 정보-생물공학 등에 기초한 산업들을 지적하고 나아가 융통성 있는 생산, 특정 분야의 시장, 파트타임 노동의 확산, 미디어의 탈대중화를 예견하거나 정치 및 국민국가 체제에서 일어날 그 밖의 여러 가지 변화를 서술하는 수준에 머물 뿐 그가 의도하는 미래사회의 총체적인 구조를 드러내 주지는 못하였다. 그러므로 토플러의 『제3의 물결』까지는 피터 드러커의 수준을 벗어나지 못하였다고 평가할 수 있다.

그러나 『권력이동』(1990년 출간)에서는 감각에 의해 작성된 '지도'
가 아니라 더욱 치밀하며 논리적으로 작성된 '미래사회의 지도'를 그리
고 있다. 그는 『권력이동』에서 변화의 흐름의 밑바닥에 깔려 있는 '권
력'을 분석해 들어감으로써 미래사회에 대한 좀더 세련된 통찰과, 『제3
의 물결』까지 언급된 단편적인 변화의 의미들까지도 '권력이동'이라는
시각에서 새롭게 짜맞출 수 있게 된다. 그러므로 『권력이동』은 토플러
의 3부작 중 가장 늦게 나왔지만 가장 먼저 읽혀질 때 앞서 출간된 책
에서 예리한 감성으로 파악된 사실들이 빛을 발하게 될 것이다. 백악관
에서, 파리의 엘리제 궁과 도쿄의 총리실, 그리고 모스크바 중앙위원회
에서는 물론, 캘리포니아의 어느 작은 도시에서 책으로 둘러싸인 밝은
방 안에서 티셔츠에 청바지를 입고 오크나무로 만든 책상을 사이에 두
고 만난 지성적인 여인(성범죄에 가담한 살인범이었고, 그 장소는 형무
소였다)의 삶 속에서도 권력의 입김이 스며들고 있음을 포착하고, 미래
사회의 전망을 우리의 일상생활 곳곳에 내재해 있는 권력의 변화에 초
점을 맞추어 설명하고자 하는 시도는 온당하다. 특히 폭력, 부(富), 지식
을 가장 중요한 권력의 원천으로 주장하고 권력이동의 현상을 지식에서
의 변화로 설명하고 있다(토플러, 1991: 24-45). 그러므로 '지식'의 중
요성이 부각되는 미래사회에 있어서 다양한 영역에서의 변화를 제법 일
관성 있게 그려낸다. 그러나 그는 권력 자체의 성격변화에만 관심을 가
질 뿐, 권력이 전체사회에서 어떻게 구조화되어 가는지에 대한 설명을
하지 못하므로 전반적인 변화를 통합적이며 체계적으로 설명해 내지 못
하고 있다. 뿐만 아니라 권력의 주요한 원천으로서 '신분'을 간과하고
있음은 차치하더라도 그러한 원천들이 사회적인 결정에 의해 시대와 사
회에 따라 다르게 부각되고 있는 사실을 논의하지 못하므로 말미암아
권력의 변화를 중심으로 나타날 수 있는 산만한 현상의 나열 수준이라
는 인상을 주게 된다.

2) 정보사회

우리는 제1장에서 사람들이 만들어 가는 일상적인 '사회적 관계'라는 것이 원초적으로 커뮤니케이션에 의존하고 있다는 것을 살펴보았다. 이러한 측면에서 여기서 논의되는 내용들이 기존의 미래사회에 대한 논의들과 다른 점은 미래사회에 대한 전망을 '커뮤니케이션 체계'라는 관점에서 보고자 한다는 데 있다. 그러므로 미래사회의 전망을 위한 기본적인 전략은 미래사회에 대한 '커뮤니케이션 체계'를 이해하는 것이고, 커뮤니케이션 체계를 이해하기 위해서는 미래사회에서의 지배관계, 지배의 자원, 커뮤니케이션 단위들을 형성하거나 단위들을 매개하는 미디어의 변화를 살펴봄으로써 이해의 단서를 끌어낼 수 있겠다.

(1) 지배의 자원으로서 지식(정보)

앞에서 지적한 바와 같이 인간의 다양한 형태의 사회적 관계는 거의 지배관계로 환원될 수 있다. 이러한 지배관계를 매개하는 구체적인 자원의 내용은 다양할 수 있지만(힘, 신체적 매력, 나이, 지식, 신분, 부 등) 시대와 사회에 따라 지배의 중요한 자원은 다르게 규정될 수 있다. 이것은 바로 사회적 선택, 또는 결정이기 때문이다. 인류의 역사 가운데서 힘에 의한 지배는 인간들이 집단을 조직하면서부터 적어도 집단 내에서는 지배의 절대적 자원으로서 힘의 기능이 서서히 상실되었고(집단간의 관계에 있어서는 여전히 남아 있지만), 또한 신분에 의한 지배는 지배집단에게 영속적인 지배를 가능하게 하는 매력 때문에 오랫동안 지속되었으나 화폐의 보편적인 사용과 더불어 신분에 의한 지배 신화는 허물어지고 부가 중요한 지배의 자원으로 등장하는 자본주의 사회를 맞이하였다. 위에서도 언급한 바와 같이 중요한 지배자원의 결정은 사회적인 결정이므로 지배관계의 지속적인 유지를 위해서는 기존의 지배관계를 당연한 것으로 여기는 이념, 지식을 필요로 한다. 뿐만 아니라 피지배층이 갖지 않는 지식(정보)의 소유는 지배의 정당성을 확보해 주기도 하여, 피지배층을 쉽게 지배할 수 있는 능력을 가져다준다. 이러한 의미에서 지식은 고대사회로부터 오늘날까지 지배의 매우 중요한 자원이 되어왔고, 어느 사회에서나 지식(정보)의 생산과 지배는 지배관계의 유지에 필수적인 조건이 되었다. 그러므로 지식(정보)의 생산과 지배의 체계화는 커뮤니케이션에 의해 반복적으로 상호 관련되어 왔다고 볼 수 있다.

18세기 이후 자본주의가 발전하면서 물질적 생산과 관련된 생산관계가 거의 모든 인간관계를 주도하기 시작하여 전통사회에서 지배의 자원으로 사용되었던 신분은 지배관계에 있어서 그 중요한 의미를 잃어버리고 그 자리를 자본이 대신하게 되었다. 그러므로 산업의 영역이 중시되면서 생산을 효율적으로 지배할 수 있는 방향으로 모든 커뮤니케이션 체계가 변화되어 갔다. 산업의 영역에서는 석탄산업, 섬유산업, 철도산업에 이어 철강, 자동차 산업, 중화학, 항공기 산업들이 줄을 이어 발전해 갔으며, 이러한 산업의 발전 정도가 그 사회 발전의 지침이 되기도 하였다. 이러한 산업의 생산을 높이기 위하여 모든 사회조직(경제조직뿐만 아니라 정치조직까지)들이 분업화·집중화·중압집중화되어 갔으며, 생산물들은 규격화·동시화·극대화하는 방향으로 나아갔던 것이다. 물론 자본은 다른 모든 구체적인 지배의 자원으로의 변형능력을 가지고 20세기를 주도하였다. 현대 자본주의 사회에서 지식이 형식상 공유할 수 있는 것처럼 여겨지지만, 자본의 지식(정보)에로의 변형력으로 자본을 지배하는 층만이 배타적인 커뮤니케이션 장을 통하여 지배를 존속시켜 갈 수 있었던 것이다.

어느 사회에서건 물질생산과 지식생산이 동시에 이루어지지만, 정보사회로 불려지기도 하는 오늘은 자본의 지식에로의 변형보다 지식이 자본에로의 변형능력을 더욱 쉽게 갖는 것처럼 보인다. 이제 물질 생산조차 지식(또는 정보) 생산의 연장선상에서 이해되어야 할 정도로 지식생산의 중요성이 부각되기에 이르렀다.

우선 산업의 영역에 있어서도 토플러가 소위 제2의 물결에서 중요한 산업영역으로 여겼던 산업들은 쇠퇴하고 새로운 지식산업이 엄청나게 성장하고 있다. 앞에서도 언급하였지만 버크(G. Burck)는 마흐럽의 방식으로 계산하여 1963년도 지식산업은 국민총생산의 33%로 추산하였으며, 마샥(J. Marschak)은 1968년에 행한 계산에서 1970년대의 지식산업이 국민총생산의 약 40%에 달할 것이라고 말하였다(벨, 1984: 36).

위의 20~30년 전 자료는 오늘날과 같이 급속히 변화해 가는 시대에 사실상 케케묵어 쓸모없는 자료와 다를 바 없을 정도라는 것을 안다면, 21세기를 눈앞에서 바라보는 현시점에 있어서 정보와 관련된 산업의 광범위한 규모를 충분히 짐작할 수 있을 것이다. 또한 문제는 지식(정보)산업의 양적 측면에서의 확산뿐만 아니라 물질생산의 영역에서도 이제 지식(정보)에 의해 프로그램화되지 않은 생산물은 그 완성도의 측면에서나 그 효율면에서 현저히 떨어진다는 것이다. 그러므로 과거 물질생산의 중요한 장소가 되었던 공장이 인간의 노동력에 의해 움직이기보다는 '자동화'되어 기계와 기계를 움직이는 프로그램에 의해 물질생산이 이루어진다는 것이다. 1990년 우리 나라 대기업의 자동차·전자산업 분야에서 자동화율은 거의 90%에 이르고 있으며, 그 외 기계가공, 조립, 프레스 가공, 설계, 운반과 포장 공정에 있어서도 36.5%에 이른다고 하며, 이러한 추세는 계속 빠른 속도로 진척될 것이라고 한다(≪한겨레신문≫ 1991. 1. 15). 그리고 오늘날 최대의 에너지원을 원자력 발전에 의존하고 있는데, 원자력 발전 역시 컴퓨터에 의해 일상적인 운용을 지시하고, 또 원자로 내의 이상 유무를 감지해 내고 있다. 이와 같은 물질생산의 과정뿐만 아니라 새로운 물질의 생산 자체 또한 매우 복잡한 지식의 축적과 그것의 가공이라는 과정의 도움 없이는 사회에서 유용한 생산물로서의 역할을 하지 못한다.

이와 같이 지식(정보)이 팽창하고 있으며, 또한 그 지식(정보)의 중요성이 부각되어 가고 있는 오늘날의 추세를 볼 때, 다소 논의의 여지는 있지만 토플러가 "지식의 장악이야말로 인류의 모든 조직체에서 전개될 내일의 전 세계적 권력투쟁에서 핵심적인 문제"(토플러, 1991: 45)라고 한 것은 그렇게 지나친 표현만은 아닌 것이다.

(2) 미래사회의 미디어

맥루언은 19세기 중엽 이후 전기 미디어 시대의 시작으로 세계는 이제 내부폭발로 끊임없이 접촉하며, 인간의 사회적 결합이 확대되고 사회적 밀도가 극히 증대되는 지구촌락(global village)의 사회로 나아간다고 하였다(McLuhan, 1964: 19). 이와 같이 시간과 공간을 배제하고 마치 우리 몸의 중추신경과 같이 온 지구가 일순간에 대량으로 결합할수 있게 된 것은, 컴퓨터와 위성통신 분야의 비약적인 발전과 결합에 의해서 비로소 가능했다고 할 수 있을 것이다. 이미 이러한 미디어의 발전은 급속히 진전되어 있고, 이것은 또한 미래 인간 커뮤니케이션의 핵심적인 미디어로서 사용될 것이다. 그리고 이러한 미디어에 의해 인간의 사회적 관계는 새롭게 재정립될 것이다. 왜냐하면 인간은 자신이 사용하는 미디어에 의해 자동조절되기 마련이기 때문이다. 그러므로 미래사회에 대한 전망은 우리가 사용할 미디어의 특성에 대해 좀더 많은 것을 밝힘으로써 보다 나은 전망을 가능하게 할 것이다.

① 컴퓨터의 특성

컴퓨터의 특징은 많은 정보(지식)를 축적할 수 있고, 축적된 정보(지식)를 빠른 시간에 필요한 정보로 가공할 수 있다는 데 있다. 1950년대 진공관에 의한 컴퓨터 시대에 비하여 오늘날 초고밀도 집적회로에 의한 기억용량의 확대는 실로 엄청난 변화의 길을 걸어 온 것이다. 이러한 회로용량의 증대로 정보를 기억하는 하나의 메모리 칩이 중앙연산처리장치로부터 정보를 출력하거나 그곳으로 정보를 입력하는 데 쓰이는 입출력 칩의 기능도 할 수 있게 되었다. 그러므로 이제 미국과 일본의 마이크로 컴퓨터 제작회사들은 소규모 백과사전 분량 정도의 100만 단어를 한 개의 칩에 압축·기억시킬 수 있는 방법을 연구하고 있다고 한다(에번스, 1981: 78).26) 정보(지식)의 원시적 축적은 인간의 기억력에 의존하였다. 고대사회에서 기억력이 좋은 현자나 노인이 존경을 받게 되는 것도 그에게서 유용한 지식(정보)을 제공받을 수 있기 때문이었다. 이후 문자와 종이의 출현으로 개인의 기억력이 아니라 문자와 종이라는 미디어에 의해 더 많은 양의 정보를 오랫동안 축적할 수 있을뿐 아니라 그것을 먼 곳까지 이동할 수 있게 됨으로써, 지식인은 몰락하여 정보를 지배할 수 있는 집단(사제나 군인 등)에게 자신들의 지배권을 넘겨 주게 되었던 것이다. 그러므로 맥루언이 이르듯 대부분의 역사에서 지식인들은 상업상·군사상·정치상 지배 집단에 종속되어 노예적 역할을 수행해 왔다고 비난받는 것도 그와 같은 이유에서이다(Mc-Luhan, 1964: 48-49).[27] 그러나 오늘날 정보(지식)의 양이 엄청나게 늘어나고, 위에서 언급한 바와 같이 물질적 생산마저 정보의 가공에 의존하는 상황에서 컴퓨터의 도움을 받아 정보(지식)를 자유자재로 만지는 지식인이 새롭게 부상하기에 이른 것이다.

컴퓨터는 단순한 정보(지식)의 축적 능력뿐만 아니라 많은 정보를 가공하여 굉장히 빠른 시간에 유용한 새로운 정보를 산출할 수 있다는 특징을 가진다. 특히 현실(또는 현실적이지 않은 것처럼 보이는 것)에 대한 모의실험과 같이 인간의 두뇌로서는 하기 어려운 일을 수행함으로써 우리의 지식을 확장시킨다. 또한 사무자동화(OA)나, 공장자동화(FA), 가정자동화(HA)에 필요한 설계와 같은 소프트웨어의 개발을 가능하게 함으로써 모든 물질적 생산과 사회적 활동의 근간을 형성하게 된다.

이와 같이 놀라운 미디어로서 컴퓨터이지만 일반화되지 않을 때는, 마치 크렘린 궁과 백악관 사이의 핫라인처럼 그것이 우리 사회의 전반적인 변혁을 가져오지는 못한다. 하지만 컴퓨터는 현재 급속도로 일반화되고 있다는 점에서 미래의 미디어로서 초점이 맞춰질 수밖에 없는

---

26) 이미 이 글을 쓰고 있는 이 시점에 이것을 훨씬 능가하는 용량의 칩이 만들어져 있을 수도 있다.

27) 서구의 일반적인 역사와는 달리 조선조 사회에서는 특이하게도 지식인들이 지배하는 사회였다.

것이다. 컴퓨터의 일반적 실용화를 가능하게 한 것은 특히 다음 두 가지 점에서 논의될 수 있겠다. 첫째, 컴퓨터기술의 향상에 의해 대폭적으로 소형화되고 있다는 점이다. 2차대전중 개발된 컴퓨터인 애니악(ENIAC)의 무게는 무려 30톤으로 큰 방 하나를 차지하는 정도였으나, 오늘날에는 마이크로프로세스 기능을 갖는 압정만한 크기의 칩 하나가 과거의 애니악보다 계산능력이 훨씬 클 정도로 발전하고 있다(통신정책연구소, 1987: 99-100). 그러므로 오늘날 우리는 가정에서, 또는 휴대용으로도 사용할 수 있는 퍼스널 컴퓨터(PC)를 가질 수 있게 된 것이다. 둘째, 누구나 사용할 수 있을 정도로 가격이 싸야 한다. 이러한 점에서도 컴퓨터 가격의 하락 요인은 여러 가지 점에서 나타나고 있다. 우선 컴퓨터 크기의 축소는 그 만큼 원자재의 비용을 줄일 수 있도록 하였고, 소형 컴퓨터의 설계는 즉시 대량생산이 가능하게 한다는 점에서 비용을 줄일 수 있도록 하였으며, 또한 컴퓨터가 소형화됨으로써 가동시키는 전력의 소모가 현격히 줄어 소형 건전지로도 가능할 정도가 된 것이다(에번스, 1981: 80). 동시에 규모가 큰 컴퓨터의 경제성도 놀라울 정도로 향상되어 왔다. 1970년대 초반 IBM의 엑세스 기억장치에 100만 비트의 정보를 기억시키는 데 한 달에 25달러가 소요되었으나 그 후 10년이 지난 시점에서는 그 비용이 50센트면 충분할 정도이다(통신정책연구소, 1987: 197). 이와 같이 유용하고 가격이 저렴하며 사용하기에 거추장스럽지 않은 물건이라면 충분히 모든 사람들의 호감을 받을 수 있을 것은 자명하다.

한편, 컴퓨터는 일반적으로 두 가지의 종류로 대별하여 이해할 필요가 있다. 그것은 대량 정보(지식)의 저장과 엄청난 양의 계산, 그리고 복잡한 프로그램의 실행을 위한 대형 슈퍼컴퓨터와 성능면에서 이것과는 떨어지는 소형의 개인용 컴퓨터(PC)가 있다. 예컨대, 미 국방성은 캘리포니아에 ILLIAC장비를 설치해 놓고 소련의 잠수함을 추적하고 있다. ILLIAC는 1초에 3억 개의 명령을 다룰 수 있을 정도라고 한다(*New Scientist* 21, 1977: 140). NASA에서 사용하고 있는 NASF(수치항공역학 모의시설)는 진보된 항공기를 설계하는 데 필요한 복잡한 방정식들을 계산해 낼 수 있는 초대형 용량의 컴퓨터라고 한다(*New Scientist* 31, 1979: 185). 이러한 슈퍼컴퓨터의 발전과 사용은 개인의 통제라는 측면에서 심각한 문제로 발전될 수 있다. 우리 나라의 정부가 지난 1987년 4월 행정전산망 종합계획을 확정한 후 1991년까지 모두 5,023억 원을 들여 36개 행정기관(공안 국방기관은 별도)의 전산화를 추진해 왔고, 2단계 사업으로 1995년까지 금융·행정·공안·국방·교육 연구망을 서로 연결하여 전산정보를 공동 활용한다는 계획을 세워 두고 있다고 한다(≪한겨레신문≫ 1991. 2. 5: 8). 이러한 경우만 보더라도 개인의 정보보호나 정부의 정보독점에 대한 규제장치가 제대로 마련되지 않아, 어떤 특정 집단에 의해 정보가 독점되어 쉽게 그 통제에 들어갈 수 있는 상황을 예측해 볼 수 있다. 뿐만 아니라 앞으로 텔레커뮤니케이션이 일반화될 때 소형컴퓨터의 대부분이 슈퍼컴퓨터에 결합된다는 점에서 모든 개인의 커뮤니케이션이 체크될 수도 있는 것이다.

② 전자통신 네트워크의 특성

여태껏 통신기술의 발전은 점진적으로 발전하여 왔다. 그러나 최근의 통신기술의 혁신은 매우 빠른 속도로 발전하고 있다. 이러한 기술혁신에 중요한 것들을 열거하면 다음과 같은 것들을 예로 들 수 있다(통신정책연구소, 1987: 65).

- 조셉슨 소자, 이것은 초전도체를 사용하는 컴퓨터 회로이다.
- 도파식 통신채널, 이것은 자동차 배기관 정도의 폭을 가진 비어 있는 관을 통해서 쏜 한 줄기 광선 위에 25만 개의 전화회로가 지나갈 수 있게 한다.
- 컴퓨터 기억장치.
- 대규모 우주정거장, 이것은 적도 상공 수천 마일에서 조립된 구조물로서, 그곳에서 주머니만한 이동식 수신기로 신호를 쏠 수 있는 통신위성이 매달리게 된다.

　이와 같은 전자통신기술의 발전으로 말미암아 언제, 어디서나, 어떤 장소에든, 대량의 메시지를, 원하는 채널(음성, 문자, 화상 등)을 통하여, 누구나 주고받을 수 있게 될 것이다. 그러므로 과거와 같은 커뮤니케이션에서 시간과 장소의 제약이 극복되고, 거의 퍼스널 커뮤니케이션과 같은 방식으로 커뮤니케이션이 될 뿐만 아니라 대량으로 전달이 가능한 혁신적인 커뮤니케이션 혁명이 주위에서 발생되고 있는 것이다.

　위에서 지적한 컴퓨터, 위성통신, 광섬유의 개발 외에도 팩시밀리, HDTV, 레이저 등 많은 통신기술개발의 진전의 구체적인 내용을 모두 열거할 수는 없으나, 미래 커뮤니케이션의 모델과도 같은 종합정보통신망(ISDN)에 대하여만 간단히 언급해 보겠다. 종합정보통신망이란 모든 통신망을 한꺼번에 결합시킨 것이다. 즉 최근 머리카락 굵기로 거미줄 같은 통신망을 구축하는 광섬유, 위성통신과 정보통신을 결합한 케이블TV, 어느 오지에서도 서로 통화할 수 있는 무선통신, 전송기능을 갖춘 컴퓨터 등 음성·비음성을 망라한 모든 정보를 단일망에 결합시켜 내보낼 수 있는 통신망이다. 현재 일반적으로 제공되고 있는 종합정보통신망의 서비스는 발신번호 확인기능과 고객정보 데이터 베이스(DB)를 결합한 텔레마케팅, 화상회의, 근거리정보통신망(LAN)을 서로 이어 주는 접속서비스, 컴퓨터이용설계(CAD) 데이터 전송, G4팩스 등이 주류를 이루고, 그 외에 원격감시 시스템, 플로피디스크 전송, 전화와 정지화상 전송시스템을 이용한 개인지도 등이 제기되고 있다(≪매일신문≫ 1992. 2. 25: 10). 그러므로 종합정보통신망을 통하여 안방에 가만히 앉아서 지구 반대편의 사람과 통화는 물론 쇼핑, 은행거래, 강의 수강, 컴퓨터를 이용한 작업 등 일상생활의 대부분을 이것을 통하여 해낼 수 있다는 것이다. 물론 현재 종합정보통신망의 서비스가 보편화되어 있지는 않다. 그러나 근시일내에 위에서 언급한 것 이상의 효율성과 편리함을 갖춘 미디어로서 종합정보통신망이 될 것이다.

(3) 미래사회의 커뮤니케이션 체계

위에서 지배의 자원이 되는 지식이 사회의 중요한 지배 자원으로 부상하고, 컴퓨터와 전자통신의 발전으로 세계가 일상적인 커뮤니케이션 권으로 축소되고 있음을 지적하였다. 그러므로 미래사회에 대한 논의는 지식이라는 지배의 자원을 중심으로 어떤 지배-피지배의 커뮤니케이션 체계가 형성되는가, 또한 그것은 어떤 미디어에 의해 가능할 수 있는가에 모아진다고 하겠다.

전통사회에서 커뮤니케이션 체계는 그렇게 복잡하지 않았다. 일반적으로 지배층이 미디어(특히 문자)를 독점하며, 행정조직이나 학교 또는 종교와 같은 커뮤니케이션 장을 통하여 광범위한 결속을 할 수 있었던 반면, 피지배층은 커뮤케이션의 물리적(자연적) 장애로 인하여 쉽게 지배층의 지배에 편입되었다. 그러나 자본주의 사회로 변화되면서 중요한 지배자원의 변화(특히 부[富]의 부상)는 물론, 전통적인 미디어(문자, 도로 등)와 새로운 매스미디어를 공유하게 됨으로써 매우 다양한 커뮤니케이션 장이 마련되었다. 자본주의 사회에서도 여전히 생산의 현장에서, 교환의 현장에서 지배가 관철되었다. 그러나 지배층은 그들의 커뮤니케이션 장을 통하여, 피지배층은 그들의 커뮤니케이션 장을 통하여 결속하여 대립하며, 또한 다양한 이해와 관심에 따라 많은 독립적인 커뮤니케이션 장이 존재하게 된다. 뿐만 아니라 여태까지의 미디어에 의한 커뮤니케이션은 여전히 공간적·시간적인 장애가 극복되지 못함으로 말미암아 커뮤니케이션 장의 공간적인 분리까지 존재하였다. 그러므로 자본주의 사회에서는 매우 복잡한 커뮤니케이션 체계를 형성하고 있었다고 볼 수 있다.

그러나 이제 세계는 좁아지고 있다. 월러스틴의 세계체계론을 들먹이지 않더라도 세계는 하나의 커뮤니케이션 체계로 이해되어진다. 이러한 세계적 규모의 커뮤니케이션 체계에 편입되지 않은 국가나 집단은 경제적 영역에서건 정치적 영역에서건 세계적인 흐름에 대한 정보의 부족으로 엄청난 불이익을 감수해야 하며, 사회성원들에게 정보를 봉쇄한다고 하여 정보가 전적으로 차단되지는 않을 것이다. 최근 사회주의 국가의 붕괴는 자본주의의 승리가 아니라 전 세계적 규모의 커뮤니케이션(전 세계적 시장이라는 커뮤니케이션 장을 포함하여)의 힘에 의해 붕괴된 것이다. 토플러는 지난날 필리핀의 마르코스 정부가 전복된 것 또한 매스미디어의 힘에 의한 것이라고 한다(토플러, 1990: 423-426). 이제 지구 한쪽 구석의 일이라 할지라도 그것은 그 지역만의 사건이 아니라, 미디어에 의해 바로 그 날 세계의 이목을 집중시킬 수 있다. 지난 걸프 전의 경우 전쟁 자체가 적과 수백 km떨어진 사무실과 같은 공간에서 치러지는가 하면, 전쟁의 현장을 생생하게 안방에서 지켜볼 수 있을 정도였다.

미래사회에 대한 전망을 가능하게 하는 중요한 요소들에 대하여 앞에서 논의한 것들을 요약하면 두 가지로 정리된다. 첫째, 정보가 매우 중요한 사회적 가치로 부상한다. 둘째, 새로운 미디어의 발전으로 지구가 하나의 촌락처럼 되어 간다는 것이다. 이러한 상황에서 미래의 커뮤니케이션 체계를 전망해 보자.

우선, 지배관계의 재생산은 지식생산의 영역이 중심적인 축을 형성하게 될 것이다. 과거와 같이 물질적 생산의 영역에서나, 국가의 힘을 중심으로 하는 정치 또는 행정의 영역에서 여전히 지배관계의 생산이 존재하나, 그러한 영역에서도 궁극적인 지배의 힘이 지식(정보) 생산에 근거하고 있다는 데 미래사회의 특징이 있다. 그러면 이러한 지배관계가 어떠한 커뮤니케이션 체계에 의해 작동되는가? 이제까지 커뮤니케이션 장은 공간적 장의 제한을 받아왔다. 물론 공간적 장의 제한이라는 것은 거주지역 가운데서의 커뮤니케이션이라는 의미보다는, 기업을 중심으로, 정치나 행정기관을 통하여, 군대라는 조직을 통하여, 좀더 근본적으로는 교육기관이라는 커뮤니케이션 장이 통하여 그들이 결속하며, 그들의 가치관을 공유하기도 하였다. 한편, 피지배층들은 노동조합을 통하여, 각종 인권단체를 통하여, 또는 사적조직을 통하여 그들의 커뮤니케이션 장을 형성해 왔다고 볼 수 있다. 그러나 미래사회는 그러한 공간

적인 커뮤니케이션 장의 의미가 결정적으로 중요한 요소가 되지는 못한
다. 새로운 미디어가 그러한 장애를 극복할 수 있도록 함으로써, 문제는
어떤 지식 또는 정보에 관심을 가지느냐에 따라 지역과 국경을 초월한
커뮤니케이션이 이루어질 것이다.[28] 그러므로 미래사회에서는 이러한
정보를 생산하거나 수집하는 집단의 지배를 예상할 수 있다. 정보기관,
언론기관, 연구자 집단, 기업체 등이 현 시점과 가까운 장래에 정보를
생산·관리할 집단이라는 것을 예상할 수 있다.

　우리의 흥미를 끄는 것 가운데 하나는 현 시점에서 강력한 지식(정
보)을 생산하며, 위에서 지적한 각 영역들을 통제하고 있는 국가정부의
역할이 커뮤니케이션의 세계화가 확산된 미래사회에서는 어떤 모습으
로 나타날까 하는 것이다. 자본주의 사회에서 국가는 자본주의 사회를
지탱하는 매우 강력한 힘으로서 작용해 왔고, 각 국가들이 경쟁하고 있
는 당분간은 국가 내의 지식(정보)을 통제하고 각 기관들을 하나의 힘으
로 동원할 수 있도록 하는 국가의 역할이 매우 중요하다. 그러나 미래사
회에서 국가의 발전 가능성을 두 가지의 방향으로 생각해 볼 수 있다.
그 하나는 오늘날처럼 지역을 기반으로 하는 국가의 존재는 완전히 소
멸할 것이라는 가능성이다. 언제, 어디서나 전 세계적인 커뮤니케이션
이 가능하고, 전 세계적인 교역이 이뤄지고, 어떤 지역에서나 공간적인
제약을 받지 않고 일을 할 수 있으므로 노동력의 국경이 사라지는 상태
에서 국가의 의미는 사라질 수밖에 없다. 오늘날 미디어의 영역이 발전
된 영역에서 발생되고 있는 여러 가지 현상, 즉 다국적 기업의 발전, EC
의 통합 시도 등이 이러한 국가 소멸의 미래를 예측하게 하는 단서가
되기도 한다. 한편 세계가 하나의 체계로 통합된다 하더라도 인간의 신

---

28) 모든 개인이 세계적인 커뮤니케이션을 가능하도록 하는 미디어의 사용이 보편
　화되기 이전까지는 세계적인 커뮤니케이션을 가능하게 하는 미디어를 장악하는
　집단에 그렇지 못한 집단이 종속되게 될 것이다. 이것은 현시점과 앞으로의 몇
　년간에 있을 수 있는 상황으로, 이러한 상황에서는 민족이나, 종교, 국가 등을
　중심으로 고립적인 커뮤니케이션 단위를 형성하여 자신의 이익을 지키고자 하
　는 움직임이 있을 수 있다.

체는 공간적 제약을 받을 수밖에 없다는 점에서 지역을 통제하고 관리할 수 있는 기구의 역할로 전환될 가능성이 그 두번째이다. 세계정부로서의 존재나, 지역 관리기구로서의 존재, 또는 어떤 개인도 오웰(G. Orwell)이 예견한 바와 같은 독재자나 독재정부가 되기는 어려울 것이다. 완전한 미디어의 장악이 이루어지지 않는 한 다양한 커뮤니케이션 채널과 광범위한 커뮤니케이션에 의해 정부의 간섭과 권력행사에 대한 저항이 항상 존재함으로써 독재자나 독재정부는 불가능한 것이다. 정부가 단순한 구조로 모든 사람들을 조정한다는 의미에서만 관여를 하듯, 어떤 조직에서나 자본주의에서 발전된 관료조직과 같은 피라미드형의 복잡한 구조는 쇠퇴하고, 조정자로서 위치와 모든 개인이 연결되는 매우 단순한 조직으로 구성될 것이다. 그러므로 개인의 자유와 자율성은 매우 신장된 사회가 될 것이다. 오늘날의 사회를 포스트모던이라는 개념으로 이해하려는 시각의 요체는 획일적인 사고나 원리가 강요되지 않고, 개인 또는 소집단의 활동과 관심 역시 중요시될 수 있는 흐름에 주목한다는 것이다. 이러한 사회현상의 흐름을 가능하게 하는 것은 사회가 전반적으로 지식의 가치를 중시하게 되고, 다양한 지식의 가능성과 광범위한 커뮤니케이션의 가능성에 의해 다양한 지식이 공유될 수 있다는 데 있다. 커뮤니케이션에 의해 논의되어지지 않는 고립된 지식이나 예술작품은 배제될 수밖에 없지 않은가?

그러나 전 세계의 모든 개인이 자유롭게 미디어를 사용할 수 있는 시대에 이르기 전까지는 지식(정보)의 불균등한 분배가 심화되어 갈 것이다. 그러므로 지식(정보)을 중심으로 심한 지배와 종속의 불균등한 구조로 인하여 갈등이 심화되어 갈 수도 있다. 이러한 불균등이 언제까지 이어질지 모르지만 컴퓨터와 통신의 발전이 현재보다 엄청나게 발전하여 지식생산이 개인의 능력에 의존하지 않는 시점에 이르면 지식의 분배에 있어서도 불평등이 매우 완화될 것이다. 그리고 사회적 관계의 합리성은 더욱 진전될 것이다. 과거 지역과 공동체의 관습이나 종교적 이념 등이 타파되고, 전 세계적인 수준에서 지식(정보)의 합리성에 의해 모든 인간행위와 정책이 결정되어 갈 것이다. 이러한 측면에서 미래사회 인간들의 구체적인 삶의 모습을 단편적으로나마 예상해 보자.

미래사회에서는 사람들이 모여서 일하는 회사 건물이나 공장의 존재가 필요 없게 되고, 집에서도 얼마든지 회사일을 할 수 있게 된다.[29] 그렇게 되면 회사의 사원들 또한 지역에 얽매일 필요가 없어 도시가 아닌 산골에서도 거주할 수 있으며, 몽고인들이나 에스키모인들도 고용되어 일할 수 있게 된다. 미래사회는 과거 자본주의 사회로 전환되면서 일하는 시간과 장소가 뚜렷하게 구분지어지고, 일과 휴식의 의미가 분명히 구분되었던 것이 다시 허물어져 버리게 될 것이다. 경영자와 노동자들은 합리적인 계약에 의해 성과와 보수에 따라 그 관계를 유지할 것이다. 노동자들이 회사나 공장에 출근하지 않는다고 하여 집단적인 저항이 거의 없을 것이라는 판단은 잘못이다. 오히려 노동자들 사이에 긴밀한 연락망을 통하여 회사의 부당한 처우에 대한 저항은 조직적으로 행해질 것이다. 또한 회사는 자신들의 경영방침에 따른 합리적인 결정을 모든 사원들에게 빠르고 완벽하게 전달하게 된다.

미래사회에서 오늘날과 같은 학교제도는 소멸하게 될 것이다. 교육은 미디어 망을 통하여 개인의 능력에 맞는 교육이 될 것이다. 여태까지 교육기관은 중요한 커뮤니케이션 장으로서 특히 지배층을 생산해 내고, 지배이데올로기를 생산하였다고 볼 수 있다. 그러나 미래사회에서는 교육이라는 커뮤니케이션 장을 통하여 지배층이 생산되거나 결속되지는 않지만, 미디어 망을 통한 지배이데올로기의 공급은 더욱 효과적으로 유포될 것이다. 미디어 망을 통한 교육의 문제점은 아이들의 상호 접촉을 통한 사회화의 결여라고 할 수 있겠는데, 이것을 위하여 심신수련원의 개설이나 캠프생활 등과 같은 프로그램 개발이 남아 있을 수 있는 교육기관의 기능이 될 것이다.

---

29) 물론 생산물을 생산하는 장소로서 공장은 필요할 것이지만 그곳을 움직이기 위해 사람들은 출근할 필요가 거의 없고, 집에서 컴퓨터통신에 의해 가능하다다는 것이다.

군대 집단은 물리적 힘을 보유하고 있다는 점에서 군대 집단 자체의 강한 지배권을 행사할 수 있었다. 국가간의 경쟁하에 당분간은 여전히 군대조직 자체가 커뮤니케이션 장이 되면서 하나의 강력한 지배 집단으로 남아 있을 것이지만, 물리적 힘이 거의 전자기술에 대체되는 미래사회에서는 오늘날과 같은 군대조직은 가지지 않을 것이다. 미래사회에 있어서 대규모의 전쟁은 없을지라도 개인의 충돌과 분쟁은 결국 물리적인 힘에 의존하지 않을 수 없으므로 오늘날의 군대의 기능보다는 오히려 오늘날의 경찰의 기능을 더 많이 수행하게 될 것이다. 한편 미래사회의 질서유지를 위한 정보활동은 여전히 필요할 것이므로 오늘날 군대·경찰·정보기관의 기능이 통합된 그러한 조직이 운용될 것이다. 그러므로 여전히 이 조직은 강력한 지배 집단으로서 부상될 수 있다. 오웰의 '큰 형님(Big Brother)'의 출현 가능성은 바로 이 집단 가운데서 예상할 수 있다. 물론 이 조직을 운용해 가는 집단은 무사들이나, 전략가, 전술가가 아니라 지식인이다.

3) 결어

서기 2020년, 아프리카 대농원의 사원인 윤씨는 아침산책 중 휴대용 송신기로 집안의 홈 오토메이션 시스템을 불렀다. 시스템은 현재의 집안 사정을 보고한다. "주인님 안녕하십니까? 문단속은 잘 되어 있고, 수도꼭지, 전기 등은 … . 아이들은 70인치 대형 고화질TV와 연결된 컴퓨터를 통해 오늘의 공부를 열심히 하고 있습니다. 10분 전 사모님은 전기밥솥과 오븐을 작동시키도록 명령하시고, 지금은 미국의 회사일을 하고 계십니다." 윤씨가 집에 도착하자 주인임을 인식한 홈 오토메이션 시스템은 문을 열어 준다. 윤씨는 아내와 오늘 오후여행에 대하여 상의한 후 자신의 방에 들어가 팩시밀리와 컴퓨터 모니터를 통하여 들어온 각종 신문과 검색된 최신 농사정보를 살펴보고, 오늘 10시에 있을 화상전화를 통한 회사 간부회의 자료를 정리했다. 아이들과 아침식사 후 컴퓨터 터미널의 스위치를 켜니 회사로부터 날아 들어온 일감들이 모니터에 나타났다. 우선 그는 컴퓨터와 TV, 인공위성을 연결하여 농원의 작물들을 관찰해 나갔다.

　　19세기 이후 과거 전통적인 삶의 양식에서 전혀 새로운 삶의 양식으로 변화해 온 지금, 이제 다시 새로운 인간의 삶의 양식이 출현하고 있다. 그것은 확실히 새로운 미디어의 발생과 커뮤니케이션 체계의 변화에 의해 비롯될 것이다. 이러한 변화에 대한 직관과 아울러 논리적인 예측은 좀더 나은 미래를 준비하게 될 것이다.

참고문헌

강상호·이원락 편역. 1986, 『현대자본주의와 매스미디어』, 미래신서.
강은향 역. 1979, 『우파니샷드』, 동호서관.
기든스, A. 1991a, 『사회이론의 주요쟁점』, 문예출판사.
_____. 1991b, 『사적유물론의 현대적 비판』, 나남.
_____. 1991c, 『민족국가와 폭력』, 삼지원.
김동민. 1989, 「언론자본의 파행적 성장」, 《저널리즘》 봄·여름호.
김두종. 1981, 『한국고인쇄 기술사』, 탐구당.
김승수. 1995, 『한국언론 산업론』, 나남출판사.
김승현. 1990, 『정보사회의 정치경제학』, 나남출판사.
김왕석. 1989, 『비판커뮤니케이션』, 나남.
김용옥. 1989, 『노자철학 이것이다』, 통나무.
_____. 1998, 「눈(雪) 위에 서리(霜) 그려본들」, 《신동아》 6월호.
김재훈, 1987, 「한국사회 성격분석시론」, 《현단계》 1, 한울.
김학천. 1992, 「방송수신료의 본질과 과제」, 《저널리즘비평》 통권 17호,
    한국언론학회.
김해식. 1994, 『한국언론의 사회학』, 나남출판.
《뉴스플러스》 39호, 1996. 6. 20, 「재경원마피아, 금융권 말아먹는다」.
_____ 42호, 1996. 7. 11, 「미국 통신업체들 세계를 삼킨다」.
드러커, P. F. 1971, 『단절의 시대』, 한국능률협회.
루만, 니클라스. 1996, 『생태학적 커뮤니케이션』, 유영사.
리오타르, J. 1995, 『포스트모던의 조건, 민음사.

리프킨, J. 1996, 『노동의 종말』, 민음사.

맑스, K. 1988, 『경제학노트』, 이론과 실천.

____. 1987, 『자본론』 I-1〜Ⅲ-3, 이론과 실천.

≪매일신문≫ 1992. 2. 25, 10면. 「꿈의 세계가 눈앞에-종합정보통신망」.

맥루언, M. 1977, 『미디어의 理解』, 삼성출판사.

밀스, C. W. 1979, 『파워 엘리트』, 한길사.

바르트, 롤랑. 1997, 『기호의 제국』, 민음사.

박용규. 1988, 「미군정기 한국 언론구조의 형성과정에 관한 연구」, 서울대
    신문학과 석사학위논문.

박태원. 1984, 「불교의 언어이해와 불립문자」, 고려대 석사학위논문.

박형준. 1996, 「정보사회에서 사회적 불평 등의 메커니즘」, 『정보사회와
    사회윤리』, 아산복지재단.

벨, D. 1991, 『2000년대의 신세계 질서』, 디자인하우스.

____. 1984, 『정보화사회의 사회적 구조』, 한울.

보드리야르, J. 1995, 『시뮬라시옹』, 민음사.

서산. 1978, 『선가귀감』, 보련각.

서울대학 커뮤니케이션 발전연구회 편. 1987, 『자본주의와 한국언론』, 한
    울.

소자, 에드워드. 1997, 『공간과 비판사회이론』, 시각과 언어.

손타그, 수전. 1982, 『시각과 언어』 I, 열화당.

≪신동아≫ 1996. 10.

알튀세르, L. 1991, 『아미엥에서의 주장』, 솔출판사.

에번스, 크리스토퍼. 1981, 『마이크로 황금시대』, 우아당.

에코, U. 1985, 『기호학 이론』, 문학과 지성사.

월트, 옹. J. 1995, 『구술문화와 문자문화』, 문예출판사.

웹스터, F. 1997, 『정보사회이론』, 사회비평사.

윤병철. 1987, 「행위, 언어 그리고 세계상」, 『효대논문집』 제34호.

____. 1992, 「조선조사회의 커뮤니케이션 체계」, 경북대 박사학위논문.

____. 1996, 『새로운 시대의 사회학적 상상력』, 한울.

____. 1997, 「조선후기 유랑지식인의 사회사적 의미」, ≪정신문화연구≫
    제20권 4호, 정신문화연구원.

윤영민. 1998, 「전자적 시민사회의 형성」, 『정보화시대의 미디어와 문화』,
    세계사.

이규호. 1985(1968), 『말의 힘: 언어철학』, 제일출판사.

이근무. 1996, 「정보통신혁명의 사회적 함의」, ≪한국사회학≫ 제30집 봄
　　호.

이병혁. 1986, 『언어사회학』, 까치.

이상희 편. 1984, 『커뮤니케이션과 이데올로기』, 한길사.

이정춘. 1995, 『현대사회와 매스미디어』, 나남출판.

＿＿＿＿. 1984, 『커뮤니케이션 사회학』, 범우출판사.

장기근·이석호 역. 1982, 『老子 莊子』, 삼성출판사.

정옥자, 1988, 「조선후기문화운동사」, 일조각.

정진홍. 1986, 「한국의 사회변동과 커뮤니케이션 구조간의 역동성에 관한
　　고찰」, 성균관대 석사학위논문.

＿＿＿＿. 1996, 「커뮤니케이션 중심의제 시대의 커뮤니케이션 연구」, ≪한
　　국언론학보≫ 36호.

조순. 1979, 『경제학 원론』, 법문사.

조용범. 1983, 『노동경제학』, 풀빛.

≪주간조선≫ 1996. 11. 7.

지크프리트 J. 슈미트 1996, 『미디어 인식론: 인지-텍스트-커뮤니케이션』,
　　까치.

최준. 1982, 『한국신문사』, 일조각.

토플러, A. 1989, 『제3의 물결』, 한국경제신문사.

＿＿＿＿. 1990, 『권력이동』, 한국경제신문사.

통신정책연구소. 1987, 『정보시대의 도래』.

포스트, 마크. 1994, 『미디어 철학』, 민음사.

푸코, M. 1987, 『말과 사물』, 민음사.

하라심, 린다 편. 1997, 『글로벌 네트워크』, 전예원.

≪한겨레신문≫ 1991. 1. 15, 8면, 「정보사회의 실상 3」.

＿＿＿＿＿＿＿ 1991. 2. 5, 8면, 「정보사회의 실상 6」.

＿＿＿＿＿＿＿ 1996. 4. 13.

＿＿＿＿＿＿＿ 1996. 5. 11.

＿＿＿＿＿＿＿ 1996. 7. 20.

＿＿＿＿＿＿＿ 1996. 9. 9.

＿＿＿＿＿＿＿ 1998. 12. 3.

한국사회언론연구회. 1996, 『현대사회와 매스커뮤니케이션』, 한울.

한국사회학회 편, 1983, 「한국사회 어디로 가고 있나」, 현대사회연구소.

한국전산원. 1997, 『국가정보화백서』.

한상진. 1981, 「미셸 후꼬의 정치철학과 사회이론」, ≪현상과 인식≫ 5권 2호.

헤겔, G. W. F. 1981, 『정신현상학』 I-2, 분도출판사.

홍덕률. 1993, 「한국 대자본가의 조직화와 계급실천에 대한 연구」, 서울대학교 대학원 박사학위논문.

Addo, H. et al. 1985, *Development as Social Transformation*, Boulder, Colo: Westview Press.

Adrorno, T. W. 1991, *The Culture Industry: Selected Esaays on Mass Culture*, in J. M. Bernstein(ed.), London: Routledge.

Albury, D. & J. Schwartz. 1982, *Partial Progress: The Politics of Science and Technology*, London: Pluto.

Althusser, L. 1971, "Ideology and Ideological State Apparatuses," *Lenin and Philosophy and Other Essays*, London: NLB.

_____. 1977, For Marx, London: NLB.

Austin, J. 1962, *How to Do Things with Words*, N.Y.: Oxford Univ. Press.

Bagdikian, B. 1987, *The Media Monopoly*(2nd edition), Boston: Beacon Press.

Barret, M. et al.(eds). 1979, *Idelogy and Cultural Production*, New York: St. Martin's Press.

Baudrillard, J. 1981, *For a Critique of the Political Economy of the Sign*, St. Louis: Telos Press.

_____. 1988, *The Ecstasy of Communication*, New York: Semiotex(e).

_____. 1993, *Symbolic Exchange and Death*, London: Sage.

Bauman, Z. 1991, *Modernity and Ambibalance*, Cambridge: Polity.

Bell, D. 1996, *The Comming of Post-Industrial Society*, Harmondsworth: Penguin Books.

Berger, P. & T. Luckmann. 1966, *The Social Construction of Reality*, New York: Doubleday.

Blake, R. D. &. E. O. Haroldsen. 1975, *A Taxanomy of Concepts in Communication*, New York: Hasting house.

Bloch, M. 1961, *Feudal Society*, Chicago: Univ. of Chicago Press.

Blumler, J. G. 1992, *Television and the Public Interest*, London: Sage.

Bolter, J. 1991, *Writing Space: The Computer, Hypertext, and the History of Writing*, Hillsdale, NJ: Erlbaum.

Borman, E .G. 1983, "Symbolic Convergence: Organizational Communication and Culture," in Linda L. Putnam, et al.(eds.), *Communication and Organizations*, Beverly Hills: Sage.

Carey, J. 1989, *Communication as Culture*, Boston: Unwin Hyman.

Castell, M.(ed.). 1985, *High Technology, Space and Society*, Beverly Hills: Sage.

_____. 1996, *The Rise of the Network Society*, Oxford: Blackwell.

Crowley, D. & D. Mitchell. 1994, *Communication Theory Today*, London: Poity Press.

Curran, J., M. Gurevitch & J. Woollacott(eds.). 1977, *Mass Communication and Society*, London: Edward Arnold.

Curran, J. et al.(eds.). 1986, *Bending Reality*, London: Pluto Press.

Dahrendorf, R. 1958, *Class and Class Conflict in Industrial Society*, Stanford Univ. Press.

Dance, F. E. X. 1982, *Human Communication Theory*, New York: Harper & Row.

Darnell, E. K. 1971, "Toward a Reconceptualization of Communication," *Journal of communication*.

Deleuze, G. & F. Guattari. 1984, *Anti-Oedipus: Capitalism and Schizophrenia*, Minneapolis: Univ. of Minnesota Press.

Deutschman, P. J. 1967, "The Sign-situation Classification of Human Communication," *Journal of Communication* 7.

Dretske, F. I. 1982, *Knowledge and the Flow of Information*, Cambridge: The MIT Press.

Duncan H. D. 1989(1968), *Communicationand Social Order*, Newburnswick/Oxford: Transaction Publishers.

Durkheim, E. 1938, *The Rules of Socological Method*, New York: Free Press.

Dyson, Esther et al. 1994, *Cyberspace and the American Dream: A Magna Carta for the Knowledge Age*, Progress & Freedom Foundation.

Eisenten, E. L. 1979, *The Printing Press as an Agent of Change: Communication and Cultural Transformations in Early-Modern Europe*, Vol. I · II, New York/Cambridge: Cambridge Univ. Press.

Ferguson, M.(ed.). 1990, "Public Communication: The New Imperatives," *Future Directions for Media Research*, London: Sage.

Foucault, M. 1972, *The Discourse on Language*, New York: Haper Torchbooks.

Gadamer, H. G. 1975, *Truth and Method*, London: Sheed & Ward.

Garnham, N. 1990, *Capitalism and Communication: Global Culture and the Economics of Information*, London: Sage.

George, Kenneth D. 1975, "A Note on Changes in Industrial Concentration in the United Kingdom," *The Economic Journal* 85.

Giddens, A. 1971, *Capitalism and Modern Social Theory*, Cambridge: Cambridge Univ. Press.

_____. 1979, *Central Problems in Social Theory*, London: MacMillan.

_____. 1990, *The Consequences of Modernity*, Stanford: Stanford University Press.

_____. 1991, *Modernity and Self-Identity*, London: Polity Press.

Gigliori, P. P.(eds.). 1972, *Language and Social Context*, Harmondsworth: Penguin.

Goffman, E. 1959, *The Presentation of Self in Everyday Life*, New York: Doubleday.

Golding, P. 1979, "Media Professionalism in the Third World: the Transfer of an Ideology," in J. Currn et al.(eds.), *Mass Communication and Society*, Beverly Hills: Sage.

Gurevitch, M. et al.(eds.). 1982, *Culture, Society and Media*, London: Methuen.

Habermas, J. 1970, "Towards a Theory of Communicative," *Inquiry* 13.

_____. 1979, *Communication and the Evolution of Society*, Boston: Beacon Press.

_____. 1984·1987, *The Theory of Communicative Action* vol. I · II, Boston: Beacon Press.

_____. 1989, *The Structural Transformation of the Public Sphere: An Inquiry into a Category of Bourgeois Society*, Cambridge: Polity.

Hacking, Ian. 1975, *Why does Language Matter to Phylosophy?* Cambridge: Cambridge Univ. Press.

Harasim, L. M.(ed.). 1995, *Global Network: Computers and International Communication*, Cambridge, MA: MIT Press.

Harvy, D. 1989, *The Condition of Postmodernity: An Inquiry into the Origins of Cultural Change*, Oxford: Blackwell.

Hempel, C. G. 1959(증보판), "The Empiricist Criterion of Meaning," *Logical Positivism,* New York: Free Press.

Henderson, J. 1989, *The Globalisation of High Technology Production: Society, Space and Semiconductors in the Restructuring of the Modern World*, London: Routledge.

Hoare, Q. & G. N. Smith. 1971, *Selection's from the Prison Notebooks of Antonio Gramsci*, New York: International Publisher.

Holub, R. C. 1991, *Jürgen Habermas: Critic in the Public Sphere*, London: Routledge.

Innis, H. 1991(1964), *The Bias of Communication*, Toronto: Unv. of Toronto Press.

Jayaweera, Neville & Amunugma Sarath, 1987, *Rethinking Development Communication*, Singapore: Asian Mass Communications Research and Information Centre.

Johns, Steven(ed.). 1995, *Cybersociety: Computer-Mediated-Communication and Community*, Thousand Oak: Sage.

Keane, J. 1991, *The Media and Democracy*, Cambridge: Polity.

Kelly, J. C. 1981, *Philosophy of Communication: Exploration for Systematic Model*, London: The Centor for the Study of Communication and Culture.

Kuhn, T. S. 1970, *The Structure of Scientific Revolutions*, Chicago: Univ. of Chicago Press.

Lamberton, D. M.(ed.). 1971, *Economics of Information and Knowledge: Selected Readings*, Harmonsworth: Penguin.

Lash, S. & J. Urry. 1994, *Economies of Signs and Space*, London: Sage.

Lasswell, H. D. 1948, " The Structure and Function of Communication in Society," in Bryson(ed.), *The Communication of Ideas*, New York: Haper and Row.

Lazasfeld, P. F. & R. K. Merton. 1960, "Mass Communication, Popular Taste and Organized Social Action," in W. Schramm, *Mass Communications*, Urbana: Univ. of Illinois Press.

Lerner, D. 1958, *The Passing of Traditional Society*, New York: Free Press.

Lerner, D. & L. W. Pevsner. 1958, *The Passing of Traditional Society,* New York: Free Press.

Lerner, D. & W. Schramm(eds.). 1967, *Communication and Change in the Developing Countries*, Honolulu: East-West Center Press.

Lippman, W. 1961, *Public Opinion*, New York: The Macmillan Company.

Luhman, N. 1982, *The Differentiation of Society*, New York: Columbia Univ. Press.

Lyon, D. 1988, *The Information Society: Issue and Illusion*, London: Polity.

Machlup, F. 1962, *The Production and Distribution of Knowledge in the United States*, Princeton, NJ: Princeton Univ. Press.

Mark, P. 1990, *The Mode of Information: Poststructualism and Social Context*, London: Polity Press.

Marx, K. & F. Engels. 1958, *Selected Works* Vol. I, Moscow.

_____. 1970, *The German Ideology*, London: Lawrence & Wishart.

_____. 1971, *The Communist Manifesto*, New York: WSP.

_____. 1975, *Selected Correspondence*, Lawrence and Wishart.

Martin, W. J. 1995, *The Global Information Society*, Hampshire: Aslib Gower.

McLuhan, M. 1962, *The Gutenberg Galaxy: The Making of Typographic Man*, Toronto: Univ. of Toronto Press.

_____. 1964, *Understanding Media: The Extensions of Man*, New York: MacGraw-Hill.

McQuail, D.(ed.). 1972, *Sociology of Mass Communications*, Harmondsworth: Penguin.

_____. 1988, *Mass Communication Theory: An Introduction*, Beverly Hills, CA: Sage.

_____. 1992, *Media Performance: Mass Communication and the Public Interest*,

London & Newbury Park: Sage.

Mattelart, A. & S. Siegelaub. 1983, *Communication and Class Struggle* vol. I · II, London: IG/IMMRC.

Miles, I. et al. 1990, *Mapping and Measuring the Information Economy*, Boston Spa: British Library Research and Development Department.

Mosco, V. 1989, *The Pay-Per Society: Computer and Communications in the Information Age: Essays in Critical Theory and Public Policy*, Toronto: Garamond Press.

New Scientist 31, 1979, "American Plan Monster Computer," London.

Nordenstreng, K. 1984, *The Mass Media Declaration of UNESCO*, Norwood, NJ: Ablex.

OECD, 1993, *Competition Policy and a Changing Broadcasting Industry*, Paris: OECD.

Parkin, F. 1971, *Class Inequality and Political Order*, London: Paladin.

Poster, M. 1994, *The Mode of Information: Poststructuralism and Social Context*, Cambridge: Polity.

_____. 1995, *Cyber Democracy: Internet and the Public Sphere*, Unv. of California.

_____. 1997, *Internet Culture*, London: Routledge.

Prosser, M. H. 1978, *The Cultural Dialogue*, Boston: Houghten Mifflin.

Pye, L. W.(ed.). 1963, *Communications and Political Development*, Princeton, NJ: Princeton Univ. Press.

Saussure, F. 1974, *Course in General Linguistics*, London: Fontana.

Schiller, H. I. 1976, *Communication and Cultural Domination*, New York: International Arts and Sciences Press.

Schlesinger, P. 1991, *Media, State and Nation: Political Violence and Collective Identities*, London: Sage.

Schramm, W. 1966, *Mass Media and National Development*, Stanford, Calif: Stanford Univ. Press.

Schutz, A. 1962, *Collected Papers II*, Hague: Martinus Nijhoff.

Searl, J. 1969, *Speech Acts*, Cambridge: Cambridge Univ. Press.

Spurling, L. 1977, *Phenomenology and the Social World*, London: Routledge.

Stehr, Nico & R. Ericson(eds.). 1992, *The Culture and Power of Knowledge*, Berlin, New York: Walter de Gruyter.

Straubhaar, J and R. LaRose. 1996, *Communications Media in the Information Society*, Belmont: Wadsworth Publishing Company.

Taylor, M. C. & E. Saarinen. 1994, *Imagologies: Media Philosophy*, London: Routledge.

Trudgill, P. 1974, *Sociolinguistics: An Introduction to Language and Society*, London: Penguin.

Wallerstein. I. 1974, *The World System I*, New York: Academic Press.

_____. 1991, *Geopolitics and Geoculture*, Cambridge: Cambridge Univ. Press.

Wang, Geogette & Winmal Dissanayake(eds.). 1984, *Continuity and Changing Communication System*, Norwood, NJ: Ablex.

Weber, W. 1980, *Wirtschaft und Gesellschaft*, Tubingen: J. C. B. Mohr.

Webster, F. 1981, *A Contemporary Critique of Historical Materialism*, London: MacMillan Press.

Williams, R. 1962, *Communications*, London: Penguin.

Wirth, L. 1938, "Urbanism as a Way of Life," *American Journal of Sociology* 44.

Wittfogel. 1957, *Oriental Depotism,* New Haven: Yale University Press.

Wittgenstein, L. 1953, *Philosophical Investigation*, Oxford: Basil Blackwell.

Wright, C. R. 1975, *Mass Communication: A Sociological Perspective*, New York: Random House.

■ 지은이 소개

윤병철

경북대학교 사회학과를 졸업하고 같은 학교 대학원에서 석·박사 학위를 받았다. 영국 레스터 대학에서 연구교수(Honorary research fellow)로 1년간 머문 바 있으며, 현재 대구가톨릭대학교 사회과학부 정보사회학과 교수로 재직하고 있다. 저서로 『새로운 시대의 사회학적 상상력』, 『조선시대 커뮤니케이션 연구』(공저) 등이 있으며 번역서로 기든스의 『사회이론의 주요쟁점』이 있다.

한울아카데미 290

커뮤니케이션, 사회학의 매듭

ⓒ 윤병철, 1999

지은이/윤병철
펴낸이/김종수
펴낸곳/도서출판 한울

초판 1쇄 발행/1999년 2월 27일
초판 3쇄 발행/2014년 3월 25일

주소/413-756 경기도 파주시 광인사길 153 한울시소빌딩 3층
전화/031-955-0655
팩스/031-955-0656
홈페이지/www.hanulbooks.co.kr
등록번호/제406-2003-000051호

Printed in Korea.
ISBN 978-89-460-4843-0 94330

* 책값은 겉표지에 표시되어 있습니다.